국제통상의 기초와 이해

(제2판)

이 상 직

유원북스

서문

학문적으로 일천했던 시절 공저서로 '경제학입문', '현대경제학의 이해', 그리고 '경제학강의'를 출간한 적이 있다. '경제학입문'과 '현대경제학의 이해'는 경제학을 동문수학한 공저자들의 10여년을 결산하기 위한 작업으로 출간되었던 책이었다. 이 책들의 많은 문제점을 극복하고 또한 필자들이 경제학을 강의한 경험을 바탕으로 실제 1학기간 강의할 수 있는 내용의 분량과 그리고 당시에 관심이 있는 내용을 합쳐 새로운 경제학 강의교과서를 출간한 것이 『경제학강의』였다.

이후 약15년 이상이 흘렀다. 그 사이 우리 사회는 'IMF 구제금융위기'와 '미국발 금융위기' 등의 사태를 경험하면서 대학도 실용학문을 중시하는 쪽으로 바뀌게 된다. 즉 경제에 대한 인식은 높아졌지만 '경제학원론'이 어렵다는 쪽으로 학생들이 생각을 하면서 수강을 회피하게 된 것이 현실이다. 그래서 학생들이 좀 더 경제학을 쉽게 공부하고 생활에 필요한 쪽으로 책을 만들어야겠다는 생각이 들었다. 이런 목적을 달성하기 위하여 기존의 출간한 책들을 바탕으로 교양도서로 책을 새로 만든바 있다. 그 책이 현재 교양도서로 사용하고 있는 『경제의 기초와 생활』인 것이다. 『경제의 기초와 생활』을 강의하면서 가장 아쉽게 생각하는 것은 이 책의 제14장인 국제경제이론은 시간을 핑계되면서 충분히 강의하지 못한 것이다. 필자는 반면 우리 대학에서 『경제의 기초와 생활』과 더불어 교양강좌로 『국제통상의 이해』를 동시에 강의하고 있다. 이 강좌는 우리 경제에서 무역의 중요성, 무역이 차지하는 비중, 세계화, 블록화 등을 강조하기 위하여 개설되어 있다.

그러나 『국제통상의 이해』를 강의하면서도 1권의 책을 완벽하게 마무리하지 못하였다. 필자에게 이 부분은 비전공분야이지만 수강생들이 지식을 손쉽게 습득할 수 있고 실제 도움이 될 수 있는 방법을 찾아보기로 하였다. 고민 끝에 용기를 내어 몇 학기 동안 강의한 강의록을 정리하여 기초교양서 수준의 『국제통상의 기초와 이해』를 집필하기로 결심하였다. 집필을 위해 자료를 수집해 보니 관련 개론서는 대체로 무역이론, 국제경영 그리고 무역실무 3개 파트로 구성되어있었고 각론서는 무역이론, 국제경영 그리고 통상론으로 나누어져 있었다. 책 제목을 『국제통상의 기초와 이해』로 결정한 후 집필의 목적을 수강생들이 향후 국제통상분야의 지식 습득을 위한 능력 배양에 두기로 하였다. 한 걸음 더 나아가 이 책으로 강의를 들은 필자의 수강생들이 사회에 진출하여 우리나라를 선진화하는데 직장인으로서 조그만 보탬이 되기를 바라는 마음도 있다. 그 결과 본서의 내용을 다음과 같이 구성하기로 하였다.

첫째, 필자가 약 35년간 경제학 공부한 경험을 바탕으로 교양선택자들이 관련 지식을 잘 습득할 수 있도록 꾸미기로 하였다. 그 결과 『국제통상관련 기초 내용』을 중심으로 거의 모든 지면을 채우기로 하였다. 기존 책에서 접할 수 있는 각종 그래프와 수식은 생략하고 책을 만들기로 하였다.

둘째, 강의내용과 더불어 꼭 필요한 지식은 보론으로 책 중간 중간에 포함시켰다. 또한 각장마다 수강생들의 이해를 돕기 위하여 객관식문제를 넣었다. 객관식문제의 내용은 본 책에 설명한 내용을 중심으로 하였을 뿐만 아니라 본문의 부족한 부분은 문제를 통하여 보완하기도 하였다. 그러나 문제의 수준은 아주 기초적이면서 쉽게 이해할 수 있는 정도로 하였다.

셋째, 『국제통상의 기초와 이해』인 책제목에 맞게 본문은 무역론과 국제통상론을 중심으로 집필하였다. 그리고 국제경영은 기업의 국제화, 기업의 해외진출, 글로벌경영전략 등 꼭 필요한 내용에 중점을 두고 간략히 살펴보았다. 또한 『국제통상의 이해』를 강의하면서 무역실무부분은 항상 시간적 제약으로 교양수강생들에게 충분히 설명하지 못한 경험이 있었다. 이 부분은 이 책 출간 후 효과적으로 보완할 수 있는 방법을 찾기로 결론지었다. 대신 실무와 연관하여 수강생들이 사회에 진출하였을 때 도움이 된다고 생각하는 대외무역법, 외환거래법 등의 전문을 부록으로 싣기로 하였다.

마지막으로 국제통상 전공자이든 비전공자이든 그리고 국제통상에 많은 관심을 가지고 있는 분들에게 알려 드릴 것은 이 책은 단순히 수강하는 학생들의 기초지식의 향상을 위한 교재임을 밝혀둔다. 그리고 이 책을 좀 더 보충하여 교양도서로 다른 책과 비교하여도 손색이 없는 책을 만들려고 필자는 계속 노력할 예정이니 독자들의 많은 지적을 바란다.

아무튼 이 책이 출간되어 독자들에게 읽힌다고 생각하니 기쁘기 한이 없다. 그러나 이 책에도 이미 출간된 책과 마찬가지로 많은 오류가 있으리라 생각된다. 필자는 이러한 잘못을 최소화하려고 많은 노력을 하였지만 학문의 일천함과 부주의로 인하여 많은 오류가 있을 것으로 보인다. 이러한 잘못을 극복하기 위하여 이 책이 출간된 후에도 오류를 바로잡기 위하여 끊임없이 노력할 것을 여러 독자와 대학에서 강의하고 있는 분들에게 새삼 약속한다. 아울러 책의 오류의 책임은 저자에게 있음을 밝혀두고 여러분들의 세심한 지적을 바란다. 끝으로 이 책이 나오기까지 아낌없이 성원해 주신 분들에게 감사드리며 이 글을 맺을까 한다.

2019년 2월

용인 광교산 아래에서

저자 이상직 드림

차례

제1장
국제통상의 의의

제1절 국제통상의 개념과 범위

1. 국제통상의 개념

국제무역(International Trade)이 상품 중심의 유형재화 교역을 형태로 이루어지는 반면, 국제통상(International Commerce)은 국제간 유형상품의 거래뿐만 아니라 국제간 자본, 서비스, 지적재산권 등 무형재화의 거래와 노동의 국제간 이동도 포함하고 있다.

이러한 개념을 적용할 때 국제무역과 국제통상을 구분하여 사용하는 것이 바람직하다. 하지만 국제무역을 포함하는 광의의 국제무역개념으로 국제통상을 보는 경우가 있다. 즉 국제통상을 영어로 International Commerce 대신 계속 International Trade라는 용어를 사용하고 있다는 것이다. 국제무역과 국제통상이란 용어를 구분하는 내용들에 대해 명확히 밝혀야 하겠지만 이 책은 비전공자들을 포함하여 일반인들에게 교역의 중요성을 강조하기 위한 교양의 폭을 확장시키기 위하여 집필하였으므로 일단 두 용어를 혼용하여 사용하기로 한다.

2. 국제무역학과 국제통상학의 범위

다양한 국제관계 내에서 국민경제가 나아가야 할 방향과 그 기준을 제시하는 것이 국제무역학의 역할이다. 국제무역학의 주요한 분야는 크게 국제경제이론, 국제경영이론 그리고 국제상학실무 등으로 구성된다.

국제경제이론에 포함되는 주요 분야는 국제무역이론, 국제금융이론, 국제수지론 등이다. 국제경영이론에 포함되는 주요 분야는 국제마케팅, 국제경영전략이론, 해외시장조사론 등이다. 국제상학실무에 포함되는 주요 분야는 무역실무, 무역계약론, 무역결제론, 무역보험론, 무역영어 등이다.

본서는 국제통상의 기초와 이해이므로 국제경제이론과 국제경영이론의 기본적인 부분을 중심으로 설명하고 실무에 해당하는 국제상학실무는 최소화할 것이다.

3. 경제주체와 국제경제

경제행위의 대상이 되는 재화와 용역에 대해 비용을 지불하고 조달하는 주체는 누구일까? 우리는 이러한 경제행위를 하는 이들을 경제주체라고 한다. 경제주체는 경제행위를 수행하는 개인이나 집단과 같이 인간이 경제행위를 영위함에 있어서 주된 역할을 담당하는 경제단위 또는 개별경제를 말한다. 경제주체는 가계, 기업, 정부, 해외경제로 구분된다. 가계는 소비의 주체이고 기업은 생산의 주체이다. 가계와 기업으로 구성된 경제를 민간경제 혹은 사경제(private economy)라 한다. 민간경제를 조정 및 규제하는 경제정책의 주체는 정부이고 정부가 주체인 경제를 공공경제(public economy)라 한다. 정부는 국방, 치안, 교육, 소방 등의 용역과 도로, 항만, 전기 등의 사회간접자본(social overhead capital: SOC)을 생산하기도 하고 이러한 행정활동을 하면서 소비하기도 한다. 민간경제와 공공경제를 합하여 국민경제(national economy)라 한다. 해외경제는 한 국민경제가 다른 나라와 거래할 경우 다른 나라의 국민경제를 포괄하여 사

표 1-1 경제주체의 분류와 경제의 범위

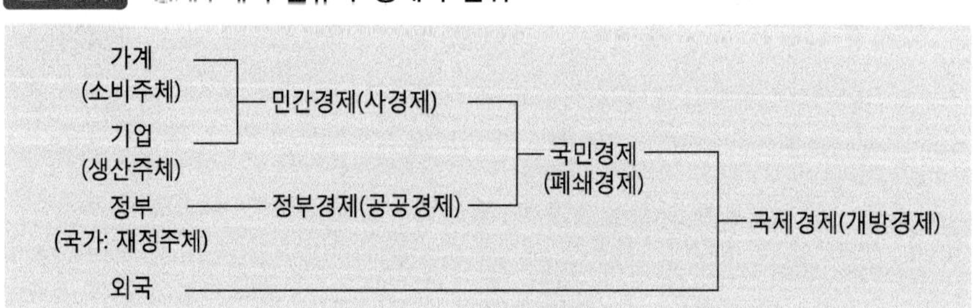

용하는 개념이다. 한 국민경제가 다른 국민경제와 거래를 하지 않을 경우 그 국민경제를 폐쇄경제(closed economy)라 하고 다른 국민경제와 거래를 할 경우 개방경제(open economy)또는 국제경제(International Economy)라 한다. 경제주체는 〈표 1-1〉과 같이 분류할 수 있다.

제2절 우리나라 무역의 추이

1. 수출입규모와 무역수지 변화

〈표 1-2〉는 우리나라 수출입규모와 무역수지 변화추세를 표시하고 있다. 1960년 우리나라 수출은 불과 3천 3백만 달러였다. 우리나라는 경제개발 5개년계획을 기점으로 수출주도형 경제정책을 통해 1960년대와 1970년대의 수출은 연평균 35% 이상의 증가율을 기록하였다. 그 결과 1970년의 수출실적은 8억 3천만 달러로 증가하여 1960년도와 비교하여서 10년 만에 약 25배 정도 증가하였다.

표 1-2 우리나라 수출입규모의 변화추세 (단위: 백만 달러)

연도	수출	수입	수지
1960	33	344	−311
1970	835	1,984	−1,149
1980	17,505	22,292	−4,787
1990	65,016	69,844	−4,828
2000	172,268	160,481	11,786
2005	284,419	261,238	23,180
2010	466,384	425,212	41,172
2011	555,214	524,413	30,801
2012	547,870	519,584	28,286
2013	559,532	515,586	44,086

자료: 한국무역협회.

1980년대는 당시 3저 현상인 원화가치 하락, 원유가격 하락, 금리하락에 따라 수출증가 폭이 커져 우리나라 경제성장의 가속화가 이루어졌고 그 성장률도 커졌다. 1990년대 들어 WTO 중심의 자유무역 활성화의 결과 우리나라 무역수출실적은 드디어 1,000억 달러 돌파를 하고, 2000년도에는 수출액이 약 1723억 달러로 1960년도와 비교하여 약 5,220배 정도로 큰 성장을 이루었다.

2000년대 들어 이러한 수출의 큰 증가는 1997년 외환위기를 잘 극복한 후 반도체 및 컴퓨터, 자동차, 석유화학제품, 선박 등의 수출 폭의 큰 증가로 인해 지속화되었다. 마침내 2011년 수출실적의 역사적 전환점인 5,000억 달러를 돌파하고 계속 증가하여 2013년에는 약 5,560억 달러로 1960년과 비교하여 약 17,000배 정도로 경이적 성장을 이룩하였다.

우리나라의 경제구조는 수입이 수출의 증가세에 맞추어 증가하는 구조이다. 즉 우리나라의 수출품목 중 가공무역이 차지하는 비중이 높아 외국으로부터 원자재를 수입한 후 가공하여 수출하는 상품이 많은 편이다. 그러므로 수출규모가 증가하면 수입규모도 증가하는 양상을 보이고 있다. 특히 일상생활에 필수적 원자재인 원유, 석탄, 원료 등의 수입이 지속적으로 증가하고 있기 때문에 우리나라의 수입규모는 수출규모와 함께 계속 증가하여 무역규모는 커지지 않을 수 없다.

〈표 1-2〉에서 알 수 있듯이 우리나라는 1990년대 중반까지는 수출보다 수입이 많은 무역역조가 지속적으로 이루어져서 무역수지적자 상태에 있었다. IMF구제 금융위기를 극복한 1990년대 후반부터는 마침내 수출이 수입보다 많은 무역흑자가 실현되었으며, 2000년도 이후 현재까지 무역흑자를 지속하고 있다. 특히 2013년 무역흑자규모는 약 441억 달러로 유사 이래 최대의 무역흑자를 달성하였다. 그리고 2013년 현재 1962년 이후 계속된 무역적자보다 훨씬 많은 무역흑자를 달성하였다.

2. 수출품목 변화추세와 수출성장 추이

표 1-3 우리나라 수출 10대 품목 변화추세

연도	1964	1970	1980	1990	2000	2005	2010	2013
구분	품목	품목	품목	품목	품목	품목	품목	품목
1	직물류	섬유류	의류	의류	반도체	반도체	반도체	반도체
2	금속광	합판	철강판	반도체	컴퓨터	자동차	화공품	석유제품
3	어패류	가발	선박	신발	자동차	무선통신기기	선박	자동차
4	목제품	철광석	인조직물	영상기기	석유제품	선박해양구조물	철강제품	선박
5	동식물원재료	전자제품	음향기기	선박	선박	석유제품	석유제품	자동차부품
6	과실채소류	과자류	타이어	컴퓨터	무선통신기기	컴퓨터	자동차	액정디바이스
7	의류	신발	목재류	음향기기	합성수지	합성수지	디스플레이 패널	무선통신기기
8	직물섬유	연초류	잡제품	철강판	철강판	철강판	자동차부품	가전제품
9	청제품	철강제품	반도체	인조직물	의류	자동차부품	무선통신기기	유선통신기기
10	비금속광물	금속제품	영상기기	자동차	영사기기	영사기기	가전제품	철강우판

자료: 2000년까지 김안호 외, 한국경제의 이해, 무역경영사, 2010, P. 191 재인용.
이외는 관세청 보도자료.

〈표 1-3〉에서 우리나라의 10대 수출품목의 변화추이를 살펴보면 수출상품의 종류와 질적인 측면에서 수출품목구조의 고도화가 되었음을 알 수 있다. 1960~80년대까지는 농수산품, 섬유, 신발 등 노동집약적 상품이 주요 수출제품이었으나 1990년대 이후에는 반도체, 자동차, 선박, 석유제품 등의 자본집약적 상품 또는 첨단과학기술제품 위주로 수출품목의 구조가 변화되었음을 알 수 있다.

표 1-4 우리나라와 신흥국의 연평균 수출증가율(1961~2011) (단위: %)

구분	한국	태국	멕시코	브라질	말레이시아	아르헨티나	필리핀	세계
연평균 수출증가율	18.6	13.3	12.1	11.8	11.5	9.5	9.1	10.3

자료: 김기환, 한국의 경제기적 지난 50년 향후 50년, 기파랑, 2013, p. 25 재인용.
주: 아르헨티나는 1962~2011년의 연평균 수출증가율임.

우리나라의 수출규모는 1961년과 2010년을 비교하면 4,429배나 증가했으며, 2000년 불변가격으로도, 1,659배 증가한 것으로 나타나고 있다.[1)]〈표1-4〉에서 보듯이 우리나라의 수출증가율 추이는 다른 신흥국 및 전 세계 평균과 비교하여도 상당히 높다는 것을 알 수 있다. 1961~2011년까지 50년간 우리나라의 연평균 수출증가율은 18.6%이고 같은 기간 전 세계 연평균 수출증가율 10.3%보다 8.3%높고 약1.8배정도에 이르고 있다. 같은 기간 태국(13.3%), 멕시코(12.1%), 브라질(11.8%), 말레이시아(11.5%), 아르헨티나(9.5%), 필리핀(9.1%) 등의 다른 신흥국과 비교하여 연평균 수출증가율이 훨씬 앞서 있음을 알 수 있다. 우리나라의 수출규모 세계 순위는 1961년 56위였으나 1970년 42위, 1980년 26위, 1990년 15위, 2000년 11위 그리고 2010년 이후 지속적으로 7위를 유지하고 있다.

3. 우리나라의 나라별 수출입변화

세계무역에서 우리나라는 경이적인 수출증가를 기록하였다. 그 이유는 노동집약저 상품생산구조에서 자본 또는 기술집약적 상품생산구조로 변화해서 수출품목의 다양화와 수출시장의 다변화에 성공하였기 때문이다.

〈표 1-5〉에서 보듯이 우리나라의 주요 수출대상국은 일본, 중국, 미

1) 김기환, 한국의 경제기적 지난 50년 향후 50년, 기파랑, 2013, p. 25.

국, 홍콩 등이다. 일본과 미국 두 시장에 대한 수출비중은 1985년 50.5%이었다가, 1995년에는 32.9%로 큰 폭으로 감소하였다가 그 후 2000년에는 33.7%로 소폭 증가하였다. 그 이유는 중국이 우리나라의 수출 4위국으로 1995년 전후 기록되고 1995년 수출비중이 7.3%이었고, 2000년에는 10.7%로 수출 3위국이 되어 우리나라 수출시장이 다변화되기 시작하였다. 반면 일본과 미국의 두 시장에서 우리나라 상품경쟁력이 다소 약화

표 1-5 우리나라의 나라별 수출추이 (단위: 백만 달러, %)

	1985		1995		2000		2005		2010		2013	
등수	나라	금액(비중)	나라	금액(비중)	나라	금액(비중)	나라	금액(비중)	나라	금액(비중)	나라	금액(비중)
1	미국	10,754 (35.5)	미국	24,132 (19.3)	미국	37,611 (21.8)	중국	61,915 (21.8)	중국	116,838 (25.1)	중국	145,869 (26.1)
2	일본	4,543 (15.0)	일본	17,049 (13.6)	일본	20,466 (11.9)	미국	41,343 (14.5)	미국	49,816 (10.7)	미국	62,052 (11.1)
3	홍콩	1,565 (5.2)	홍콩	10,682 (8.5)	중국	18,455 (10.7)	일본	24,027 (8.4)	일본	28,176 (6.0)	일본	34,662 (6.2)
4	캐나다	1,229 (4.1)	중국	9,144 (7.3)	홍콩	10,708 (6.2)	홍콩	15,531 (5.5)	홍콩	25,294 (5.4)	홍콩	27,756 (5.0)
5	서독	979 (3.2)	싱가포르	6,699 (5.3)	대만	8,027 (4.7)	대만	10,863 (3.8)	싱가포르	15,244 (3.3)	싱가포르	22,289 (4.0)
6	사우디	969 (3.2)	독일	5,965 (4.8)	싱가포르	5,648 (3.3)	독일	10,304 (3.6)	대만	14,830 (3.2)	베트남	21,088 (3.8)
7	영국	913 (3.0)	대만	3,882 (3.1)	영국	5,380 (3.1)	싱가포르	7,407 (2.6)	인디아(인도)	11,435 (2.5)	대만	15,699 (2.8)
8	파나마	746 (2.5)	인도네시아	2,956 (2.4)	독일	5,154 (3.0)	영국	5,339 (1.9)	독일	10,702 (2.3)	인도네시아	11,568 (2.1)
9	싱가포르	490 (1.6)	말레이시아	2,951 (2.4)	말레이시아	3,515 (2.0)	인도네시아	5,046 (1.8)	베트남	9,652 (2.1)	인디아(인도)	11,376 (2.0)
10	노르웨이	485 (1.6)	영국	2,874 (2.3)	인도네시아	3,504 (2.0)	말레이시아	4,608 (1.6)	인도네시아	8,897 (1.9)	러시아연방	11,149 (2.0)
소합	22,494 (74.3)		86,324 (69.0)		118,468 (68.8)		186,383 (65.5)		290,884 (62.4)		363,508 (65.0)	
총합	30,283 (100.0)		125,058 (100.0)		172,268 (100.0)		284,419 (100.0)		466,384 (100.0)		559,632 (100.0)	

자료: 한국무역협회.

되어, 두 시장에서 저가의 중국 상품이 우리나라 상품을 대체하기 시작하였다.

그러나 2005년도부터 우리나라의 수출비중은 중국 21.8%, 미국 14.5%, 일본 8.4%로 중국이 1위를 기록하게 되고 2010년도에는 중국 25.1%, 미국 10.7%, 일본 6.0% 순이 되었다. 2013년도 마찬가지로 중국은 전체 수출액의 26.1%를 차지하고 이어서 미국과 일본이 각각 11.1% 및 6.2%이다. 중국은 우리나라와 지리적으로 가까울 뿐만 아니라 산업구조와 거대한 중국의 내수시장 등으로 당분간은 중국에 대한 수출은 증가할 것으로 예상된다. 하지만 우리나라와 중국의 수출제품의 유사성과 중국 상품과 우리나라 상품의 기술격차 감소 등으로 인하여 우리나라의 중국에 대한 수출만 아니라 전 세계 수출에 많은 영향을 미칠 것으로 보인다. 우리나라의 국가경쟁력 강화를 위해서 이런 부분에 대한 인식을 가지고 대응전략을 세워야 할 것이다.

우리나라가 제품을 수입하는 나라로는 선진공업수출국가와 제품과 원자재보유수출국가로 나눌 수 있다. 1980년대 전후 추진한 자본집약적 상품생산과 산업구조의 고도화[2)]를 위해 필요한 설비 , 장비, 기자재, 국내에서 생산되지 않는 중간재 등은 선진국으로부터 수입할 수밖에 없었다. 그리고 원유, 원자재, 천연자원 등이 부족한 우리나라는 부존자원부국으로부터 자원을 수입하였다. 〈표 1-6〉에서 볼 수 있듯이 우리나라의 주요 수입국은 선진공업부국인 미국과 일본 등과 자원부국인 사우디아라비아, 아랍에미리트, 인도네시아, 말레이시아 등이다.

이들 주요 수입국으로부터 수입비중은 1985년 67.6%이고, 1995년에

---

2) 산업구조란 상품생산구조를 각 상품의 물리적 성격이나 기술적 요소에 따라 분류하여 몇 개의 부문으로 나누어 산업상호간의 구성관계를 말한다. 즉 산업구조란 농업 · 임업 · 어업부문 등의 1차 산업, 공업부문의 2차 산업, 서비스업부문의 3차 산업간의 비율을 말한다. 산업구조의 고도화란 1차 산업에서 2차 산업, 2차 산업에서 3차 산업으로 그 비중이 옮겨가 1차 산업보다는 2차 산업이 2차 산업보다는 3차 산업의 비중이 커지는 것을 의미한다.

표 1-6 우리나라의 나라별 수입추이 (단위: 백만 달러, %)

	1985		1995		2000		2005		2010		2013	
등수	나라	금액 (비중)	나라	금액 (비중)	나라	금액 (비중)	나라	금액 (비중)	나라	금액 (비중)	나라	금액 (비중)
1	일본	7,560 (24.3)	일본	32,606 (24.1)	일본	31,828 (19.8)	일본	48,403 (18.5)	중국	71,574 (16.8)	중국	83,053 (16.1)
2	미국	6,489 (20.8)	미국	30,404 (22.5)	미국	29,242 (18.2)	중국	38,648 (14.8)	일본	64,296 (15.1)	일본	60,029 (11.6)
3	말레이시아	1,234 (4.0)	중국	7,401 (5.5)	중국	12,799 (8.0)	미국	30,586 (11.7)	미국	40,403 (9.5)	미국	41,512 (8.1)
4	호주	1,116 (3.6)	독일	6,584 (4.9)	사우디아라비아	9,641 (6.0)	사우디아라비아	16,106 (6.2)	사우디아라비아	26,820 (6.3)	사우디아라비아	37,665 (7.3)
5	이란	1,014 (3.3)	사우디아라비아	5,432 (4.0)	호주	5,959 (3.7)	아랍에미리트연합	10,018 (3.8)	호주	20,456 (4.8)	카타르	25,874 (5.0)
6	독일	981 (3.2)	호주	4,897 (3.6)	인도네시아	5,287 (3.3)	호주	9,859 (3.8)	독일	14,305 (3.4)	호주	20,785 (4.0)
7	인도네시아	669 (2.1)	인도네시아	3,325 (2.5)	말레이시아	4,878 (3.0)	독일	9,774 (3.7)	인도네시아	13,986 (3.3)	독일	19,336 (3.8)
8	아랍에미리트연합	664 (2.1)	캐나다	2,604 (1.9)	아랍에미리트연합	4,703 (2.9)	인도네시아	8,184 (3.1)	대만	13,647 (3.2)	쿠웨이트	18,725 (3.6)
9	오만	661 (2.1)	대만	2,564 (1.9)	대만	4,701 (2.9)	대만	8,050 (3.1)	아랍에미리트연합	12,170 (2.9)	아랍에미리트연합	18,123 (3.5)
10	에쿠아도르	653 (2.1)	말레이시아	2,515 (1.9)	독일	4,625 (2.9)	말레이시아	6,012 (2.3)	카타르	11,915 (2.8)	대만	14,633 (2.8)
소계	21,041 (67.6)		98,332 (72.8)		113,663 (70.8)		185,640 (71.1)		289,572 (68.1)		339,735 (65.9)	
총계	31,136 (100.0)		135,119 (100.0)		168,481 (100.0)		261,238 (100.0)		425,212 (100.0)		515,586 (100.0)	

자료: 한국무역협회.

는 72.8%이며 그리고 2000년에는 70.8%로 하락하였다. 이는 1995년 이후 우리나라의 수입이 특정국에 국한하지 않고 다변화되고 있음을 보이고 있다.

우리나라의 수입시장을 나라별로 분석해보면 2000년대 중반까지 일본이 중간재 및 설비 등의 수입의존성과 지리적 접근의 편리성으로 우리나라의 최대수입국이었다. WTO체제의 무역자유화로 인해 서비스 시장 개방, 농산물 시장 개방 등으로 미국이 일시적으로 최대수입국이었으나, 2000년대 중반까지 일본이 우리나라의 최대 수입국이었다. 미국과 일본에 대한 우리나라의 수입비중은 1985년 45.1%, 1995년 46.6% 이었으나, 2000년 38.0%, 2005년 30.3%로 지속적으로 감소하였다. 반면 우리나라의 중국으로부터 수입비중은 1995년 5.5%, 2000년 8.0%로 3위를 기록하였고 2005년에는 2위로 미국을 밀어내고 14.8%의 비중을 차지하였다. 그리고 2010년 16.8% 그리고 2013년 16.1%로 계속해서 우리나라 수입비중의 1위를 기록하고 있다. 중국으로부터 우리나라 주 수입품은 농산물과 저가의 노동집약적 상품중심으로 계속 급증하여 현재 중국이 최대수입국이다.

4. 우리나라 세계 수출시장 1위 품목

2012년 현재 세계 수출품목 최다보유 국가는 〈표1-7〉에서 보듯이 1,485개 품목을 점유하고 있는 중국이다. 2위는 703개를 보유하고 있는 독일이고 3위는 603개를 점유하고 있는 미국이다. 2012년 현재 우리나라는 세계 수출시장 점유율 1위 품목 수 64개로 전년대비 한 단계 상승한 14위를 기록하고 있다.

최근 중국의 세계 수출시장 점유율 1위 품목은 지속적으로 확대되고 있는 반면 독일은 감소하고 있는 추세이다.

그러나 우리나라는 2010년 세계 1위 품목이 71개였던 것에 비해 다소 감소했던 것에 주목해야 할 것이다. 한편 세계 수출시장 점유율 2~5위권 및 6~10위권 품목들은 전반적인 증가세를 나타내고 있는 가운데 1~10위권내 품목 수는 전년대비 74개 증가한 1,330개로 최근 5년래 가장

표 1-7 주요 나라별 세계 수출시장 점유율 1위 품목 수 추이 (단위: 개)

나라명	2010		2011		2012		품목수 증감 (B–A)
	순위	품목수	순위	품목수(A)	순위	품목수(B)	
중국	1	1,351	1	1,417	1	1,485	68
독일	2	761	2	774	2	703	−71
미국	3	630	3	580	3	603	23
일본	5	250	4	229	4	231	2
이탈리아	4	251	5	228	5	228	0
인도	6	122	7	126	6	144	18
네덜란드	7	121	6	133	7	138	5
프랑스	8	114	8	109	8	104	−5
한국	13	71	15	61	14	64	3

자료: 오세환, 세계수출시장 점유율 1위 품목으로 본 우리 수출경쟁력, Trade Focus Vol.13 No.6, 한국무역협회 국제무역원, 2014년 1월, p. 1.

많은 품목수를 기록하고 있는 것은 긍정적으로 보아야 할 것이다.3)

그리고 〈표 1-8〉에서 알 수 있듯이 2012년 현재 우리나라는 품목별로는 화학제품 20개, 철강 10개, 전자기계 7개 등에서 세계 수출시장 점유율 1위 품목을 다수 보유하고 있다. 즉 화학제품, 철강, 전자기계 등의 우리나라 세계 수출시장 점유율 1위 품목 수는 37개로 전체 1위 품목 64개의 58% 차지하고 있다. 특히 화학제품 비중이 전체 세계 수출시장 점유율 1위 품목의 1/3정도를 차지한 것으로 나타난 가운데 최근 5년간 추세에서도 화학제품의 1위 품목수가 증가세에 있음을 알 수 있다. 그 반면 수송기계, 섬유제품, 철강 등은 감소세에 있다.4)

---

3) 우리나라의 세계 수출시장 점유율 2~5위 품목 수는 427개(2008년) → 459개(2010년) → 503개(2012년)로 증가하고 있고, 세계 수출시장 점유율 6~10위 품목 수는 701개(2008년) → 736개(2010년) → 763개(2012년)로 증가하고 있으므로 세계 수출시장 점유율 1~10위 품목수는 1,186개(2008년) → 1,266개(2010년) → 1,330개(2012년) 증가하고 있는 것은 긍정적으로 평가하여야 할 것이다. 구체적인 것은 오세환, 세계수출시장 점유율 1위 품목으로 본 우리 수출경쟁력, Trade Focus Vol.13 No.6, 한국무역협회 국제무역원, 2014년 1월, p.7 참조.

4) 2012년 현재 우리나라의 화학제품 세계 수출시장 점유율 1위 품목 수는 11개(2008

표 1-8 우리나라 세계 수출시장 1위 품목별 추이 (단위: 개, %)

품목	2008	2009	2010	2011	2012
농산물	0(0.0)	0(0.0)	0(0.0)	2(3.3)	2(3.1)
수산물	1(1.7)	1(1.4)	2(2.8)	2(3.3)	2(3.1)
광산물	3(5.2)	3(4.1)	3(4.2)	1(1.6)	3(4.7)
가죽,고무,신발,여행용품	2(3.5)	4(5.4)	4(5.6)	5(8.2)	4(6.3)
나무,펄프,종이,가구류	1(1.7)	1(1.4)	1(1.4)	1(1.6)	1(1.6)
섬유제품	9(15.5)	13(17.6)	9(12.7)	8(13.1)	7(10.9)
화학제품	11(19.0)	17(23.0)	19(26.8)	15(24.6)	20(31.3)
철강	12(20.7)	17(23.0)	13(18.3)	13(21.3)	10(15.6)
전자기계	5(8.6)	5(6.8)	7(9.9)	6(9.8)	7(10.9)
비전자기계	5(8.6)	8(10.8)	6(8.5)	3(4.9)	5(7.8)
수송기계	6(10.3)	3(4.1)	4(5.6)	4(6.6)	3(4.7)
기타 제조품	3(5.2)	2(2.7)	3(4.2)	1(1.6)	0(0.0)
총계	58(100.0)	74(100.0)	71(100.0)	61(100.0)	64(100.0)

주: ( )내는 비중
자료: 오세환, 세계수출시장 점유율 1위 품목으로 본 우리 수출경쟁력, Trade Focus Vol.13 No.6, 한국무역협회 국제무역원, 2014년 1월, p. 8.

5. 무역 구조별 변화추이

우리나라의 산업별 수출은 1960년대 초부터 1970년대 후반까지는 저임금의 노동집약재인 경공업제품의 비중이 높았다. 그 후 우리나라는 자본집약재 중심인 중화학공업에 중점을 두면서 1980년대 전후부터 중화학공업의 수출비중이 높아져서, 〈표1-9〉에서 알 수 있듯이 1988년의 중

년) → 19개(2010년) → 20개(2012년)로 증가하고 있는 반면, 수송기계는 6개(2008년) → 4개(2010년) → 3개(2012년)로 섬유제품은 9개(2008년) → 9개(2010년) → 7개(2012년)로 그리고 철강은 12개(2008년) → 13개(2010년) → 10개(2012년)로 감소하고 있다. 구체적인 것은 오세환, 세계수출시장 점유율 1위 품목으로 본 우리 수출경쟁력, Trade Focus Vol.13 No.6, 한국무역협회 국제무역원, 2014년 1월, p.8 참조.

표 1-9 우리나라 산업별 수출추이 (단위: 백만 달러, %)

품목구조별		1988		1995		2000		2005		2010		2013	
		금액	비율	금액	비율	금액	비율	금액	비율	금액	비율	금액	비율
총계		60,696	100.0	125,068	100.0	172,268	100.0	284,419	100.0	466,384	100.0	547,870	100.0
1차산품		3,322	5.5	6,067	4.9	4,776	2.8	4,225	1.5	11,497	2.5	14,677	2.7
공산품		57,575	94.5	118,991	95.1	167,491	97.2	280,194	98.5	454,887	97.5	533,193	97.3
공산품	경공업제품	23,748	39.1	28,080	22.5	27,934	16.2	25,244	8.9	29,397	6.3	35,311	6.4
	중화학제품	33,627	55.4	90,911	72.7	139,558	81.0	254,950	89.6	425,490	91.2	497,882	90.9
중화학제품	IT제품	7,414	12.2	27,472	22.0	55,085	32.0	82,505	29.0	126,392	27.1	120,233	22.0
	기타	26,213	43.2	63,439	50.7	84,473	49.0	172,444	60.6	299,098	64.1	377,649	68.9

자료: 한국무역협회.

화학공업제품의 수출비중은 55.4%였고 1995년에는 급격히 상승하여 72.7%로 증가하였다.

그 후 1990년대가 되면서 우리나라와 비교하여 저임금국가인 중국과 동남아국가들이 노동집약재 중심 상품을 생산하면서 우리나라의 수출 산업구조는 급격하게 중화학공업 위주로 전환되었다. 그 결과 2005년 우리나라 수출에서 차지하는 중화학제품의 비중은 81.0%이고 2010년 91.2% 그리고 2013년에는 90.9%로 되었다. 1980년대 후반부터 우리나라 수출을 주도하는 중화학공업제품의 산업은 자동차 및 선박의 기계류와 반도체 및 전자제품의 IT산업 중심으로 변경되었다.

먼저 우리나라 수입 중 수출용의 비중은 1990년대는 30%대였으나 2000년대부터는 지속적으로 40%대를 유지하고 있음을 〈표 1-10〉에서 충분히 알 수 있다. 특히 수입 중 수출용 비중이 높은 이유는 품목구조 중 원자재 가공품의 수출비중이 지속적 증가에 따른 것임을 알 수 있다. 즉 우리나라의 경제구조는 수입이 수출의 증가세에 맞추어 증가하는 구조란 것을 알 수 있다. 즉 우리나라의 수출품목 중 가공무역이 차지하는 비중이 높아 외국으로부터 원자재를 수입한 후 가공하여 수출하는 비중이 높다 보니 수출규모가 증가하면 수입 중 수출용 비중이 높아지게 된다. 이

표 1-10 **우리나라 수입 중 수출용과 내수용 구성비율** (단위: %)

연도	1991	1995	2000	2005	2010	2013
품목구조별	비율	비율	비율	비율	비율	비율
총계	100.0	100.0	100.0	100.0	100.0	100.0
수출용	30.3	33.0	45.0	40.7	40.0	41.6
내수용	69.7	67.0	55.0	59.3	60.0	58.4
원자재	53.7	50.5	50.9	54.8	58.8	61.3
수출용	19.0	21.5	26.5	24.6	26.7	29.6
내수용	34.7	29.0	24.4	30.2	32.1	31.7
자본재	37.6	39.7	40.3	34.9	31.4	28.1
수출용	9.8	10.2	17.1	14.8	12.4	11.4
내수용	27.8	29.5	23.2	20.1	19.0	16.7
소비재	8.7	9.8	8.8	10.3	9.8	10.6
수출용	1.5	1.3	1.4	1.3	0.9	0.6
내수용	7.2	8.5	7.4	9.0	8.9	10.0

자료: 한국무역협회. 자료 중 기타는 제외함.

로 인해 필수적 원자재인 원유, 석탄, 원료 등의 수입이 지속적으로 증가함을 보여주고 있다.

우리나라는 부족한 지하자원과 우리의 낙후된 기술 수준의 자본재 등의 수입으로 인해 원유, 자재, 설비, 중간재 등의 수입규모를 크게 늘리는 것은 불가피하였다. 〈표 1-11〉에서 알 수 있듯이 원자재 수입은 1980년대 이후 2010년까지는 전체 수입의 절반 이상이고 특히 2000년도

표 1-11 **우리나라 성질별 수입비중** (단위: 백만 달러, %)

품목 구조별	1988년		1990년		1995년		2000년		2005년		2010년		2013년	
	금액	비율	금액	비율	금액	비율	금액	비율	금액	비율	금액	비율	금액	비율
총계	51,810	100	69,844	100	135,119	100	160,481	100	261,238	100	425,212	100	515,586	100
원자재	28,327	54.8	38,202	54.7	68,077	50.4	81,574	50.9	142,286	54.7	249,461	58.7	315,868	61.2
자본재	19,097	36.9	25,617	36.9	53,486	39.5	64,578	40.3	90,662	34.9	133,386	31.4	144,761	28.1
소비재	4,248	8.2	5,718	8.3	13,215	10.0	14,026	8.7	26,395	10.3	41,855	9.8	54,605	10.6
기타	138	0.1	307	0.1	341	0.1	303	0.1	1,895	0.1	510	0.1	351	0.1

자료: 한국무역협회.

를 기점으로 지속적으로 늘어나고 있다. 즉 2005년 54.7%, 2010년에는 58.7%로 증가하고 2013년에도 61.2%로 점진적으로 증가하고 있음을 보여 주고 있다. 반면 자본재는 1980년대 이후 계속 늘어나다가 2000년 40.3%까지 증가한 후 2005년 34.9%, 2010년 31.4%로 하락하고 2013년에는 마침내 28.1%로 급속히 감소되었음을 알 수 있다. 즉 2000년도를 기점으로 자본재의 국내개발이 증가하고 있는 것으로 해석할 수 있다. 그러나 1980년대 중반 이후 국민소득의 증가와 무역자유화에 따른 수입시장개방의 확대로 소비재 수입은 자본재 수입의 감소에 반해 다소 증가하고 있음을 알 수 있다.

6. 남북무역현황

표 1-12 우리나라와 북한의 수출신장 비교 (단위: 억 달러)

	1965(A)	1970	1980	1990	2000	2010	2011(B)	(B)/(A)
남한	1.8	12	205	737	2,057	5,315	6,269	3,483
북한	1.9	3.4	15.7	17.3	5.6	15.1	27.9	15

자료: 김기환, 한국의 경제기적 지난 50년 향후 50년, 기파랑, 2013, p. 27 재인용.

여기에서는 남북무역변화 과정을 살펴보려 한다. 1965~2011년간 50년에 걸친 우리나라의 수출입성장규모는 북한과 비교하면 너무나 대비된다. 1965년 북한의 수출규모는 1억 9,000만 달러로 우리나라의 1억 8,000만 달러보다 조금 앞서는 수준이었다. 그러나 북한이 수출에서 앞서는 현상은 바로 역전되어 1970년 한국의 수출규모는 12억 달러로 북한의 3억 4,000만 달러에 비해 3배 이상 증가했으며, 2011년에 와서는 우리나라의 수출규모가 6,269억 달러로 증가한 반면 북한은 27억 9,000만 달러에 그쳐 그 격차가 약224배로 벌어졌다.[5)]

5) 김기환, 한국의 경제기적 지난 50년 향후 50년, 기파랑, 2013, p. 27.

표 1-13 남북한 반출입 현황 (단위: 백만 달러)

	1990(A)	1995	2000	2005	2010	2013(B)	(B)/(A)
반출	1.2	64.4	272.8	715.5	868.3	531.7	443.1
반입	12.3	222.9	152.4	340.3	1,043.9	617.2	50.2

자료: 한국무역협회.

남북교역규모(반출+반입)는 〈표 1-13〉에서 보듯이 1990~2013년 사이에 신장세를 지속한 가운데 특히 1990년 남북경협관련 법제도가 제정되거나 주요 조치가 취해진 시기에는 급증한 양상을 보였다.

남북교역액은 1990년 1320만 달러에서 2013년 11억4890만 달러로 약 87배 증가하였다. 남북교역은 그 규모가 지속적으로 확대되었으나 2010년 5.24조치를 기점으로 감소되고 있음을 〈표 1-13〉에서 알 수 있다.

그리고 남북교역수지는 1997년까지는 계속 적자를 나타내다가 그 이후부터 2007년까지는 흑자를 보이지만 2008년부터 2013년까지 계속해서 적자를 기록하고 있다. 남북교역수지의 적자 이유는 남북교역의 특징이 원자재로 반출한 후 완제품으로 반입하는 가공무역과 단순물자 반입하는 교역 등의 형태로 구조화되어 있기 때문에 적자를 지속적으로 기록할 수 밖에 없다. 반면 과거에는 대북지원을 위한 반출이 반입보다 상대적으로 커서 흑자를 유지하였다. 그러나 2016년 2월 북한의 핵실험과 장거리미사일 발사로 인해 개성공단 가동이 중단되면서 남북경제협력은 거의 중단된 상태이다.

7. 무역의존도

무역의존도(degree of dependence on foreign trade)는 한 국가의 국민경제가 얼마나 무역에 의존하고 있는가를 나타내는 지표이다. 즉 무역의존도는 일정한 기간에 있어서 국내총생산(gross domestic products: GDP)

표 1-14 세계 주요 나라의 무역의존도 비교 (단위: 십억 달러, %)

무역 순위	나라명	2013년			무역의존도 (수출+수입)/GDP
		수출	수입	GDP	
1	중국	2,210.6	1,946.9	9,181.4	45.3
2	미국	1579.6	2,268.3	16,799.7	23.0
3	독일	1,366.4	1,174.2	3,636.0	70.0
4	일본	714.6	832.3	4,901.5	31.6
5	네덜란드	659.8	586.0	800.0	155.7
6	프랑스	568.0	664.8	2,737.4	45.0
7	한국	559.6	515.6	1,221.8	88.0
8	이탈리아	509.6	452.5	2,072.0	46.4
9	러시아	527.2	315.0	2,118.0	40.0

자료: 수출입은 한국무역협회, GDP는 World Economic Forum의 The Global Competitiveness Report 2014~2015, p. 400 참조.

에 대한 동일한 기간의 무역액(수출액+수입액)의 비율로 나타낸다.[6)]

일반적으로 무역의존도는 풍부한 부존자원을 보유하고 국내시장 규모가 큰 국가일수록 국내분업을 통한 자급자족도가 높아 무역의존도가 낮다. 반면 자연자원이 부족하거나 국내시장이 소규모이면서 소득수준이 높은 국가일수록 무역의존도가 높다. 무역의존도가 높은 국가는 경제가 국제경제와 밀접한 연계관련성을 가지고 있고 해외시장에 의존성이 높다는 것을 의미한다. 〈표 1-14〉는 세계 주요 나라의 무역의존도를 비교하는 표이다. 이 표에서 보는 바와 같이 2013년 현재 무역의존도는 미국 23.0%, 일본 31.6%, 중국 45.3%보다 우리나라 88.0%, 독일 70.0%, 네덜란드 155.7%가 매우 높은 편이다. 특히 미국과 일본은 우리나라와 네덜란드와 비교하여 인구가 많아 국내시장 규모가 크며, 미국은 또한 자연자원도 풍족하여 국제경제에 의존할 이유가 없어 무역의존도가 낮다.

반면 우리나라의 무역의존도가 높은 이유는 다음과 같다. 첫째, 한정

6) 수출의존도는 GDP에 대한 수출액의 비율로 표시하고 수입의존도는 GDP에 대한 수입액의 비율로 나타낸다. 이 둘을 합하면 무역의존도가 된다.

된 인구와 소규모경제 로 인해 국내시장이 협소하기 때문이다. 둘째, 절대적으로 부족한 부존자원으로 인하여 원유, 공업원료, 자재, 원맥, 원면 등을 수입하고 수입한 원자재를 가공하여 지속적으로 수출하기 때문이다. 그런데 우리나라의 무역의존도는 1990년대 약 90%대에서 2000년대 약80%대로 떨어졌다가 최근 무역호조로 90%에 육박하고 있다. 이런 이유로 우리나라는 국제경제 변화에 민감하므로 이를 극복하기 위해서 내수시장의 안정적 확대가 중요하다.

| 보론 | GDP와 GNP

1. 국내총생산

국내총생산(GDP: Gross Domestic Product)은 일정기간 한 나라의 국경 안에서 생산된 모든 최종생산물의 시장가치를 합한 것이다. 만약 외국인이 소유한 생산요소에 의해서 생산된 것일지라도 국내에서 생산된 것이면 모두 GDP계산에 포함된다.

GDP를 계산하기 위해서는 기간을 명시해야 한다. 보통 1년, 반기(6개월), 분기(3개월)를 기간으로 해서 측정된다. 국민경제는 한 순간에 머물러 있는 것이 아니라 순환하는 것이었다. '일정 기간'이라는 말은 해당기간에 일어난 생산과 소득의 유량(flow)을 측정한다는 것을 의미한다. 따라서 해당기간 이전에 생산된 상품의 거래나 이전에 외상거래된 것은 해당기간의 지출에 포함되지 않는다.

'한 나라의 국경 안에서'라는 말은 그 나라 국민이 생산하든 외국인이 생산하는 상관없이 그 나라 국경 내에서 생산된 모든 재화나 서비스는 GDP에 포함된다는 것을 의미한다. 즉 자국 안에서 생산되면 외국인 및 외국인 소유의 생산요소에 의하여 생산된 것도 모두 자국의 GDP에 포함된다는 것을 뜻한다. 반면 자국인 소유의 생산요소에 의하여 생산된 재화나 서비스라 해도 외국에서 생산된 어떤 것도 자국의 GDP에 포함되지 않는다는 것이다.

'최종생산물의 시장가치를 합한 것'이라 함은 기업간에 거래된 중간생산물의 시장가치는 GDP에서 제외되고 최종사용자에 의하여 구매되어 재판매되지 않는 최종생산물의 시장가치만을 GDP에 포함시킨다는 것을 의미한다. 최종생산물을 생산하는데 들어가는 중간생산물의 가치를 제외해야 하는 이유는 최종생산물의 가치에 중간생산물의 가치가 포함되어 있기 때문이다. 만약 중간생산물의 가치를 GDP의 계산에 포함시킨다면 GDP는 중간단계의 수만큼 배가되는 이중계산의 문제를 발생시킨다. '생산물의 부가가치를 합한 것'이라는 것은 GDP를 측정할 수 있는 또 하나의 방법으로 이중계산의 문제를 탈피하여 계산되는 방법이다. 하나의 최종생산물이 만들어지기까지는 몇 단계를 거치게 된다. 이 단계들을 거치면서 각 단계별로 부가가치를 만들어내는데 이 부가가치를 합산하면 된다는 것을 의미한다.

2. 국민총생산

GDP는 앞에서 정의하였듯이 일정기간 한 나라의 국경 안에서 생산된 모든 최종생산물의 시장가치를 합한 것이다. 이 정의에 따르면 GDP는 내국이든 외국이든 상관없이 자국내의 생산요소에 의해 생산된 모든 최종생산물을 의미한다.

반면 국민총생산(GNP: Gross National Product)이란 '일정기간에 한 나라의 국민에 의해 생산된 모든 최종생산물의 시장가치를 합한 것'이다.

'국민에 의해'라는 말은 그 나라 국민과 그 나라 국민이 소유하는 생산요소에 의해 생산된 재화와 용역을 그 측정대상으로 한다는 의미이다. 국내에서 생산된 것이라도 외국인이 소유한 생산요소에 의하여 생산된 것은 GNP에 계산되지 않는다. 다만 외국에서 생산된 것일지라도 내국인이나 내국인 소유의 생산요소에 의해 생산된 것은 GNP에 계산된다.

$$\begin{aligned} \text{GNP} &= \text{GDP}+\text{해외 유입 순요소소득}-\text{해외 유출 순요소소득} \\ &= \text{GDP}+\text{해외순수유입요소소득} \end{aligned}$$

폐쇄경제라면 GDP와 GNP가 같지만 개방경제에서는 GDP와 GNP는 엄연히 다르다. 일반적으로 해외투자를 많이 하는 나라는 GDP가 GNP보다 작지만 거꾸로 외국인에 의한 국내자본유입이 많은 나라는 GDP가 GNP보다 크다.

나라간 투자개방이 활성화되고 있는 요즈음 GDP가 한 나라의 생산활동 정도를 가장 잘 나타내는 총량지표이다. 반면 GNP는 일 국가의 국민 소득을 잘 나타내는 총량지표이다. 최근 우리나라는 GDP가 GNP보다 더 크다. 이는 우리나라 사람들이 국외에서 생산활동으로 번 돈보다 외국인들이 우리나라에서 번 돈이 더 크다는 것을 의미한다. 즉 GDP는 속지주의 원칙에 따르고 GNP는 속인주의 원칙에 따른다.

3. 국내총생산(GDP)의 유용성과 한계

GDP는 한 나라의 경제적 성과와 경제적 후생의 지표이기도 하다. GDP가 증가했다는 것은 그만큼 소득이 늘어났다는 것을 의미한다. 그러나 GDP는 계측상의 문제점 때문에 정확한 경제적 성과뿐만 아니라 경제적 후생을 반영하지 못하고 있다. 이러한 문제점 때문에 그 한계를 극복하기 위한 다른 계측법을 도입하든지 한계의 내용을 인식한 계수의 비교 및 해석을 하여야 할 것이다.

GDP는 그 정의에서 국내에서 생산된 최종생산물 또는 시장 부가가치의 합을 말한다. 먼저, 이와 같은 정의 때문에 시장에서 거래되지 않는 재화와 용역은 국내총소득계산에서 제외된다. 예를 들어 타인에게 고용되어 가사노동을 제공한다면 가사노동에 대한 보수는 GDP에 포함된다. 반면 전업주부의 가사노동은 실제로 GDP에 차지하는 비중은 상당함에도 불구하고 시장에서 거래되지 않았다는 이유로 추계에서 제외된다. 둘째, 여가는 GDP에 반영되지 않는다. 예를 들어 탁구를 좋아하는 사람이 있다하자. 이 사람이 여가 시간을 활용하여 탁구를 칠 경우 GDP에 탁구를 치기 위해 지불한 탁구 테이블 사용료만 포함된다. 그러나 GDP에 탁구를 즐기면서 얻는 이 사람의 후생수준이나 만족도는 포함되지 않는다. 셋째, GDP에는 생산과정만 추계하고 생산과정에서 니디니는 환경오염과 교통체증, 범죄 등의 외부불경제[7]는 GDP에 포함되지 않는다. 넷째, 지하경제(underground

---

7) 외부경제(external economies)는 한 경제 주체의 경제행위가 시장 교환 과정에 참여하지 않고 있는 다른 주체에게 유리한 영향을 미치는 것을 말한다. 이와 대비되는 경우인 외부불경제 또는 외부비경제(external dis-economies)는 불리한 영향을 미치는 것을 의미한다. 외부경제와 외부불(비)경제를 합쳐서 외부성(externalities) 또는 외부효과(ex-ternal effect)라고 부른다.

economy)[8]와 상품의 질[9]도 GDP에는 정확하게 반영되지 않는다.

이와 같이 GDP는 경제적 후생을 측정하는데 많은 제약을 가지고 있다. 이와 같은 한계를 보완하기 위하여 노드하우스(W.D. Nordhaus)와 토빈(J. Tobin)은 경제적 후생을 나타내는 MEW(Measure of Economic Welfare)라는 개념을 만들었다. 경제후생지표(MEW)는 GDP에 각종 가사노동 서비스와 여가의 가치를 더하고 공해비용을 뺀 것이다. 그 후 새무엘슨(P.A. Samuelson)은 경제후생지표를 순경제후생이라는 의미에서 NEW(Net Economic Welfare)라고 표현하였다.

GDP보다 순경제후생(NEW)이 경제적 후생을 표시하는데 더 나은 지표라는 것을 모두 다 알고 있다. 순경제후생은 그 값을 객관화하여 수량화하는데 한계가 있다. 따라서 우리는 위의 여러 문제에도 불구하고 순경제후생의 개념보다는 GDP의 개념을 일반화하여 사용하고 있다.

---

8) 과세의 대상이나 정부기관이 포착하지 못한 숨은 경제를 말한다. 그 예로는 뇌물, 매춘, 마약거래, 범죄행위를 원천으로 하는 자금, 불법외환 자금 등이 있으며 특히 우리나라의 두드러진 지하경제로는 사채(私債), 부동산 투기, 서화·골동품 등에의 투자 및 아파트 등 입주권의 프리미엄, 특정업소의 권리금 등이 있다.

9) 가장 대표적인 것이 컴퓨터의 성능은 지속적으로 향상하고 있는데 가격은 하락하고 있는 점을 반영하지 못하고 있다. 또한 과자나 아이스크림의 경우 가격인상을 억제하여도 양이나 품질의 변화를 통해 소비자의 만족도에 영향을 미쳐도 GDP에는 이를 충분히 반영하지 못한다.

제1장 연습문제

1. 다음 중 무역의존도를 올바르게 설명하고 있는 것은?
   ① 총수입액이 국내총생산에서 차지하는 비율을 의미한다.
   ② 1국가의 경제활동이 수입에 의존하는 정도를 나타낸 용어이다.
   ③ 수출의존도와 수입의존도를 합한 개념이다.
   ④ 총수출액이 국내총생산에서 차지하는 비율을 의미한다.

2. 다음 중 국내경제와 국제경제의 차이점이 아닌 것은?
   ① 생산요소이동의 제약이다.
   ② 언어의 상이성이다.
   ③ 국가에 의한 의식적 조정이다.
   ④ 상이한 통화의 단위이다.

3. 민간경제와 공공경제를 합한 용어는?
   ① 개방경제 ② 국민경제
   ③ 2부문 경제 ④ 해외경제

4. SOC (social overhead capital)에 해당하지 않는 것은?
   ① 전기 ② 교육
   ③ 항만 ④ 도로

5. 오늘날 우리나라의 무역총액은 대략 얼마쯤 되는가?
   ① 1조 달러 이상 ② 약 9,000억 달러
   ③ 약 8,000억 달러 ④ 약 5,000억 달러

6. 다음 중 우리나라의 무역 현황을 설명하는 것 중 틀린 것은?
   ① 1980년대는 당시 3저 현상으로 수출증가가 우리나라 경제성장의 가속화시킴
   ② 현재 우리나라의 수출은 반도체 및 컴퓨터, 자동차, 석유화학제품,

선박, 휴대폰 등이 주도 하고 있음
③ 우리나라의 수입은 수출의 증가세에 맞추어 증가하지는 않음
④ 우리나라의 수출품목 중 가공무역이 차지하는 비중이 높음

7. 다음 ( )안의 결합 순으로 알맞은 것은?

> 우리나라는 1960~80년대까지는 ( )집약적 상품이 주요 수출제품이었으나 1990년대 이후에는 ( )집약적 상품 위주로 수출품목의 구조가 변화되었다.

① 기술－노동 ② 기술－자본
③ 노동－자본 ④ 자본－기술

8. 현재 우리나라와 교역을 가장 많이 하고 있는 국가는?

① 미국 ② 중국
③ 일본 ④ 베트남

9. 1차 산업에서 2차 산업, 2차 산업에서 3차 산업으로 그 비중이 옮겨가 1차 산업보다는 2차 산업이 2차 산업보다는 3차 산업의 비중이 커진다는 내용을 나타내고 있는 것은?

① 산업구조의 고도화 ② 수출구조의 고도화
③ 수입구조의 고도화 ④ 무역구조의 고도화

10. 다음 주요 국가 중 세계 수출시장 점유율 1위 품목 수가 가장 많은 나라는?

① 미국 ② 독일
③ 한국 ④ 중국

11. 2012년 현재 우리나라가 세계 수출시장에서 1위 품목이 가장 많이 차지하고 있는 것은?

① 섬유제품 ② 화학제품
③ 철강 ④ 전자기계

12. 우리나라 수입품 중 필수적 원자재인 원유, 석탄, 원료 등의 수입이 지속적으로 증가하는 이유는?

① 가공무역구조이기 때문 ② 중개무역구조이기 때문
③ 중계무역구조이기 때문 ④ 구상무역구조이기 때문

13. 남북무역현황에 대한 설명 중 틀린 것은?

① 1960년대 중반까지만 해도 북한의 수출규모는 우리나라를 조금 앞선 수준이었다.
② 1980년대부터 우리나라의 수출규모는 북한을 앞서기 시작했다.
③ 2010년대 이후 우리나라의 수출규모는 북한의 수출규모보다 약 200배 이상 앞서있다.
④ 2016년 이후 남북교역은 거의 중단된 상태이다.

14. 남북교역에 대한 설명 중 틀린 것은?

① 2010년대 이후 우리나라의 수출규모는 북한의 수출규모보다 약 200배 이상 앞서있다.
② 2016년 이후 남북교역은 거의 중단된 상태이다.
③ 남북교역수지의 적자는 남북교역의 특징이 원자재로 반출한 후 완제품으로 반입하는 가공무역과 단순물자의 반출하는 교역 등의 형태로 구조화되어 있기 때문이다.
④ 남북교역은 그 규모가 지속적으로 축소되었으나 2010년 5.24조치를 기점으로 증가하고 있다.

* 5·24조치란 2010년 5월 24일 이명박 정부가 발표한 대북 제재조치이다. 2010년 3월 26일 북한이 저지른 천안함사건에 대한 대응으로 발표했다. 북한 선박의 남측해역 운항을 전면불허, 남북교역중단, 국민의 방북불허, 대북 신규투자금지, 대북지원사업의 원칙적 보류 등을 담고 있다. 이에 따라 인도적인 목적이라 해도 사전에 정부와 협의를 거치지 않으면 대북지원을 할 수 없게 되었다.

15. 2013년 현재 우리나라보다 무역거래량이 적은 나라는?

① 네덜란드 ② 러시아
③ 프랑스 ④ 독일

16. 2013년 현재 우리나라보다 무역의존도가 높은 나라는?

① 일본 ② 네덜란드

③ 프랑스 ④ 이탈리아

17. 무역의존도와 관련된 설명 중 틀린 것은?

① 무역의존도는 일정한 기간에 있어 국내총생산에 대한 동기간의 무역액의 비율임

② 일반적으로 국내시장 규모가 큰 국가일수록 무역의존도가 낮음

③ 대체로 자연자원이 부족하거나 소득수준이 높은 국가일수록 무역의존도가 높음

④ 미국, 일본, 중국, 독일의 무역의존도는 모두 50% 이하로 낮은 국가임

18. 우리나라의 무역의존도가 높은 이유를 설명한 것으로 맞지 않은 것은?

① 한정된 인구로 국내시장의 규모가 작기 때문이다.

② 가공무역 중심의 무역구조로 되어 있기 때문이다.

③ 국내분업을 통한 자급자족도가 높기 때문이다.

④ 국민소득이 지속적으로 증가하고 최근 무역이 호조를 보이고 있기 때문이다.

19. 특정국의 GDP가 1조 달러이고 수출액 3천5백억 달러이고 수입액이 2천5백억 달러라고 한다면 특정국의 무역의존도는 얼마인가?

① 35% ② 60%

③ 25% ④ 50%

20. 개방경제의 주체가 되는 것은?

① 가계＋기업 ② 기업＋정부

③ 민간＋정부 ④ 국민＋해외

21. 무역의존도란?

① (수입총액＋수출총액)÷GDP ② 수입총액÷GDP

③ 수출총액÷GDP ④ 수입총액÷수출총액

22. 다음 중 경제주체가 아닌 것은?

① 해외의 회사법인 ② 정부
③ 해외회사법인의 경제담당자 ④ 사채업자

23. GNP를 나타내고 있는 것은?

① 일정 기간에 한 나라의 국민에 의해 생산된 모든 최종생산물의 시장가치를 합한 것
② 일정 기간에 한 나라의 국경 안에서 생산된 모든 최종생산물의 시장가치를 합한 것
③ 일정 기간 국내에서 교환된 생산물의 총액
④ 국내생산과 수입 및 외국원조의 합계액

24. GDP를 나타내고 있는 것은?

① 일정 기간에 한 나라의 국민에 의해 생산된 모든 최종생산물의 시장가치를 합한 것
② 일정 기간에 한 나라의 국경 안에서 생산된 모든 최종생산물의 시장가치를 합한 것
③ 일정 기간 국내에서 교환된 생산물의 총액
④ 국내생산과 수입 및 외국원조의 합계액

25. 다음 중 국민소득의 계산에 포함되는 것은?

① 주부의 가사노동 ② 불법거래
③ 밀수 ④ 당구친 비용

26. 다음 중 GDP 측정의 한계가 아닌 것은?

① 국민총생산을 표시할 때는 달러로 한다.
② 전업주부의 가사노동은 실제로 시장에서 거래되지 않았다는 이유로 GDP 추계에서 제외된다.
③ 여가는 GDP에 반영되지 않는다.

④ 외부불경제는 GDP에 포함되지 않는다.

27. 전업주부의 가사노동은 실제로 국민경제에 차지하는 비중이 엄청남에도 불구하고 ( )(하다)는 이유로 제외한다고 할 때 ( )안에 알맞은 말은?

① 계산하기 어렵다.
② 화폐를 매개로 하여 계산되지 않는다.
③ 보수가 없기 때문이다.
④ 보수가 너무 많기 때문이다.

28. GDP에 각종 서비스와 여가의 가치를 더하고 공해비용을 뺀 개념은?

① NEW　　② MEW
③ GDP 디플레이터　　④ GNP 디플레이터

29. 새무엘슨(P.A. Samuelson)이 개발한 경제후생지표를 무엇이라 하는가?

① NEW　　② MEW
③ GDP 디플레이터　　④ GNP 디플레이터

30. GDP에서 해외순요소소득의 차는?

① NEW　　② MEW
③ GNP　　④ GDP 디플레이터

31. 다음 중 GDP의 한계가 아닌 것은?

① 공해에 의한 환경파괴　　② 밀수의 미반영
③ 소득분배를 고려하지 않음　　④ 자원배분의 효율성 미반영

32. 다음 중 국민소득추계의 대상에서 제외되는 것은?

① 공장설비생산　　② 도로건설을 위한 토지구입
③ 수박생산　　④ 도로건설

제 2 장
국제무역정책과 이론

제1절 중상주의 무역정책

제2절 자유무역주의와 고전무역이론

제3절 근대무역이론

제4절 새로운 무역이론

제1절 중상주의 무역정책

1. 중상주의의 의의

자본주의가 산업혁명을 통하여 확립되기 이전의 초기 단계에서 자본과 노동의 본원적 축적[1]을 형성하는 데 이용된 여러 가지 정책과 이를 바탕으로 한 이론과 사상을 중상주의(mercantilism)라 한다. 중상주의의 핵심 경제정책은 보호무역주의를 기조로 하여 산업자본을 안정적으로 확보하기 위한 국내시장을 중시하면서 해외시장을 활성화하는 것이었다. 이를 위해 중상주의자들은 해외산 원료의 수입장려와 해외산 완제품의 수입제한과 금지, 국내원료의 수출제한과 금지, 국내산 상품의 수출장려 조치를 관세정책과 입법화를 통하여 추진하였다. 중상주의는 봉건제[2]가 붕괴한 후 명예혁명 때부터 약 100여 년에 걸쳐 추진된 정책이다. 중상주의자들은 자본이 생산부문 영역을 완전히 지배하지는 못했기 때문에 이윤의 원천은 생산과정보다는 유통과정에서 나온다고 보았다.

중상주의자들은 모든 부는 금·은 보석 등 귀금속에서 국부의 원천이 나온다고 보았다. 그 결과 금·은을 생산하는 나라 이외에는, 해외무역만이 귀금속을 획득할 수 유일한 수단이었기 때문에 무역차액을 플러스(+)시키기 위한 경제정책을 중심목표로 삼았다. 경제정책의 주요 수단으로서 무역통제에 의한 차액의 확보 방법으로 중금주의(bullionism)자들

1) 자본주의의 발전을 의미하는 자본의 축적은 기존의 성립하고 있는 자본과 노동의 관계를 기본으로 하여 그의 확대·발전하는 것을 뜻한다. 그러나 이러한 자본과 노동의 관계는 역사발전을 통하여 형성되는 것이다. 역사발전의 관계를 통한 자본의 축적에 대해 그것을 기본으로 하고 있는 자본과 노동의 관계 그 자체의 역사적 형성을 본원적 축적 또는 원시적 축적이라 한다.

2) 고대노예제도의 붕괴 후 봉건영주와 농노 사이의 신분적 지배 및 예속관계가 기본으로 성립하는 생산제도를 말한다. 이 제도는 자본주의체제에 앞서 존재하였고 봉건영주와 농노는 토지 즉, 장원을 중심으로 지대를 수납하였다. 유럽에서 봉건제의 기간은 일반적으로 약 6~7세기에서 18세기 시민혁명기까지이다.

에 의해 중금설이 주장되었다. 이후 중상주의는 직접적인 귀금속의 획득보다 무역을 통하여 간접적으로 귀금속을 확보하는 방향으로 중금설이 발전되었는데, 이 이론이 무역차액설이다. 그리고 중상주의 사상은 단순히 무역차액이나 산업보호의 측면에만 그치지 않고 화폐경제의 초기 이론화, 페티(W. Petty)의 노동가치설, 데포의 자유무역이론까지도 포함하게 된다. 그러나 점차 중상주의자들은 자국의 공업 발전의 필요성을 인식하고 해외 식민시장의 획득과 더불어 자국의 무역과 제조업의 안정을 위하여 식민지를 통제하는 식민지 정책을 함께 시행하게 된다. 이 정책을 가장 대표적으로 실시한 정책가가 콜베르(J. B. Colbert)이다. 그래서 중상주의를 콜베르주의(colbertism)로 명명하기도 하고, 또한 중상주의는 국가가 통제와 간섭을 하였으므로 국가주의라고도 한다.

2. 중상주의 무역정책

(1) 중금주의

중금주의(bullionism)란 16~18세기 서유럽 각국이 자국의 무역 흑자를 유지하기 위하여 외환과 귀금속 거래를 국가적 차원에서 통제한 중상주의 초기의 경제사상 및 통화정책을 말한다. 이 시기 서유럽 국가들은 국부를 금·은 등의 귀금속이라는 측면에서 국부를 증진시키기 위해서는 직접적인 무역규제를 통해서 무역차액을 정(+)이 되게 하고 정화와 귀금속의 해외유출을 제한하고 금지하는 정책을 사용하였다. 이와 같은 중금주의 사상의 대표적 학자는 말린즈(G. Malynes), 미셀덴(E. Misselden), 세라(A. Serra) 등이다. 또한 절대왕정시대로 돌입하는 서유럽 각국은 금·은 등의 귀금속을 얻기 위하여 금·은 등의 광산을 개발하였을 뿐만 아니라 식민지를 개척하기도 하였다. 그 결과 국내 화폐가치가 하락하고 물가상승으로 이어져 국내산업의 성장을 저해하게 되었다.

중금주의 사조의 쇠퇴는 스페인에서 그 실례를 찾아 볼 수 있다. 중금주의 정책으로 가장 번영한 나라는 스페인이었다. 스페인은 16~17세기에 식민지를 건설하면서 많은 양의 금·은 등의 귀금속을 유입하였다. 그 당시 서유럽 각국은 스페인의 번창이 상업의 발전과 군비를 쉽게 조달할 수 있는 금·은을 편하게 공급할 수 있었기 때문이라고 생각하였다. 이로 인해 서유럽 각 국가들은 귀금속의 공급을 증가시키는 무역수지의 정(+)에 관한 경제정책의 논의를 활발히 하였다. 하지만 스페인은 각 식민지로부터 금·은을 무분별하게 반입하여 유럽 여러 나라로부터 많은 상품을 수입하여 엄청난 양의 귀금속을 유출하게 되었다. 그 결과 스페인의 산업은 위기에 봉착하게 되었으며 스페인은 유럽의 가장 풍족한 국가에서 가장 가난한 국가 중 한 나라로 추락하게 되었다.

그 반면 수입보다 수출을 많이 하여 국부를 증진시킴으로써 금·은 등의 귀금속을 획득하여야 한다는 무역차액설이 중상주의를 득세하게 되었다.

(2) 무역차액주의

무역차액주의는 서유럽 각국이 금·은을 증대시키는 수단으로 해외무역을 중요시하여 수출을 확대하고 수입을 억제시켜 무역차액으로 금·은 등의 귀금속을 유입하여야 한다는 무역차액설(theory of balance of trade)에 근거한 정책을 말한다.

무역차액설은 영국의 토머스 먼(T. Mun)에 의하여 확립된 이론으로 수입을 억제하고 수출을 증진하여 무역차액을 확보함으로써 국부를 증가시킨다는 이론이다. 즉 특정국가와 무역에서 무역적자가 발생하여도 전체 무역거래에서 수출초과로 인한 차액이 흑자로 나타난다면 국부가 증대된다는 것이다. 중상주의 초에는 직접 금·은의 수출을 규제하고 그 수입을 촉진시킴으로써 금·은의 국내 축적을 확대하려 하였다. 또한 거래를 하는 각 나라와의 무역에서 수출초과로 무역차액을 획득하여야 한다고 생각하였다. 그러나 토머스 먼은 1621년의 논문에서 영국의 총수출이 총수입을 초과한다면 개별 무역에서의 무역적자가 발생하여도 전체 무역에서 손해가 되지 않으면 된다는 총무역차액설을 주장했다.

무역차액설은 18세기 중반 이후 흄(D. Hume) 등 고전학파에 의해 비판받았다. 즉, 무역차액은 자동으로 조정된다는 이론을 설명하며 무역차액을 통해 지속적으로 금·은을 유입할 수 있다는 중상주의자의 정책을 비판한 것이다. 결과론적으로 일 국가가 무역흑자로 금·은이 유입되고 통화량이 증대되어 물가가 상승하면 수출이 감소하고 수입이 증대되어 무역흑자가 감소한다는 것이다. 역으로 일 국가가 무역적자로 금·은이 유출되면 통화량이 감소하여 물가가 하락하게 되면 수출이 늘어나고 수입이 줄어서 무역적자가 감소하여 수출입균형이 이루어진다는 것이다.

(3) 산업보호정책과 보호무역주의의 태동

중상주의 무역정책은 중금주의와 무역차액정책 다음으로 산업보호정책의 시행단계로 접어들게 된다. 산업보호정책의 단계의 중상주의자는 무역에만 치중하지 아니하고 노동문제와 국내산업까지도 관심을 가졌다. 당시 노동문제와 국내산업은 해외무역과 막역한 연관성을 가지고 있었다. 후기 중상주의가 노동문제와 국내산업에 많은 관심을 가지게 된 이유는 국내산업의 보호를 통해 고용증대와 동시에 수출을 증가시킬 수 있다고 하는 것이 정책목표였기 때문이다. 당시 산업보호정책의 주요 수단은 관세였으며 관세를 통하여 타국 재화의 수입과 소비의 억제를 통해 자국 산업을 보호하려고 하였다.

그러므로 중상주의는 보호무역주의의 시작이라고 볼 수 있고, 중상주의하의 상업자본주의가 자본주의의 시작이라고 볼 수 있다. 마르크스(K. Marx), 좀바르트(W. Sombart), 베버(M. Weber) 등 대다수의 학자들은 자본주의의 태동을 16세기로 보고 있으며 이 시기는 대체로 중상주의의 출현과 그 때를 같이 한다.

3. 중상주의 무역사상 비판

중상주의 무역사상이 경제발전과 동시에 경제활동과 무역에 대하여 국가통제를 거부하고 자유로운 경제활동을 지향하는 자유무역론이 태어나기 시작하였다.

17세기 후반 바본(N. Barbon)은 중금주의사상을 비판하면서 국부는 금·은의 축적이 아니라 한나라의 생산에 투입된 고용량에 따라 평가된다고 주장하였다. 또한 그는 국제무역에 있어서는 국제분업에 의한 자유무역을 주장하였다.

비슷한 때 노얼스(D. North)도 금·은은 국부가 될 수 없으므로 법에 따라 금·은의 이동을 국가가 통제하는 것을 비판하였을 뿐만 아니라 통화량도 국가가 통제하는 것도 반대하였다.

흄(D. Hume)은 18세기 후반 기존의 중상주의 이론을 반대하고 고전학파의 길을 개척한 영국의 대표적 자유주의사상가이다. 그는 화폐를 교환의 도구로만 인식하고 중상주의의 무역차액설을 부정하였으며 화폐의 자동조절기능을 바탕으로 무역수지의 자동조절기능을 주장함과 동시에 자유무역에 의한 국제분업의 중요성을 강조하였다.

제2절 자유무역주의와 고전무역이론

1. 자유무역주의

자유무역주의란 국가가 수출과 수입을 제한하거나 통제하지 않고 자유롭게 무역하는 것이 모든 국가에게 이익이 발생한다는 내용으로 무역거래를 자유롭게 하면 효율적인 자원 배분이 이루어지고 국제분업의 이익이 이루어진다는 주장이다.

자유무역사상은 먼저 프랑스의 중농주의자 케네(F. Quesnay)에 의해 주장되었다. 이후 영국의 아담 스미스(A. Smith)에 의하여 이론화되어 자유무역정책으로 발전하게 된다. 케네는 자연법사상을 근거로 하여 중상주의의 국가간섭주의를 비판하고 농업을 근거한 자유주의정책을 주장하였다. 중농주의 사상은 아담 스미스로 이어져 영국에서 자유무역론 대두의 근거가 되었다.

아담 스미스(A. Smith)는 국부의 원천을 금·은 등 귀금속으로 보았던 중상주의자들의 주장을 비판하며, 국부란 금·은 등과 같은 귀금속의 축적이 아니라 귀금속으로 구입되는 상품의 양으로 규정하였다. 아담 스미스는 국부의 증진을 위하여 국가가 중심이 되어 간섭하는 보호무역주의보다는 무역을 하는 나라 모두에게 이익이 발생할 수 있는 자유무역을 하는 것이 바람직하다고 주장하였다. 또한 고전학파는 한 나라의 무역수지가 지속적으로 흑자를 나타내면 그 나라의 가용자원은 국부를 증가시키기 위해 충분히 사용되지 않으므로 이 또한 바람직하지 못하다고 주장하였다. 즉, 아담 스미스는 이러한 자유무역을 하면 국제분업과 자본의 배분이 합리적으로 이루어져 더 많은 이익이 발생한다고 주장하였다.

18세기 말부터 영국은 산업혁명을 기점으로 경제 대국의 지위를 차지하게 되었다. 이에 영국에서는 아담 스미스를 중심으로 한 고전학파

경제학자들은 보호무역의 성격을 띠고 있는 중상주의 무역정책을 비판하였는데, 특히 아담 스미스는 국제분업론[3], 자유경쟁론[4] 등을 근거로 하여 자유무역정책을 주창하였다.

2. 절대우위론과 비교우위론

중상주의는 국부를 증대시키기 위해서는 수입을 제한하고 수출을 권장해서 금·은을 해외로부터 획득해야 한다고 주장하며 국가가 적극적으로 경제에 개입해야 한다는 통제주의를 강조하였다. 이에 반하여 스미스(A. Smith)와 리카도(D. Ricardo)는 그들의 이론에서 부의 증가는 무역통제를 통한 귀금속의 획득을 통하여 이루어지는 것이 아니라 통제와 제한을 없애고 자유무역을 통해 이루어진다고 주장하였다.

(1) 절대우위론

아담 스미스(A. Smith)는 생산비의 절대적 차이가 있는 경우 무역이 성립되며, 또한 국제분업에 의한 특화로 무역이익이 발생한다고 주장하였다. 어떤 국가는 자국에 유리한 적성을 가진 재화의 생산에 특화하고 다른 국가는 그 나라에 유리한 적성을 가진 재화의 생산에 특화한 후 각국이 재화를 상호 교환한다면 국제분업의 이익을 얻을 수 있다는 것이 스미스의 절대생산비원리(theory of absolute cost) 또는 절대우위론(theory of absolute advantage)이라 한다. 즉, 교역이 증가하면 시장이 확대되고,

3) 국제분업론이란 자유무역을 하면 자기 나라에서 생산하는 것보다 가격이 싼 재화는 외국으로부터 수입을 하고, 다른 나라와 비교하여 자기 나라에서 생산하는 것이 싼 재화는 자국에서 특화하여 수출을 하면 무역을 하는 모든 나라에게 이익이 된다는 이론이다.

4) 자유경쟁론이란 한 나라에 있어 기업간에 자유경쟁을 통하는 것이 생산기술혁신, 경영기법 개선, 서비스 질 개선 등 산업발전에 긍정적 영향력을 끼치는 것과 같이 국제간의 무역도 자유경쟁을 선택하는 것이 각 나라간에 많은 이익이 생긴다는 이론이다.

이것은 분업의 촉진과 노동생산성을 증대시켜 무역의 이익을 가져오게 한다는 것이다.

아담 스미스의 절대우위론은 노동만을 유일한 생산요소로 간주하는 노동가치설에 바탕을 두고 있다.

표 2-1 A·B 양국의 생산비 비교표

구 분	노동투입량(생산비)	
	A국	B국
소 맥(1단위)	10인	15인
직 물(1단위)	20인	10인

〈표 2-1〉에서와 같이 노동이 유일한 생산요소라는 가정하에 두 국가(A국·B국)에서 두 재화 소맥과 직물을 생산한다고 가정하자.

A국은 소맥 1단위 생산에 노동 10인과 직물 1단위 생산에 노동 20인이 필요하며, B국은 소맥 1단위 생산에 노동 15인과 직물 1단위 생산에 노동 10인이 필요하다고 가정하자. 이 때 A국은 소맥에 B국은 직물에 절대우위를 가진다고 볼 수 있다. 그 이유는 A국은 B국에 비교하여 소맥을 절대적으로 싼 비용으로 생산할 수 있기 때문이다. 또한 B국은 A국과 비교하여 직물을 절대적으로 싼 비용으로 생산할 수 있기 때문이다.

그러므로 나라간 분업에 의해서 A국은 소맥 생산에 모든 노동력을 투입하여 특화하려 하고 B국은 직물 생산에 모든 노동력을 투입하여 특화하려 할 것이다. 만약 A국은 소맥만 생산하고 B국은 직물만 생산한다고 하면, A국은 노동력 전체를 소맥만 생산하기 위하여 투입하여 소맥 3(30/10)단위를 생산하게 되고, B국은 노동력 전체를 직물만 생산하기 위하여 투입하여 2.5(25/10)단위를 생산하게 된다.

두 나라는 소맥과 직물을 1단위씩 교환하면 A국은 소맥 1단위 직물 1단위 그리고 소맥 1단위가 남는다. 반면 B국은 소맥 1단위 직물 1단위 그리고 직물 0.5단위가 남는다. 즉, 무역 이후 남은 A국의 소맥 1단위와 B국의 직물 0.5단위는 분업으로 국가간 교환한 후 두 나라에 남는 이익이 된다.

결국 A·B 양국간에 생산비의 차이가 있다면 A국은 소맥생산에 특화하고 B국은 직물생산에 특화한다. A국은 소맥을 수출하고 직물을 수입하며 B국은 직물을 수출하고 소맥을 수입하는 거래를 하게 되면 양국은 노동량으로 따져서 생산비를 절감할 수 있다. 또 국제분업으로 숙련과 기술의 향상을 통해서 노동생산성을 올릴 수 있다.

(2) 비교우위론

〈표 2-1〉에서 알 수 있듯이 스미스의 절대우위론에서는 A국은 소맥생산에 절대우위를 가지고 B국은 직물생산에 절대우위를 가짐으로써 양국간에 무역이 성립한다고 하였다.

그러나 리카도(D. Ricardo)는 한 국가가 모두 절대우위에 있다 하더라도 각국은 비교우위에 있는 재화를 특화하여 무역하면 이익이 증대된다고 주장하였다. 이 이론이 비교생산비원리(theory of comparative cost) 또는 비교우위론(theory of comparative advantage)이다.

표 2-2 **A·B 양국의 생산비 비교표**

구 분	노동투입량(생산비)	
	A국	B국
소 맥(1단위)	10인	8인
직 물(1단위)	14인	7인

〈표 2-2〉에서 보듯이 A국은 소맥 1단위 생산에 노동 10인이 직물 1단위 생산에 노동 14인이 투입된다고 하자. 반면 B국은 소맥 1단위 생산에 노동 8인이 직물 1단위 생산에 노동 7인이 투입된다고 하자. 이 경우

B국은 소맥과 직물 생산에 있어 A국과 비교하여 두 재화 모두에 절대우위를 가지고 있다. 이 때 두 나라 사이 절대우위 측면에서는 무역이 성립되지 않지만 비교우위를 고려하면 무역이 성립하게 된다.

즉, 비교생산비를 고려하여 계산하면 B국의 경우 소맥은 A국과 비교하여 8/10(80%)의 비용만으로 생산이 가능하고, 직물은 7/14(50%)의 비용으로 생산이 가능하다. 결과론적으로 B국은 A국에 비하여 소맥과 직물을 생산하는데 각각 80%와 50%의 생산비만으로 생산이 가능하기 때문에 B국은 소맥과 직물 중 생산비 측면에서 더욱 유리한 직물 생산에 비교우위를 가진다.

그리고 A국의 비교생산비를 계산해 보면 A국의 경우 소맥은 B국과 비교하여 10/8(125%)의 비용으로 생산할 수 있고, 직물은 14/7(200%)의 비용으로 생산이 가능하다. 결과론적으로 A국은 B국에 비하여 소맥과 직물을 생산하는데 각각 125%와 200%의 생산비로 생산이 가능하기 때문에 A국은 소맥과 직물 중 생산비 측면에서 더욱 유리한 소맥 생산에 비교우위를 가진다.

이러한 경우 A국은 소맥에 B국은 직물에 특화한 후 무역을 통한 교환을 하게 되면 A국과 B국 모두 이익을 얻게 된다.

두 나라가 국제분업을 한다고 가정하면 A국은 모든 노동력을 소맥 생산에 투입하여 소맥 2.4(24/10)단위를 생산하게 된다. 반면 B국은 모든 노동력을 비교우위에 있는 직물 생산에 투입하여 직물 2.143(15/7)단위를 생산하게 된다.

두 나라 사이에 소맥과 직물을 무역을 통해 1단위씩 교환하면, A국에서는 소맥 1단위 직물 1단위 그리고 소맥 0.4단위가 남는다. B국에서는 소맥 1단위 직물 1단위 그리고 직물 0.143단위가 남는다.

즉, 두 나라가 무역을 한 결과로 소맥과 직물의 교환비율이 1:1로 정해졌다고 하자. 그러면 A국은 소맥과 직물소비를 무역 전과 동일하게 유지하면서 소맥소비를 0.4단위 증가시킬 수 있다. B국도 소맥과 직물소비를 무역 전과 동일하게 유지하면서 직물소비를 0.143단위 증가시킬 수 있다. 이와 같이 양국이 각기 비교우위에 있는 재화생산에 특화해서 상호교역을 하게 되면 양국은 모두 이득을 얻을 수 있다.

| 보론 | 아담 스미스(Adam Smith, 1723~1790)

아담 스미스는 영국의 정치경제학자이고 도덕철학자로 고전경제학의 창시자이다. 출생지는 영국 스코틀랜드의 커콜디(Kirkcaldy) 출생으로 유복자로 태어나 평생 독신으로 살았다. 1737년에 글래스고대학에 입학하여 도덕철학 교수인 허치슨으로부터 많은 영향을 받았다. 1740~47년 옥스퍼드대학에서 수학한 후 1751년 글래스고대학에서 윤리학·도덕 철학을 강의하는 교수가 되었다. 처음에 도덕철학과목의 교수였던 아담 스미스는 1759년에 『도덕감정론(Theory of Moral Sentiments)』을 발표하였고 그 후 경제학에 전념하여 1776년에 『국부론(An Inquiry into the Nature and Causes of the Wealth of Nations)』과 같은 주요 저서를 남겼다. 아담 스미스는 자연법 사상을 논의하는데 동감(sympathy)에 그 기본 바탕을 두고 출발한다. '동감'은 타인과 쾌락이나 고통을 함께하는 본능적이고 자연적인 '같은 종류의 감정'을 말한다. 즉 스미스의 자연법은 이성이 아닌 인간의 자유로운 주체적 감정인 '동감'에서 구한다. 행위자와 관찰자의 '동일한 종류의 감정'의 상호작용이 사회적 가치형성에 중요하며 여기에 성립하는 사회적 중립의 감정이 『국부론』의 가치론, 정책론 그리고 국가론의 핵심적 내용이다.

1790년 아담 스미스가 사망한 후 글래스고대학에서 1763년에 그의 강의범위가 도덕철학·법학·경제학 분야를 총망라하였음을 보여주는 『글래스고대학 강의 (Lectures on Justice, Police, Revenue and Arms)』를 1798년에 출간되었다.

아담 스미스는 그의 생애에 3개의 큰 역사적 사건을 경험한다. 첫째는 국부론이 출간되는 해인 1776년에 경험한 미국의 독립선언이다. 이것은 영국의 중상주의체제의 붕괴와 자본주의의 시작을 의미한다. 둘째는 1789년에 시작된 프랑스 대혁명으로 봉건제의 탈피가 세계사적 추세임을 보여주는 사건이었다. 셋째는 영국의 산업혁명이다. 이는 국부론의 시작일 뿐 아니라 자유자본주의의 출발을 의미한다.

아담 스미스의 『국부론』은 자본주의 역사상 최초로 경제학을 이론·역사·정책에 도입한 저서이다. 이 책을 통하여 중상주의를 비판하였고 국제분업을 통한 자유무역정책을 주장하였으며 그리고 당시 각국 정부가 자국의 산업을 보호하기 위한 보호 관세를 부과하여 무역을 제한하는 것은 자연 법칙에 어긋나는 일이라고 비난하였다. 또한 그는 국가는 개인의 경제활동에 간섭해서는 안 된다는 입장을 표명하였고 국가의 기능을 최소화하여 정부의 역할을 소극적인 경찰관의 지위로까지 낮춘 야경 국가론을 펼쳤다. 그는 부의 증대는 단순히 금·은의 획득만이 아니라 모든 생산물까지 확대하여 규정하였다. 즉 스미스는 노동생산성 향상이 국부의 증대라고 보고 생산에서 특히 분업을 중시하였다. 결국 아담 스미스는 '경제학의 아버지'로 불리게 되었으며 특히 마르크스 경제학은 그의 『국부론』의 비판으로부터 출발한다.

그리고 아담 스미스는 인간의 이기심을 경제행위의 동기로 보았으며 모든 경제행위는 각 개인이 자신의 이익을 추구하도록 내버려두면 '보이지 않는 손(invisible hand)'에 의해 궁극적으로 조정되어 사회의 이익과 진보에 공헌한다고 생각하였다. 스미스가 경제행위의 동기를 이기심에 근거한 것은 도덕의 기초를 동감에 기본 바탕을 두고 있는 것과 배치되는 것으로 보일 수 있다. 그러나 경제행위의 원리로서 이기심은 동감의 원리에 의해서 인정되는 것이지 부정되는 것이 아니다. 그는 생산과 분배에는 자연적 질서가 작동하여 스스로 조화를 이루어 간다고 하는 자연법에 근거한 예정조화설을 주장하였다.

이러한 아담 스미스의 사상은 영국 중산층의 사상을 잘 나타낼 뿐만 아니라 17세기 라이프니츠(G. W. Leibniz)의 사상인 존재론적 형이상학과 잘 어울려 근대시민사회의 방향성을 구체적으로 제시한 것이라고 볼 수 있다.

3. 상호수요이론과 오퍼곡선 무역이론

(1) 상호수요이론

상호수요이론은 고전학파의 대표적인 무역이론으로 나라간 교역조건의 결정을 설명한 이론이다. 이 이론에 앞서 리카도(D. Ricardo)는 각 나라가 어떤 종류의 재화를 특화하여 어떤 재화를 수출입하여야 하는가를 규명함으로써 생산과 무역의 형태를 설명하였다. 그러나 리카도의 비교우위론은 재화의 공급측면만을 중심으로 설명하고 수요측면을 무시한 경향이 있었다. 리카도의 비교우위론의 이론적 문제점을 보완하여 이론을 진일보 시킨 학자가 바로 밀(J. S. Mill)이다. 밀은 1848년 그의 저서 정치경제학 원리(Principles of political Economy)에서 상품의 국제교환비율과 교역당사국의 무역이익의 배분비율을 설명하였다. 그는 리카도의 이론이 각 나라간 교역이 결정되는 구체적인 이유에 대해서 충분한 설명이 없어서 현실적인 설명수단이 될 수 없다고 주장하였다. 이에 대하여 각 나라의 수출량은 수출품의 대가로 얻을 수 있는 수입품의 양에 달려 있다고 설명하였다.
즉, 밀의 상호수요이론이란 교역 각 나라간의 교역재화의 가치는 한 나라의 재화와 교환되는 다른 나라 재화의 가치에 의해 결정되며 두 재화의 국제교역조건은 한나라 재화에 대한 다른 나라의 수요와 재화에 대한 한나라의 수요, 즉 두 재화의 상호수요가 균형을 이루는 점에서 결정되며 이 결정된 국제교역조건에 의해 교역당사국의 무역이익이 배분된다고 보는 이론이다. 이러한 상호수요이론(theory of reciprocal demand)을 상호수요균등의 법칙(law of equation of reciprocal demand)이라고도 한다.

(2) 오퍼곡선 무역이론

에지워드(F. Y. Edgeworth)는 밀의 상호수요이론을 도식화하기 위하여 오퍼곡선(offer curve)을 창안하였으며 마샬(A. Marshall)에 의해 더욱 정밀화되었다.

일국의 오퍼곡선은 그 국가가 수요하는 수입품의 양에 대하여 해당 수출품을 제공할 의사가 있는가를 표시한다. 즉, 오퍼곡선은 어떤 나라의 수요와 공급의 양면을 결합한 것으로 각각의 상대가격에 대한 이 나라의 수출입량을 동시에 표시한 것이다. 그러므로 오퍼곡선은 밀의 상호수요 이론의 국제교환관계를 곡선으로 나타낸 것이고 각 나라의 오퍼곡선을 이용하여 각 나라의 국제교환관계를 설명한 것이 오퍼곡선 무역이론이다.

오퍼곡선 무역이론에서 마샬은 국제교환 당사국의 상호수요탄력성이 국제교환의 균형에 있어서 안정조건을 결정하는 주요 요인임을 설명하였다. 에지워드는 밀의 상호수요곡선을 무차별곡선과 연계시켜 상호수요이론을 더욱 정교화 하였다. 상호수요균등의 법칙에서 교역상대나라 재화에 대한 수요의 정도를 자기 나라가 제공하려는 재화의 양으로 나타낼 수 있다. 즉 국제교환관계에 있어 상대나라 재화에 대한 수요가 클 경우 큰 양의 자기 나라 재화를 제공하려 할 것이고 역으로 수요가 적을 경우 적은 양의 재화를 제공할 것이다. 이 경우는 다른 나라의 경우도 동일하게 적용될 것이다.

4. 하벌러의 기회비용이론

하벌러(G. von Haberler)는 기회비용(opportunity cost)의 개념을 국제무역이론에 도입하여 비교우위론을 설명하였다. 기회비용에 입각한 비교우위론에 따르면 일국이 한 상품을 생산하는 데 있어 상대국에 비해 더 적은 기회비용으로 생산할 수 있을 때 그 국가는 그 제품 생산에 비교우위를 가진다.

기회비용이란 자원의 '희소성'으로 인하여 선택을 해야만 할 경우 그 선택에 대한 대가를 말한다. 결국 어떤 활동의 기회비용이란 것은 그 활동을 함으로써 포기하여야 하는 여러 활동들 중에서 최선의 활동의 가치로 정의할 수 있다.

국제무역에 있어 기회비용설은 상품의 상대가격이 고전학파의 무역이론인 절대우위론과 비교우위론에서처럼 투입노동량에 의해 결정되는 것이 아니라 한 상품의 비교우위는 상품의 기회비용에 의해서 결정된다는 것이다. 즉, 교역상대국가와 비교하여 기회비용이 상대적으로 낮은 상품에 그 국가는 비교우위를 가지는 것이며 타 국가는 그 상품에 대해서 비교열위를 갖게 된다. 따라서 상대국가와 비교하여 기회비용이 작은 상품에 특화하여 국제분업을 한 후 국제교역을 하면 국가간에 이익이 생기게 된다는 것이다.

따라서 상대 나라와 비교하여 기회비용이 작은 상품에 특화하여 국제분업을 한 후 국제교역을 하면 국가간에 이익이 생기게 된다는 것이다.

| 보론 | 기회비용의 구체적 예

기회비용의 개념을 예를 들어서 설명하기로 하자.

예를 들면 기회비용은 어떤 재화의 여러 가지 용도 중 한 가지를 선택하였을 때 나머지 포기한 용도에서 얻을 수 있는 이익의 평가액을 말한다. 즉 어떤 기업가가 특정한 선택을 하여 특정한 물건을 생산하였다고 하자. 만약 이 기업가가 기업에 투자한 돈을 은행에 예금했다면 이자를 받을 수 있는데 이 이자가 이 기업가에게는 기회비용이 될 것이다. 기업가의 경우 자기 기업에 투자해 얻는 이윤은 기회비용인 이자보다 많아야 한다. 그렇지 않을 경우 기업가는 돈을 빌려주는 것이 유리할 것이다.

좀 더 구체적인 예를 들어 기회비용을 설명하여 보자.

예컨대 A가 연리 5%의 이자를 포기하고 저축한 돈 1억원을 투자하여 설립한 기업에서 자기가 직접 노동하면서 연봉 2천만원을 주고 B를 고용하였다고 하자. 그리고 A가 다른 기업에 취직할 경우 연봉은 6천만원 이다. 이 때 기업주 A의 기회비용은 얼마일까? 단 원료를 사용하지 않는다고 가정하자. A의 연간 현금지출은 2천만원 이지만 기회비용은 다음과 같다. 첫째, 자기자본 1억원을 투자함으로써 기업주 A는 연리 5%로 다른 곳에 돈을 빌려줄 수 있는 기회를 포기하게 된다. 둘째, A는 자기 기업에서 직접 일하게 되므로 타기업에서 얻을 수 있는 연봉 6천만원의 노동소득을 포기할 것이다. 그러므로 A의 현금지출은 B의 연봉 2천만원이지만 이자수입 5백만원, 노동소득 6천만원, B의 연봉 2천만원을 합한 8천5백만원이 A의 기회비용이 된다. 기업가 A의 경우 자기 기업에 투자해 얻는 이윤은 기회비용8천5백만원보다 많아야 한다.

제3절 근대무역이론

고전학파 무역이론은 1생산요소 즉 노동생산모형으로 비교우위는 노동생산성의 차이에 의해 결정되는데 국가 간 노동생산성의 차이의 원인을 충분히 못 밝혔을 뿐 아니라 국제무역이 노동, 자본 등의 생산요소 소유자들의 소득분배에 어떤 영향을 미치는지 분석하지 못하였다. 헥셔(E.F. Hecksher)와 오린(B. Ohlin)은 연구모형에 노동과 자본을 분석 대상으로 하여 고전학파 무역이론을 확장하였다. 이를 바탕으로 헥셔와 오린은 비교우위의 발생 원인과 생산요소의 소득분배에 대하여 분석하였다. 헥셔와 오린의 이론체계를 헥셔-오린정리(Hecksher-Ohlin theorem)라 하고 첫째 명제가 요소부존이론이고 둘째 명제가 요소가격균등화 이론이다. 이 정리를 바탕으로 상품의 상대가격 변화에 따른 생산요소의 실질소득의 변화를 설명하는 스톨퍼-새무엘슨 정리(Stolper-Samuelson theorem)와 경제성장과 무역과의 관계를 설명하는 립진스키 정리(Rybczynski theorem)로 이어진다. 그리고 헥셔-오린 모형의 예측과는 다른 결론을 도출한 이론이 레온티에프의 역설(Leontief's paradox)이라 한다.

1. 헥셔-오린 정리

리카도의 비교생산비 차이의 원인을 최초로 연구한 학자는 스웨덴의 경제학자 헥셔(E.F. Hecksher)이고, 그의 이론을 더욱 발전시킨 학자가 제자 오린(B. Ohlin)이다. 헥셔와 오린은 제1명제로 국가마다 가지고 있는 생산요소의 부존상태가 다르고, 제2명제로 각 재화를 생산하는데 있어서 투입되는 생산요소의 비율이 다르기 때문에 국가마다 생산비의 차이가 발생한다고 주장하였다. 이들 이론체계를 헥셔-오린정리(Hecksher- Ohlin theorem) 즉, H-O 정리라 한다.

(1) 제1명제 요소부존이론

제1명제인 요소부존이론(theory of factor endowment)은 나라들마다 생산요소의 부존상태가 다르고 재화를 생산하는데 있어 생산요소의 투입비율이 다르기 때문에 어떤 국가는 다른 국가보다 상대적으로 풍부한 생산요소를 집약적으로 사용하는 재화가 다른 재화에 비하여 비교우위가 있다는 이론이다.

즉, 한 나라에 자본이 풍부하다면 이 나라는 자본집약적 재화에 비교우위가 있으므로 자본집약적 재화를 특화하여 생산한 후 수출하는 한편 노동이 풍부한 나라는 노동집약적 재화에 비교우위가 있어 그 재화를 특화하여 생산한 후 수출한다. 반면, 각 나라들은 각각 희소한 요소를 집약적으로 사용하는 재화에는 비교열위가 있으므로 그 생산을 감축하고 수입한다는 것이 요소부존이론이다.

(2) 제2명제 요소가격균등화이론

제2명제인 요소가격균등화이론(theory of factor price equalization)은 생산요소의 나라간 이동이 불가능하여도 재화의 국제간 이동을 통해서

교역당사국간 생산요소의 가격이 균등해진다는 이론이다. 즉, 모든 나라들이 무역을 하면 각 나라들은 풍부한 생산요소를 집약적으로 사용하는 재화에 비교우위가 있어 특화생산하기 때문에 풍부한 생산요소가격은 오르고 희소한 생산요소가격은 떨어지게 되어 생산요소의 가격은 국제적으로 같아지게 된다는 이론이 요소가격균등화이론이다. 결과론적으로 이 이론은 무역으로 인해 양국의 재화 가격뿐만 아니라 양국의 생산요소 가격 또한 같아진다는 것이다.

2. 스톨퍼-새무엘슨 정리

스톨퍼(W.F. Stolper)와 새무엘슨(P.A. Samuelson)은 1941년 논문에서 「국제무역이 소득분배에 미치는 영향」을 설명하였다. 스톨퍼-새무엘슨 주장은 일국이 국제무역에서 수출재화에 집약적으로 사용한 생산요소의 가격은 상대적으로 올라가고, 수입재화에 집약적으로 사용한 생산요소의 가격은 떨어진다는 내용이다. 즉, 생산요소 사이의 소득분배는 수출산업에 집약화 된 생산요소에 유리하게 이루어지고, 수입산업에 집약화 된 생산요소에는 불리하게 이루어진다는 것을 의미한다.

따라서 헥셔-오린 정리 제2명제의 연장인 스톨퍼-새무앨슨 정리(Stolper-Samuelson theorem)는 고임금을 지불하는 미국이 저임금 국가와 자유무역을 지속적으로 하면 미국 노동자의 실질 임금수준이 하락한다는 것을 파악하고 미국 노동자를 보호하기 위하여 보호무역을 하여야 한다는 것이다. 따라서 이 이론은 미국 노동자들의 실질임금을 보호하기 위하여 저임금국가로부터 수입되는 상품에 대해 고율의 보호관세를 부과하여야 미국 노동자들의 실질임금이 유지된다고 주장한 내용이다. 결과론적으로 스톨퍼와 새무엘슨은 보호무역주의 이론의 근거를 제공하였다고 볼 수 있다.

3. 립진스키 정리

1955년 립진스키(T.M. Rybczynski)는 헥셔-오린의 제1명제인 요소부존이론을 보완하는 내용인 립진스키 정리(Rybczynski theorem)를 발표하였다. 그는 각 재화의 가격이나 생산요소의 가격이 일정할 경우 일국의 한 생산요소의 부존량의 증가가 그 나라 재화 생산에 영향의 정도를 규명하였다. 즉, 립진스키 정리는 한 나라에서 한 생산요소의 부존량의 증가는 그 요소를 집약적으로 사용하는 재화의 생산은 증가하고 그렇지 않은 다른 재화의 생산은 감소한다는 내용이다.

이 정리에 따르면 한 나라의 수출재화에 집약화 된 생산요소가 증가할 경우 수출재화의 국내 생산은 증가하고, 수입재화의 국내 생산은 감소하므로 이 나라의 수출입량이 증가하게 된다. 반면 한 나라의 수입재화에 집약화 된 생산요소가 증가할 경우 수출재화의 국내 생산은 감소하고, 수입재화의 국내 생산은 증가하여 수출입량이 모두 감소하게 된다.

4. 레온티에프의 역설

레온티에프(W.W. Leontief)는 1947년도 미국의 산업연관표를 이용하여 헥셔-오린 정리를 검증하였다. 이 검증에서 레온티에프는 미국에 대해 자본집약재를 수출하고 노동집약재를 수입할 것이란 가설을 설정하였다. 그러나 실증 분석 결과는 헥셔-오린 모형의 예측과는 달리 미국은 노동집약재를 수출하고 자본집약재를 수입하는 결과가 나왔다. 이를 레온티에프의 역설(Leontief's paradox)이라 한다.

이후 레온티에프 역설의 내용을 해명하고 규명하기 위한 다양한 연구가 있었다. 레온티에프의 역설이 나온 이유들을 정리해 보면 다음과 같다.[5)]

첫째, 생산요소를 자본과 노동으로 한정했다는 점이 이러한 결과를

5) 무역개론, 박대위 · 구종순 공저, 유원북스, 2013, p.41.

가져왔다고 볼 수 있다. 미국은 그 생산에 많은 자본을 필요로 하는 천연자원을 집약적으로 사용하는 상품을 수입하고 있다. 그런데 생산요소를 자본과 노동으로만 나눔으로써 미국에는 상대적으로 희소한 천연자원집약적인 상품도 자본집약적인 상품으로 분류하였을 것으로 예측된다.

둘째로, 투입된 노동을 다양한 교육수준이나 숙련도를 고려하지 않고, 단순히 참가인원 숫자로만 측정하여 모두 동질의 생산요소로 취급했다는 점이다. 레온티에프는 이러한 전제의 비현실성을 인식하고 그의 역설적 연구결과를 설명하려 하였다.

즉, 레온티에프는 미국의 노동자는 대체로 노동집약적 외국의 노동자에 비해 약 3배 정도의 높은 생산성을 가지고 있다는 가설하에서 미국은 오히려 노동이 상대적으로 풍부한 나라라고 주장하였다. 이러한 가설을 수용하지 않더라도 단순히 노동자라고 하여 미숙련 및 숙련노동자, 기술자, 관리자 등을 모두 동질의 노동으로 본다는 것은 너무 비현실적이다.

셋째로, 통계의 정확성에 대한 문제이다. 이러한 통계의 오차한계는 너무 커서 자본/노동 투입비율의 조그마한 차이를 제대로 반영하지 못할 수도 있다는 점이다.

넷째로, 우리는 생산요소의 사용비율에 따라 두 상품을 자본집약적인 상품과 노동집약적인 상품으로 구분하였다. 즉 한국과 미국의 예에서 신발은 언제나 노동집약적인 상품이고, 컴퓨터는 자본집약적인 상품으로 간주하였다. 그러나 요소가격비율에 따라 두 상품의 생산에 있어 생산요소의 상대적 사용비율이 뒤바뀌게 된다면 생산요소의 부존량만 가지고는 비교우위를 가려낼 수 없게 된다. 즉 이러한 경우에는 자본이 풍부한 미국이 오히려 신발같은 노동집약적인 상품을 수출할 수도 있다는 결과가 된다.

제4절 새로운 무역이론

1. 연구 · 개발요소이론

연구 · 개발요소이론(theory of research and development factor)은 무역의 발생 원인을 연구 · 개발요소에서 주요한 요인을 찾으려는 무역이론이다. 이 이론은 키싱(D.B. Keesing)의 개별연구와 그루버(W. Gruber) · 메타(D. Metha) · 버논(R. Vermon)의 3인 공동연구에 의해서 주장되었다.

연구 · 개발요소이론은 나라 사이의 기술상의 차로 무역이 일어난다는 주장이며 특히 무역형태의 원인을 연구 · 개발요소에서 찾고 기술격차에 의한 수직분업까지 설명할 수 있다는 데 그 의의를 찾을 수 있다. 또한 이 연구는 기술혁신에 바탕을 두고 있는 이론으로 R&D 이론이라고도 한다. 그러나 이 이론의 적용은 높은 과학수준의 나라뿐만 아니라 그 과학 연구결과를 상용화할 수 있는 선진국에서만 가능한 이론이다.

키싱은 미국산업이 여러 주요 선진국과의 경쟁에서 어떤 비교우위가 있는가를 실증하여 연구한 후 그 결과를 다음과 같이 도출하였다. 즉, 각 나라에서 연구개발에 일하고 있는 과학자, 기술자 및 숙련노동자들을 많이 가진 산업일수록 국제경쟁력을 강할 뿐만 아니라 수출비율도 높다는 것을 증명하였다. 또한 그루버 · 메타 · 버논 세 사람의 공동연구에서도 미국산업이 주요 선진 여러 국가 및 OECD 여러 나라와 비교해서 연구 · 개발요소가 많은 분야일수록 국제경쟁력과 수출경쟁력이 높아져서 비교우위에 있음을 제시하였다.

2. 기술격차론

기술격차론(theory of technological gap)은 포스너(M.V. Posner)의 연

구·발표한 국제무역이론으로 무역은 나라간의 기술의 차이에 의해 발생한다는 이론이다. 즉, 이 이론의 주요한 내용은 일정 기간 선진국과 후진국과는 기술혁신에 따라 기술 격차가 존재하므로 선진국이 비교우위를 가져 후진국에 수출하게 되고, 일정 시간 이후에는 후진국이 선진국의 기술을 모방하여 후진국이 선진국에 비해 비교우위를 가져 선진국에 역으로 수출하게 된다는 내용이다.

호프바우어(G.C. Haufbauer)의 이론은 현저한 상품의 차별화나 새로운 상품의 출시는 다른 나라와 비교하여 우위를 가져와 다른 국가가 이 상품을 모방할 때까지 비교우위를 유지한다고 한다는 내용으로 포스너의 이론을 지지하고 있다.

3. 제품수명사이클이론

제품수명사이클이론(theory of product-life cycle)은 기술격차이론을 일반화하여 확장시킨 이론이다. 이 이론은 1966년에 버논(R. Vernon)에 의해 발표된 이론으로 제품의 수명사이클을 바탕으로 신상품이 시장에 출시되어 시간이 흐름에 따라 최종적으로 시장에서 퇴장하는 과정을 나타낸 이론이다. 또한, 자본과 노동 외에도 생산지식과 기술개발 등이 무역형태를 결정짓는 중요한 원인이라고 한 이론이다.

한편, 제품수명사이클의 관점에서 본 국제무역형태는 다음과 같이 설명할 수 있다.

첫째 단계인 도입기(new phase stage)에는 신상품이 최초 개발되어 시장에 도입·판매되는 단계로 여기에 해당하는 나라는 대체로 연구·개발요소가 풍족한 미국을 비롯한 선진국일 것이다. 이런 신상품은 개발 선진국에서 생산하여 다른 선진공업국가와 기타 나라에도 수출하게 된다.

둘째 단계인 성장기(growing stage)가 되면 기술개발이 일반화되어 대량생산 및 대량판매가 서서히 이루어지는 단계가 된다. 이 시기에는 국제무역에 따른 규모의 경제[6]가 달성되고 다른 선진공업국에서도 대체제품이 생산되고, 또한 관세 및 비관세 장벽 등의 강화로 신상품에 대한 경쟁이 심화되는 단계이다. 이 단계에서는 신상품 개발국의 수출은 상대적으로 줄어들지만 이 제품은 후진국에도 알려져 제품이 확산되기 시작한다.

셋째 단계인 성숙기(mature stage)에 들어서면 신상품의 성장률은 성장기보다 떨어지며, 어느 정도 상품이 표준화되어 숙련노동이 아니어도 상품의 생산이 가능한 시기가 된다. 기술이 완전히 표준화되면 임금경쟁력이 있는 노동집약적인 나라로부터 신상품생산의 비교우위가 이전되어 후진국이 생산비 측면에서 유리하므로 개발 선진국이나 주요 선진국으로 역수출하게 될 것이다.

마지막 단계인 쇠퇴기(decline stage)에는 타 신상품의 출현 및 대체품의 출시로 기존상품은 어쩔 수 없이 시장에서 퇴장하게 되는 시기이다.

요컨대, 제품수명사이클이론은 기존의 국제분업론에서 벗어나 신상품의 신생·성장·성숙 및 쇠퇴과정이 국제무역에서 어떠한 과정을 거치는가를 밝힘으로써, 전통적인 무역이 정태적인 비교우위에 입장에서 수직무역을 설명한 데 반해 수평무역의 입장에서 동학적인 수출형태를 설명하고 있다.

4. 산업내무역이론

산업내무역이론(theory of intra-industry trade)은 헬프먼(E. Helpman), 크루그먼(P.R. Krugman), 랭커스터(K. Lancaster) 등에 의해 제시되었고,

---

6) 규모의 경제(economic of scale)란 각종 생산요소의 투입량을 증가시켜 이익이 증가되는 현상을 말한다. 대량생산에 의하여 1단위당 비용을 줄이고 이익을 늘리는 방법이 일반적인데 최근에는 특히 생산설비의 증강으로 생산비용을 낮추는 데 주 목적으로 하고 있다. 이 경우 기술혁신을 수반하는 것이 일반적이며 이를 '규모의 이익'이라고도 부른다.

세계무역의 많은 비중을 차지하고 있는 산업내무역을 규명한 이론으로 규모의 경제와 제품 차별화가 산업내무역의 발생 원인이라고 설명하였다.

이 이론에서는 선진국가 사이에 차별화된 제품에 의한 무역이 발생하는 이유를 일반적으로 각국내의 제품공급자들이 다양한 국내수요자들의 기호를 충분히 충족시키지 못하기 때문이라고 설명하였다. 즉, 차별화된 제품에 의한 무역은 각 국가내의 국내수요자에게 제품선택 폭을 넓게 하여 소비자들의 후생의 향상뿐만 아니라 여러 나라의 동종의 제품을 생산하는 제품공급자의 경쟁을 유발시켜 제품의 질도 높이는 기능을 하게 된다는 것이다.

따라서 요소부존이론을 중심으로 하여 산업간 무역을 설명한 헥셔-오린 정리에서 설명하지 못하는 산업내 무역과 관련된 내용들을 산업내무역이론에서는 충분히 설명하고 있다.

제2차 세계대전 이후 세계무역에 있어서 산업내무역의 증가 현상이 나타나고 있다. 특히 선진국간의 산업내무역은 국제무역의 주종을 이루고 있다. 신속한 정보교환으로 선진공업국들은 기술과 자본 등 주요 부존자원에 있어서 큰 차이가 사라지는 추세여서 특정분야에 있어서 특정국의 현저한 비교우위는 발생하지 않는다. 오늘날 공산품(기계, 화학, 제약 등)산업은 강력한 산업내무역을 지향하고 있다. 특화생산 및 규모의 경제로 생산성이 높고 저가로 다양한 상품을 공급할 수 있는 산업내무역이 산업간무역보다 이점이 크므로 현재 세계무역의 대다수를 차지하고 있다.[7)]

5. 대표적 수요이론

스웨덴의 경제학자인 린더(H.M.S.B. Linder)의 대표적 수요이론(theory of representative demand)이란 국제교역대상의 상품을 농산물 중

7) 국제통상학개론, 박현희외 3인공저, 보명북스, 2008, p.48.

심의 1차산업과 제조업 중심의 2차산업으로 분류한 후, 1차산업의 무역형태는 헥셔-오린정리로 충분히 설명할 수 있지만 2차산업의 무역형태는 수요의 입장에서 설명하여야 한다는 내용이다. 이 이론은 공산품 부문에서 일국가의 비교우위는 그 국가의 대표적 수요에 의해 결정되고, 대표적 수요는 그 국가의 1인당 국민소득수준에 의해 결정된다고 보는 내용이다.

즉, 대표적 수요이론은 국내시장에서 충분한 수요를 가진 상품이 비교우위를 가져 수출이 잘 된다는 내용으로, 각 나라의 수요요인은 국제교역 발생의 주요 원인으로 보고 국제무역현상을 설명하고 있다. 그 이유는 대표적 수요가 있는 제품은 국내시장에서 수요가 크기 때문에 생산규모의 증가에 따라 규모의 경제효과가 나타나 생산단가가 떨어져 가격경쟁력이 있어 수출에 유리하기 때문이라 설명하고 있다.

6. 특수요소이론

헥셔-오린정리에서는 나라 간 무역형태를 결정하는 요인은 각국의 노동과 자본과 같은 일반요소(general factor)에 의해 구했다. 그러나 특수요소이론(theory of specific factor)을 처음 주장한 해로드(R.F. Harrod)는 비교생산비의 결정요인은 요소부존비율에 의해서만 결정에 되는 것이 아니라 기후 · 천연자원 등의 자연환경의 차이, 노동자의 수를 의미하는 인구분포의 차이, 인간능력의 차이 그리고 물적 자본과 인적 자본을 포함하는 유산의 차이 등의 특수요소에 따라서도 이루어진다는 것이다.

7. 잉여분출설

잉여분출설(vent for surplus approach)는 주로 전근대적인 개발도상국에 적용되는 무역이론으로 개발도상국에서 자국 내의 풍부한 생산요소,

값싼 노동력 등의 잉여자원이 존재한다고 가정하고 무역이 개시되면 자국 내의 잉여자원을 분출시켜 무역이익을 발생시킨다는 내용이다. 이러한 잉여분출설은 18세기의 남아메리카나 아프리카처럼 자급자족은 가능하나 인구밀도가 낮고 미개발된 경제를 대상으로 한 아담 스미스의 주장으로 그 후 민트(H. Myint) 등에 의해 식민지 국가가 어떤 방법으로 무역을 하게 되었는가를 논의한 더욱 정밀화된 이론이다.

8. 규모의 경제이론

무역에 있어 규모의 경제이론(economy of scale theory)은 오린 등에 의해 제기된 국가간의 생산기술과 부존자원에 차이가 존재하지 않아도 국가간 규모의 경제가 성립되면 무역이 발생한다는 이론이다.

즉, 국제간 대량생산으로 전문화와 노동의 분업이 가능하므로 규모에 대한 수확체증으로 이어져 무역발생요인과 무역이익의 근거가 된다는 것이다. 무역에서 규모의 경제이론은 노동생산성과 요소부존도의 나라간 차이가 존재하지 않아도 시장규모의 확대를 통하여 규모의 경제실현이 가능하여 무역이익 발생의 근거를 제시하였다는 측면에서 그 의의가 있다.

제2장 연습문제

1. 중상주의의 핵심 국제무역정책은?

① 보호무역주의를 기조로 하였다.

② 자유무역주의를 기조로 하였다.

③ 비교우위론을 기조로 하였다.

④ 절대우위론을 기조로 하였다.

2. 봉건제가 붕괴한 후 명예혁명 때부터 약 100 여년에 걸친 본원적 축적기에 추진한 정책인 중상주의와 관련이 없는 것은?

① 중금주의 ② 콜베르주의

③ 무역차액설 ④ 중농주의

3. 보호무역주의의 태동과 관련성이 없는 것은?

① 상업보호정책 ② 자본주의 시작

③ 상업자본주의 ④ 산업보호정책

4. 금은의 축적을 주장한 중상주의 사상을 비판한 학자가 아닌 사람은?

① 바본(N. Barbon) ② 노얼스(D. North)

③ 토머스 먼(T. Mun) ④ 흄(D. Hume)

5. 자유무역사상을 가장 먼저 주장한 학자는?

① 케네(F. Quesnay) ② 아담 스미스(A. Smith)

③ 토머스 먼(T. Mun) ④ 흄(D. Hume)

6. 아담 스미스(A. Smith)와 관련이 없는 내용은?

① 금·은을 통한 국부증대

② 국제분업론과 자유경쟁론을 통한 자유무역정책

③ 상품의 양을 통한 국부증대

④ 절대우위론

7. 아담 스미스(A. Smith)가 경험한 역사적 사건과 관련이 없는 사건은?

① 프랑스 대혁명 ② 산업혁명
③ 미국의 독립선언 ④ 십자군 전쟁

8. 국부론과 관련이 없는 용어는?

① 보이지 않는 손 ② 중금주의
③ 국제분업 ④ 자유경쟁

9. 기회비용이론을 국제무역에 적용한 사람은?

① 스미스(A. Smith) ② 리카도(D. Ricardo)
③ 하벌러(G. von Haberler) ④ 밀(J.S. Mill)

10. 다음 중 보호무역주의와 관련이 있는 이론은?

① 헥셔-오린정리 ② 스톨퍼-새무엘슨 정리
③ 립진스키정리 ④ 레온티에프의 역설

11. 다음 중 미국은 노동집약재를 수출하고 자본집약재를 수입하는 결과가 나온 연구는?

① 헥셔-오린정리 ② 스톨퍼-새무엘슨 정리
③ 립진스키정리 ④ 레온티에프의 역설

12. 높은 과학수준의 나라뿐만 아니라 그 과학 연구결과를 상용화할 수 있는 선진국에서만 적용이 가능한 이론은?

① 기술격차론 ② 제품수명사이클이론
③ 연구·개발요소이론 ④ 산업내무역이론

13. 포스너(M.V. Posner)의 연구결과로 후진국이 선진국의 기술을 모방한 후 일정시간이 흐르면 후진국이 선진국에 비해 비교우위를 가져 선진국에 역으로 수출하게 된다는 이론은?

① 기술격차론 ② 제품수명사이클이론
③ 연구·개발요소이론 ④ 산업내무역이론

14. 기존의 국제분업론에서 벗어나 신상품의 신생 · 성장 · 성숙 및 쇠퇴과정이 국제무역에서 어떠한 과정을 거치는가를 밝혀 수평무역의 입장에서 동학적인 수출형태를 설명한 이론은?

① 기술격차론 ② 제품수명사이클이론
③ 연구 · 개발요소이론 ④ 산업내무역이론

15. 특화생산 및 규모의 경제로 생산성이 높고 저가로 다양한 상품을 공급할 수 있는 이점이 크므로 현재 세계무역의 대다수를 차지하고 무역의 근거가 되는 이론은?

① 기술격차론 ② 제품수명사이클이론
③ 연구 · 개발요소이론 ④ 산업내무역이론

16. 국내시장에서 충분한 수요를 가진 상품이 비교우위를 가져 수출이 잘 된다는 내용으로, 각 나라의 수요요인은 국제교역 발생의 주요 원인으로 보고 국제무역현상을 설명하는 이론은?

① 대표적 수요이론 ② 특수요소이론
③ 잉여분출설 ④ 규모의 경제이론

17. 비교생산비의 결정요인은 요소부존비율뿐만 아니라 자연환경의 차이, 인구분포의 차이, 인간능력의 차이, 그리고 유산의 차이 등의 요소에 따라서도 이루어진다는 이론은?

① 대표적 수요이론 ② 특수요소이론
③ 잉여분출설 ④ 규모의 경제이론

18. 식민지 국가가 어떤 방법으로 무역을 하게 되었는가를 논의한 이론은?

① 대표적 수요이론 ② 특수요소이론
③ 잉여분출설 ④ 규모의 경제이론

19. 가 국과 나 국의 비교생산비의 표가 다음과 같을 때 옳은 설명은?

	가 국	나 국
상품 A	80명	120명
상품 B	90명	100명

① 가 국은 상품 A만을 생산하고 나 국은 상품 B만을 생산한다.
② 가·나 두 국가에서 다같이 상품 A·B를 비례적으로 생산한다.
③ 가 국은 상품 B만을 생산하고 나 국은 상품 A만을 생산한다.
④ 상품 A·B를 모두 나 국에서 생산하도록 해야 한다.

20. 절대생산비설을 중심으로 국제무역이론을 설명한 사람은

① 아담 스미스(A. Smith) ② 밀(J.S. Mill)
③ 리카도(D. Ricardo) ④ 오린(B. Ohlin)

21. 비교생산비설과 가장 연관있는 용어는?

① 중농주의 ② 중상주의
③ 보호무역주의 ④ 국제분업

22. 다음 중 생산요소부존비율의 차가 비교우위를 발생시킨다고 하는 국제무역이론은?

① 절대생산비설 ② 상호수요설
③ 헥셔-오린정리 ④ 비교생산비설

23. 다음 중 절대생산비설과 연관있는 국제무역이론은?

① 자유무역주의 ② 보호무역주의
③ 보상무역주의 ④ 국수주의

24. 다음 중 비교생산비설과 관련이 없는 내용은?

① 노동가치설을 기존으로 하고 있음
② 아담 스미스의 절대생산비설을 발전시킴
③ 중상주의를 승계함
④ 중농주의를 승계함

25. 레온티에프의 역설이란 무엇인가?

① 비교생산비설을 반박한 이론 ② 상호수요이론을 반박한 이론
③ 절대생산비설을 반박한 이론 ④ 헥셔-오린정리를 반박한 이론

26. 다음 중 제품의 생산비가 각 나라마다 다른 이유를 설명하는 것 중 틀린 것은?

① 기술의 차이 ② 대량생산의 적용여부
③ 생산요소의 부존도 차이 ④ 인구분포의 차이

27. 다음 중 헥셔-오린정리를 설명하고 있는 내용은?

① 노동 부국은 구상무역을 한다.
② 자본 부국은 자본집약적인 상품을 수출한다.
③ 상품의 교역은 상호수요균형점에서 이루어진다.
④ 자본 부국은 노동집약적인 상품을 수출한다.

28. 노동 1단위당 동일한 시간에 A국은 모직 80단위, 와인 40병이고 B국은 모직 90단위, 와인 120병을 생산한다고 하자.다음 설명 중 틀린 것은?

① B국은 모직생산과 와인생산에 절대우위의 위치에 있다.
② B국은 와인생산에 비교우위의 위치에 있다.
③ A국은 모직생산에 비교우위의 위치에 있다.
④ A국은 와인생산, B국은 모직생산하는 것이 유리한 위치에 있다.

29. 다음 중 수출·입품 각각 1단위의 교환비율을 나타내는 용어는?

① 교역조건 ② 판매조건
③ 교환조건 ④ 구매조건

30. 다음 중 국제무역에 있어서 교역조건이 나빠지는 조건은?

① 수출물품가격의 대폭상승
② 수출물품가격의 대폭하락
③ 수출물품가격의 수입물품가격에 대한 상대적 상승
④ 수출물품가격의 수입물품가격에 대한 상대적 하락

31. 다음 ( )에 알맞은 내용은?

> 무역균형교역조건과 수출입량의 결정은 두 국가의 ( )에 따라 결정된다.

① 상호수요곡선　② 상호공급곡선
③ 수요와 공급곡선　④ 수출입곡선

32. 두 국가가 자유무역을 할 때 어떤 이익이 발생하는가?

① 수입량이 많은 국가만 더 많은 이익이 발생한다.
② 두 국가가 수출입균형일 때만 이익이 발생한다.
③ 두 국가 모두에게 균등하게 배분된다.
④ 무역량이 많은 국가만 더 많은 이익이 발생한다.

33. 국제무역이 생기는 원인은?

① 비교생산비의 차이에 의해서
② 국제간의 임금의 차이가 존재하기 때문에
③ 환율의 차이가 존재하기 때문에
④ 국제간의 지대가 틀리기 때문에

34. 다음 중 스미스(A. Smith)의 무역이론에 해당하는 것은?

① 절대생산비설　② 비교생산비설
③ 보호무역론　④ 신보호무역주의론

35. 다음 중 비교우위론의 배경이 되는 것은?

① 원료의 이동이 가능　② 노동강도의 강화
③ 국제분업의 이익　④ 경제규모의 대형화

36. 비교우위론과 관계가 없는 것은?

① 비교생산비
② 재화의 생산비비율의 차이
③ 국제분업의 이익

④ 생산원료의 국제간의 이동

37. 다음 중 비교생산비설을 주장한 대표적인 학자는?

① 케인즈(J. M. Keynes) ② 하이에크(H. A. v. Hayek)
③ 마샬(A. Marshall) ④ 리카도(D. Ricardo)

38. 영국과 포르투갈은 각각 노동을 투입하여 다음과 같이 X재 1단위와 Y재 1단위를 생산할 경우 리카도의 비교생산비설에 따른 설명 중 가장 적당한 것은?

	X재	Y재
영국	60인	80인
포르투갈	140인	100인

① 영국은 X재에 특화하는 것이 포르투갈은 Y재에 특화하는 것이 좋다.
② 영국은 Y재에 특화하는 것이 포르투갈은 X재에 특화하는 것이 좋다.
③ 영국은 X재와 Y재 모두 특화하는 것이 좋다.
④ 포르투갈은 X재와 Y재 모두 특화하는 것이 좋다.

39. 다음 중 중상주의의 시대의 무역에 대한 설명으로 옳지 않은 것은?

① 무역을 통하여 국부를 증가시켜야 한다고 보았다.
② 국부의 증대를 위해서는 수출을 증가시켜야 한다고 보았다.
③ 보호주의무역 측면에서 무역정책이 수립되어야 한다.
④ 중상주의시대의 부의 증대개념은 금은과 지폐의 양을 증대시키는 방법으로 측정하였다.

40. 다음 중 자유무역주의의 기본적인 주장과 가장 관계가 없는 것은?

① 국제분업론의 이익 ② 자유경쟁론
③ 소비자이익론 ④ 자급자족의 이익

41. 다음 중 자유무역론을 주장한 국부론의 저자는 누구인가?

① 스미스(A. Smith) ② 밀(J.S. Mill)
③ 리카도(D. Ricardo) ④ 마르크스(K. Mark)

42. 다음 중 무역이론의 전개순서가 바르게 연결된 것은?

① 스미스-리카도-헥셔-오린-레온티에프

② 스미스-헥셔-오린-레온티에프-리카도

③ 스미스-헥셔-오린-리카도-레온티에프

④ 헥셔-오린-리카도-레온티에프-스미스

43. 스미스(A. Smith)의 절대우위론에 대한 설명으로 옳지 않은 것은?

① 절대우위란 두 국가에 있어 생산비의 절대적 차이를 뜻한다.

② 노동가치설에 근거로 하고 있다.

③ 보호무역론에 근거로 하고 있다.

④ 국제분업의 원리를 이용하고 있다.

44. 다음 설명 중 리카도(D. Ricardo)의 비교우위론에 대한 설명으로 옳지 않은 것은?

① 노동가치설을 근거로 하고 있다.

② 상품의 수요측면을 중시하고 공급측면을 무시하였다.

③ 자유무역론을 근거로 하고 있다.

④ 스미스의 절대우위론을 보완한 이론이다.

45. 리카도(D. Ricardo)의 비교우위론에서 무역을 하는 국가가 이익을 발생시키기 위해서는 다음 중 충족되어야 할 조건은?

① 두 국가가 상당히 생산기술을 가지고 있어야 한다.

② 특정 한 국가가 생산하는 두 제품의 원료의 부존도가 높아야 한다.

③ 특정 한 국가가 교역하는 두 제품 중 한 제품의 생산에 있어 상대우위를 가져야 한다.

④ 특정 한 국가가 두 제품의 생산에 있어 절대우위를 유지해야 한다.

46. 다음 중 상호수요설을 주장한 사람은?

① 스미스(A. Smith) ② 리카도(D. Ricardo)

③ 밀(J. S. Mill) ④ 하벌러(G. Harerler)

47. 다음 중 밀(J. S. Mill)의 상호수요설에 대한 설명으로 옳지 않은 것은?

① 밀의 저서 국부론에서 상품의 국제교환비율과 교역당사국의 무역이익의 배분비율을 설명하였다.

② 무역의 발생과정을 상호수요이론을 근거로 하여 설명하고 있다.

③ 두 상품의 국내교환비율과 국제교환비율을 가지고 무역을 설명하였다.

④ 이 이론은 이전까지 무역이론이 생산비를 중심으로 설명하는데 비해서 수요측면이 고려된 교환원리이다.

48. 국제무역에 있어서 생산요소의 부존이론을 중심으로 비교우위가 발생한다고 주장한 이론은?

① 리카도의 비교우위론 ② 스미스의 절대우위론

③ 밀의 상호수요설 ④ 헥셔-오린정리

49. 헥셔 – 오린정리에서 무역의 가장 중요한 원인을 다음 중 무엇에 기인한다고 보았는가?

① 요소부존도 ② 소득

③ 기술 ④ 토지

50. 헥셔 – 오린정리가 성립할 경우 만약 A국이 B국에 비해 노동풍부국이고 의류 생산이 TV 생산보다 더 노동집약재라고 할 경우 알맞은 것은?

① A국은 TV를 수출할 것이다.

② B국은 의류를 수출할 것이다.

③ A국은 의류를 수출할 것이다.

④ A국과 B국 모두 의류와 TV를 수출할 것이다.

51. 헥셔 – 오린정리의 제1명제인 요소부존론에 대한 설명으로 옳지 않은 것은?

① 생산요소의 국가간 이동이 불가능하더라도 재화의 이동을 통해서 국가간에 생산요소의 가격이 같아지는 경향이 있다는 이론이다.

② 국가간 요소부존도에 따라 무역이 발생된다는 이론이다.

③ 어떤 국가가 상대적으로 풍부하게 가지고 있는 생산요소를 집중적으로 사용하는 재화가 다른재화에 비하여 비교우위를 갖는다는 이론이다.
④ 노동풍부국과 자본풍부국이 있을 경우 자본풍부국에서는 자본집약적인 상품의 생산에 비교우위를 가지게 되어 자본집약재를 수출하게 된다.

52. 헥셔-오린정리를 검증하여 이 이론과는 정반대의 결론을 도출한 학자는?

① 레온티에프(W. Leontief) ② 하벌러(G. Harerler)
③ 새무엘슨(P.A. Samuelson) ④ 스톨퍼(W.F. Stolper)

53. 다음 학자 중 보호무역론과 관련이 없는 학자는?

① 새무엘슨(P.A. Samuelson) ② 스톨퍼(W.F. Stolper)
③ 리스트(F. List) ④ 스미스(A. Smith)

54. 상품의 가격이 일정할 때 특정 생산요소의 부존량이 증가할 경우 특정 생산요소를 집약으로 이용하는 상품의 생산량은 증가하고, 타생산요소를 상대적으로 적게 사용하는 상품의 생산량은 감소한다는 주장한 학자는?

① 레온티에프(W. Leontief) ② 립진스키(T.M. Rybczynski)
③ 새무엘슨(P.A. Samuelson) ④ 스톨퍼(W.F. Stolper)

55. 다음 중 비교생산비이론을 설명하고 있는 내용은?

① 국제무역에 참가하는 나라들 사이에 서로 유익한 무역이 될 수 있다는 이론
② 국제교역에 있어 무제한 자유방임의 원칙이 최고하는 이론
③ 자유무역은 국제사회에 바람직하지 않다는 이론
④ 개발도상국에게 유리하다는 이론

제3장

보호무역주의와 관세

제1절 보호무역주의

보호무역주의는 자기 나라의 산업보호를 위해서 해외로부터 수입을 제한하거나 금지시키기 위하여 관세를 높이거나 다른 무역장벽을 설치하여 해외무역에 대해 제한하거나 통제하는 것을 말한다.

특히 초기 자본주의하의 미국이나 독일은 영국에 비해 공업발전이 늦었기 때문에 자유경쟁을 통한 자유무역을 하면 무역거래에 상당히 불리한 상황에 처하게 되어 있었다. 이러한 상황에서 선진국 산업으로부터 후진국의 자국산업을 보호하기 위한 보호무역주의가 등장하게 되었다. 당시 후진국 경제를 보호하기 위하여 보호무역을 주창한 경제학자는 미국의 해밀턴과 독일의 리스트였다.

1. 해밀턴의 보호무역이론

해밀턴(A. Hamilton)은 「제조업의 장려 및 보호에 관한 보고서」를 의회에 제출한 내용 중 미국의 공업 수준이 유럽 선진 여러 나라와 비교하여 현저히 낮은 수준이기 때문에 미국의 공업 수준을 높이기 위하여 공업보호이론을 주장하였다. 해밀턴은 미국의 공업을 보호하고 육성하기 위한 정부의 보호조치를 촉구하였다. 그는 공업보호방법론으로 수출입 금지, 보호관세 부과, 과세면세조치, 발명장려, 검사제도의 도입 그리고 장려금 및 보조금제도 실시를 주창하였다.

해밀턴은 농업과 비교하여 공업이 생산력 측면에서 유리하고 농업과 비교하여 공업의 이익이 높으므로 공업을 육성시켜야 한다고 설명하였으며, 보호하여야 할 공업부문의 선정은 일정한 기준을 제시하여 그 기준에 따라 신중히 결정하여야 한다고 주장하였다.

해밀턴은 그 당시 농업국의 수준을 벗어나지 못했던 미국경제가 공업화를 위한 노력으로 산업분화와 분업의 이익효과를 획득하여야 한다고 강조하였기 때문에 이를 해밀턴의 산업분화론 또는 공업보호이론이라고도 한다.

2. 리스트의 유치산업보호론

자본주의의 종주국인 영국은 19세기 초 유럽 사회의 가장 진보적인 자본주의국가로서 세계의 공장이었으며, 당시 영국 상품은 전 세계시장을 석권하고 있었다. 반면 독일은 수많은 영주에 의하여 분할·통치되고 있었으며 경제발전은 뒤떨어져서 농업국의 지위를 벗어나지 못하였다. 나폴레옹의 대륙봉쇄령에 의하여 겨우 발전하기 시작한 공업은 봉쇄가 풀리자 유럽대륙으로 영국의 상품이 물밀듯이 들어와 치명적인 타격을 입게 되었다. 이로 인하여 독일에서는 자유무역을 주장한 고전학파의 사상을 선진자본주의의 노골적인 이기주의가 깔려있는 사상이라고 보았으며, 그 결과 후진자본주의국가는 자유무역에 의해 손해를 보게 된다고 인식하였다. 여기서 후진자본주의국가는 고전학파에 대항하는 새로운 경제사상을 수립하지 않을 수 없었는데, 이러한 사상을 주도한 집단은 후진국의 자본가와 국가권력을 매개하는 관료층이었다. 후진적인 경제구조를 개선시키고 영국의 영향으로부터 벗어나기 위해서 독일은 강력한 국가권력을 바탕으로 경제생활의 모든 분야를 보호·육성하는 것이 필요하다고 인식하였다. 이와 같은 시대적 배경하에 등장한 것이 역사학파이다. 역사학파의 대표학자인 리스트(F. List)는 각국의 경제발전단계가 서로 상이하므로 무역정책도 달라야 한다고 주장하였다.

즉, 독일의 리스트(F. List)는 1841년에 출간한「정치경제학의 국민적 체계」에서 아담 스미스의 자유무역이론을 반대하여 경제정책에 대한 국가의 역할을 중시하면서 모든 나라는 경제발전단계에 알맞은 정책을 선택하여야 한다고 주장하였다. 이러한 보호무역정책에 가장 유력한 근거를 제공하는 것은 유치산업보호론(infant indusrty protection argument)이다. 배스테이블(C.F. Bastable)은 유치산업의 정의를 당해국의 경제발전단계의 후진성 때문에 발달하지 못하였으나 미래에 성장가능성이 있는 산업이라고 하였다. 리스트는 보호관세에 의하여 선진국상품의 수입을 억제하여 후진국 당시 미국 및 독일 등의 후진국의 유치산업을 보호·육성하고 당시 영국과 프랑스 등의 선진국의 상품과의 자유경쟁에서 견딜 수 있도록 발달시켜야 한다고 주장하였다. 즉, 리스트는 미국 및 독일이 공업화를 달성할 때까지 보호관세와 같은 수단으로 미국 및 독일의 유치산업을 보호하여야 한다고 하였다.

| 보론 | 리스트 (Friedrich List, 1789~1846)

독일 국민경제학의 아버지로 명명될 뿐 아니라 경제학자·정책론자·역사학파의 선구자로 활동하였으며 당시 후진국 독일의 산업자본의 이데올로기적 역할을 하였다. 독일 남서부 바덴뷔르템베르크주의 로이틀링겐(Reutlingen)에서 피혁제조업 집안에서 태어나 독학으로 관리 채용 시험에 합격하여 공무원이 된다. 진보적 관료로서 뷔르템베르크 왕국의 헌법투쟁에 참가하고 1817년부터 튀빙겐대학의 행정학 교수로 재직한다. 1819년에 전독일상공업동맹을 결성하고 법률고문이 된다. 1820년 영방의회 의원으로 선출되지만 전독일적 관세동맹의 설립을 둘러싸고 그의 급진적 사상이 정부와 대립하여 1825년 추방되어 미국으로 망명한다.

리스트는 미국에서는 탄광경영에 성공하였고 저널리스트로 활동한다. 그는 미국 체제 옹호 진영에 가담해 미국경제의 발전에 대해 잉거솔(C.J. Ingersoll)의 보호무역론에 동조하여 1827년 『미국 경제학강요(Outline of American political Economy)』를 저술하였다. 그리고 미국 생활의 경험을 바탕으로 독일의 국가철도제도의 실현을 위해 노력하고 파리의 도덕·정치과학 아카데미 현상논문에 응모한다.

리스트는 라이프치히(Leipzig) 주재 영사로 귀국한 후 독일의 통일·보호관세·철도건설 등의 실현을 목적으로 하는 정치 활동을 한다. 그는 정치활동 중 독일 국민들의 오해를 받자 저술활동에만 종사한다. 1841년『정치경제학의 국민적 체계(Das nationale System der politischen Ökonomie)』를 저술한다. 이 책에서 리스트는 영국에 대응하는 후진국 독일 산업자본의 방향을 이론화한다. 그는 아담 스미스(A. Smith)의 자유주의 경제의 비판을 통해 국민생산력 이론과 유치산업보호를 위한 보호무역론을 제창한다. 그리고 경제발전단계설을 주장하는 등 구역사학파 창시자로서 선구적 구실을 한다. 리스트는 독일철도망의 보급을 통한 국내시장의 완성을 위하여 노력하였고, 영국과 동맹을 통해 프랑스와 러시아 등에 대항하는 정책 실현에 전력을 하였으나 모두 실패한 후 1846년 11월 자살하였다. 그 밖의 저서로는 1842년에 발간한 『농지제도론(Die Ackerverfassung, die Zwergwirtschaft und die Auswanderung)』과 유고로 1845~1846년에 쓴 『독일인의 정치적·경제적 국민통일(Die politische Ökonomische Nationaleinheit der Deutschen)』등이 있다.

3. 보호무역주의의 여러 근거들

자유무역이론 입장에 대한 보호무역이론 입장에서는 자국 산업이나 자국 시장은 관세 또는 여러 비관세장벽으로 보호하여야 한다고 주장한다. 보호무역론자들도 여러 이상적인 조건을 충족시킬 수만 있다면 자유무역을 실행하는 것에 대해서는 찬성한다. 그러나 현실 경제에서 여러 가지 이상적인 조건들의 충족은 불가능하므로 무한정 시장을 개방할 것이 아니라 어느 정도 그것을 보호하여야 필요성이 있다고 보호무역주의자들은 주장한다.

결국 보호무역이론이란 자국 산업이나 자국 시장을 보호하기 위하여 국가가 적극적으로 국제무역활동을 간섭하여야 한다는 이론이다. 이러한 보호무역이론은 국방 및 경제안정을 위한 국민생산력의 증대, 유치산업의 보호, 완전고용의 달성, 국제수지의 개선, 문화·사회적 가치 등을 위하여 국내산업과 국내시장을 보호해야 한다고 주장한다.

제2절 GATT와 신보호무역주의의 등장

1. GATT의 등장

1920년대부터 세계경제는 불황에 빠지게 되면서 세계 각국은 외국의 수입품 규제를 위하여 환율 인상·임금 인하·수출보조금 지급·관세율 인상 등의 자국중심의 보호주의 무역정책 수단을 채택하게 된다. 자국중심의 국제무역정책은 1914~18년 사이에 발발한 제1차 세계대전과 1929년 미국에서 시작된 세계 대공황으로 인하여 더욱 강화되고 다양화되었다. 그 결과 세계 각국은 자국 경제위기를 극복하기 위하여 근린궁핍화정책(beggar-my-neighbor policy)[1]을 경쟁적으로 도입하게 된다. 당시 이 정책은 세계경제가 위기에 빠진 각 나라가 불황을 벗어나기 위하여 주로 사용하였던 국제수지 개선책이었다. 즉 근린궁핍화정책은 자기 나라의 수출을 증가시키고 수입을 감소시켜 자국의 고용이나 경기상태를 향상시키는 대신 다른 나라에게는 오히려 경기악화와 고실업을 일으키게 하는 자국중심의 경제정책을 말한다. 이 정책의 구체적 수단은 자국 수출증대를 위하여 환율인상·임금인하·수출보조금정책 등을 사용하고 자국 수입억제를 위하여 관세율인상·수입할당제 등을 시행한다. 그러나 근린궁핍화정책을 사용하여 특정국가가 단기적으로 성과가 있다하여도

1) 근린궁핍화정책은 다른 나라의 희생을 바탕으로 자기 나라의 경기회복이나 경제성장을 회복하기 위한 보호주의적 국제경제정책을 의미한다. 근린궁핍화정책은 영국의 여성 경제학자 로빈슨(J.V. Robinson)이 말한 'beggar-my-neighbor policy'의 번역어로 'beggar-my-neighbor'란 상대방의 카드를 전부 빼앗아 온다는 트럼프 용어로부터 유래된 것이다.

다른 나라도 똑 같은 보복조치를 취하게 된다. 그러한 결과로 다시 특정 국가에 악영향을 미쳐 세계무역은 더욱 침체되고 국제경제의 불황은 이 정책을 사용할 때보다 더욱 악화되는 악순환을 거듭하게 된다. 당시 세계 각국의 극심한 보호무역주의의 시행으로 세계무역량은 급감하고 세계경제는 더욱 위기에 빠지게 되어 제2차 세계대전이 발발하게 된다.

제2차 세계대전이 끝나면서 국제경제정책도 보호주의 무역정책시대에서 자유무역주의 정책시대가 열린다. 자유무역의 활성화를 위해서 관세, 수출입 규제 등의 무역장벽을 제거하기 위한 새로운 국제경제질서를 구축하기 위한 국제기구의 필요성이 제기되었다. 이를 위해 '관세 및 무역에 관한 일반협정', 즉 GATT(General Agreement on Tariffs and Trade)가 창설되었다. GATT는 1947년 당시 제네바에서 열린 국제무역기구(International Trade Organization: ITO)헌장회의와 함께 회의참가국간에 잠정적으로 체결된 후 1948년 1월에 정식 발효된 협정이었다. 당시 미국의 반대 등으로 인하여 ITO헌장은 비준되지 않아 ITO는 성립되지 않았고 GATT는 ITO 대신 전후의 국제무역의 기본적인 법적 구조를 제공하는 역할을 맡게 된 것이다.

그 후 GATT는 제2차 세계대전 후 세계 통화질서 안정의 기초가 된 IMF와 함께 자유무역의 토대가 되었다. 즉 GATT는 관세 완화 및 철폐, 수출입제한 철폐를 통하여 세계무역의 확대에 많은 역할과 기능을 하게 되었다. 이를 바탕으로 세계경제는 고도성장과 안정 기조를 동시에 유지하게 되었다. GATT체제 하에서 세계의 무역규모는 놀랄 정도로 증가하였으며, GATT는 자유무역의 활성화에 크게 기여하였다. 또한 세계경제는 1960년대 후반까지 지속적으로 호황을 누리게 되었다. 그리고 발족 당시 GATT 기능은 다수의 선진국을 중심으로 한 국제기구였다. 그러나 세계 경제의 방향변화와 세계 무역규모의 증대로 인하여 개발도상국의 무역증대를 위한 주요 기능을 포함하게 된다.

| 보론 | 대공황(Great Depression, Slump of 1929)

대공황은 1929년 10월 월가의 '뉴욕주식거래소'의 주가 폭락 사태에서 비롯된 미국의 경제 공황이 단기간에 전 세계로 확대되어 광범위한 경기침체의 원인이 된 사건을 말한다. 대공황은 1933년 말까지 대부분의 자본주의 국가들이 경제위기에 직면하게 되고 그 여파는 1939년까지 계속되었다. 이 기간의 격심한 경제위기는 파급범위와 지속기간을 고려해 보면 그 때까지의 어떤 경제위기보다도 두드러져 『대공황』이라고 부른다. 제1차 세계대전을 통해 자본주의의 중심이 된 미국은 세계에서 가장 부유하고 강력한 나라가 되었다. 그러나 미국의 경제는 외관상으로는 번영을 누리고 있는 것 같았지만 그 이면에는 만성적 과잉생산, 투기 그리고 지속적인 실업의 존재가 일반화되고 있었다. 이러한 경제상황에서 「주식가격의 대폭락」은 연쇄적 경제위기로 이어져 경제활동을 마비시키게 된다. 연이은 기업도산으로 실업자가 만연화되어 1933년에는 실업자가 1,500만 명 이상으로 전임금생활자들의 약 30%나 되었고 실업자들의 자살이 줄을 이었다.

대공황을 맞이한 미국은 채무국가인 유럽 각국에 채무이행을 촉구하게 되고 1931~1933년 사이에 미국의 대공황은 영국·프랑스·독일 등 유럽 여러 나라로 확산되었다. 자본주의 국가들의 공업생산고는 대공황 과정 중 큰 폭으로 감소하여 1932년 공황 중의 미국 공업생산고는 1929년 이전과 비교하면 44% 수준으로 하락하여 대략 1908~1909년의 생산고 수준이 되었다. 대공황은 공업부문뿐만 아니라 농업부문까지 확산되어 미국을 포함한 유럽·남아메리카에서 농산물 가격이 폭락하거나 체화되어 재고가 되어버린 소맥·커피·가축 등이 대량으로 파기되기도 하였다. 이러한 공황은 금융부문으로 확대되어 1931년 오스트리아의 크레디트 안슈탈트은행의 도산을 시작으로 유럽 각국에 금융공황이 발생하게 된다. 결국 대공황은 1931년 영국을 필두로 하여 금본위제를 정지하게 되고 이는 여러 나라에 파급되어 금본위제가 잇달아 중단되게 되었고 마침내 미국도 1933년 금본위제를 폐지하게 된다.

대공황은 대부분 자본주의 국가들을 경제위기에 빠지게 해 경제의 자동회복기능을 말살시켜 1930년대 전 기간을 불황의 만성화 시대로 만들었다. 세계열강들은 경제위기를 극복하기 위하여 1933년 런던에서 세계경제회의를 개최하여 공동으로 난국의 타개책을 논의했지만 실패로 끝나고 각국은 나름대로 위기극복책을 모색하기 시작하였다. 미국은 기존의 자유방임주의에서 탈피하여 뉴딜정책 등 불황극복정책에 의존하였으며 제2차 세계대전을 기점으로 경기를 회복하여 전쟁 중에 실질소득이 거의 2배로 회복하였다. 즉, 세계를 휩쓴 대공황도 제2차 세계대전이 일어나 군수물자 생산이 늘어나면서 1930년대 후반부터 기세가 꺾이고 끝이 난다.

대공황의 발생으로 아담 스미스(A. Smith)의 자유방임주의적 경제관은 끝나고 케인즈 경제학이 도입되어 제2차 세계대전 이후 경제 이론에 있어 새로운 틀을 형성하는 계기가 되었다. 그리고 정치적으로는 이탈리아와 독일을 비롯한 전체주의 국가들의 등장하는 배경을 제공하기도 하였다.

2. 신보호무역주의의 등장

제2차 세계대전 후 세계경제는 국제통화를 안정적으로 관리한 IMF와 국제통상을 자유무역을 통해 긍정적 역할을 한 GATT의 양 체제하에서 1970년대 초까지 고도성장과 안정기조를 유지하였다. 그러나 1970년대 두 차례에 걸친 석유파동과 그에 뒤따른 자원파동으로 인해 세계경제는 경제성장의 정체, 국제수지의 악화, 대량 실업의 양산 그리고 스태그플레이션(stagflation)[2] 등의 어려움에 직면한다. 그 결과 미국을 중심으로 한 선진각국은 자국경제의 방어책인 여러 가지 무역제한수단으로 수입을 규제하기 시작하였으며, 이로 인하여 자유무역주의는 후퇴하게 되었고 선진국이 주도하는 보호무역주의가 강화되기 시작하였다.

1970년대 초 이후부터 시작된 세계적인 보호무역주의는 19세기 말

2) 스태그플레이션은 경제활동이 침체 상태에 있는데도 불구하고 끊임없이 물가가 상승되는 상태가 유지되는 저성장·고물가 상태의 침체를 뜻하는 용어이다. 즉 경기불황을 의미하는 '스태그네이션(stagnation)'과 물가상승을 의미하는 '인플레이션(inflation)'을 합성한 단어이다.

에 시행된 보호무역주의와는 기본적으로 성격을 달리하기 때문에 이를 신보호무역주의(neo-protectionism)라고 부른다.

보호무역주의는 공업화단계가 뒤진 개도국이 선진공업국가의 수출로부터 자기 나라의 유치산업을 보호하려는 목적에서 태동하였다. 그러나 1970년대의 보호무역주의, 즉 신보호무역주의는 선진국가간의 수입규제뿐만 아니라 개도국 수출에 대응한 선진 여러 나라의 수입규제가 주종이란 측면에서 19세기의 보호무역주의와는 그 성격이 다르다.

신보호무역주의의 등장배경은 대체로 다음과 같다.

첫째, 세계무역의 구조변화와 산업구조조정의 지연 등으로 인하여 보호무역주의가 등장하게 되었다. 세계경제는 1970년대를 전후로 하여 일본 및 아시아 신흥공업국의 등장으로 산업구조의 재편성이 급속하게 이루어지고 있었다. 세계 산업구조의 재편과정중 세계무역에서 나라별 비교우위구조는 미국에서 EU · 일본으로 다시 신흥공업국으로 단계적으로 이전되었다. 신흥공업국의 수출전략상품은 점차 경공업제품에서 중화학부문으로까지 확대하게 되어 선진국경제에 큰 타격을 주었다. 더욱이 이들 신흥공업국의 수출상품이 선진공업국의 국내시장에까지 침투하는 현상이 나타났다. 그러나 미국을 중심으로 한 선진국은 적극적으로 산업조정을 하지 않고 국내사양산업보호를 통한 고용안정정책에 중점을 두어 세계경제 전반적 측면에서 구조조정이 지연되었다. 이로 인하여 선진국과 개발도상국의 산업구조는 유사하게 되어 공산품의 공급과잉이 현상이 나타나게 되었다. 결국 세계 여러 국가간의 통상마찰이 일반화 되어 신보호무역주의가 정착화 되었다.

둘째, 세계경제의 지속적인 불황이 신보호무역주의 등장의 배경이었다. 제2차 세계대전 후 약 30여년 동안 선진 여러 나라의 경제는 성장을 지속화하였다. 이러한 성장과 함께 세계의 무역량의 급속한 팽창은 경제성장률 이상의 높은 증가율을 보였다. 1970년대의 미국의 경제위기와 두 차례에 걸친 석유파동의 결과로 세계경제는 위기에 빠지게 되었다. 이로 인하여 산출량이 지속적으로 감소되었고 실질구매력의 부족으로 수출입 규모 역시 빠르게 줄어들었다. 반면 원재료가격의 상승으로 인한 물가인상과 경기침체 및 고실업이 동시에 나타나는 스태그플레이션현상에 세계경제는 직면하게 되었다. 결국 세계경제의 성장률은 큰 폭으로 떨어지고 장기침체국면에 접어들어 실업률은 전후 최고조에 도달하게 된다. 실업률의 증가로 적극적인 노동조합의 활동과 기업들의 고통은 수입에 대한 대정부압력으로 이어졌다. 이에 따라 선진 여러 나라는 수입품규제를 대폭 강화하는 보호무역주의를 도입하는 경향을 보이게 되었다.

셋째, 미국경제의 퇴보와 세계경제의 다극화로 볼 수 있다. 제2차 세계대전 이후 미국경제는 1960년대까지 세계경제에서 압도적인 위치를 유지하였으나 점차 일본과 EU가 급부상하게 되어 1970년대 이후 미국의 세계경제의 위치는 축소되어 미국·EU·일본 등에 의한 다극화시대로 돌입하게 된다. 세계경제의 다극화 시대에 이어 한국·홍콩·싱가포르·대만 등의 신흥공업국(NICs)[3]이 세계경제에 등장하여 선진공업국의 수출에 큰 타격을 입히게 되었다. 즉 국제경제관계의 다극화와 신흥공업국의 등장으로 선진공업국가들은 신보호무역주의를 채택하게 되었다.

신보호무역주의 등장의 배경은 이러한 요인 이외에도 특정상품이 특정국으로 일시에 대량 수출되는 경우, 국제수지 불균형의 심화 그리고 관세장벽의 무용화[4] 등으로 볼 수 있다.

---

3) 신흥공업국(NICs: Newly Industrializing Countries)이란 1960~1970년대에 급격하게 경제성장을 이룬 한국·홍콩·싱가포르·대만 등의 나라들을 지칭하는 용어이다. 이 나라들의 공통점은 수출지향적 공업화정책을 사용하여 세계경제에 있어 이들 나라의 공업생산과 공산품 수출의 비중을 급속히 확대시켰고, 각 국가 내의 공업부문의 생산·고용 비율을 증대시켜, 1인당 GDP의 고도화를 이루어 선진국과의 격차를 줄이는데 성공하였다. 현재는 남아프리카공화국·멕시코·브라질·중국·인도·말레이시아·필리핀·타이·터키 등이 NICs에 해당하는 국가이다.

4) GATT체제 이후 그 동안 관세율인하에 주력한 결과 관세율은 동경라운드 이후 선진국간에는 평균 4%까지 인하하게 된다. 관세율을 중심으로 한 무역장벽이 그 의미를 잃자 비관세장벽이 중요하게 되었다. 비관세장벽은 대부분 GATT체제를 유명무실화시켰으며, 이러한 비관세장벽 위주의 보호무역이 신보호무역주의인 것이다.

이러한 배경에서 등장한 신보호무역주의는 기존의 전통적 보호무역주의와 비교하면 대체로 다음과 같은 특성이 있다.

첫째, 보호무역의의 수단으로서 비관세장벽이 등장하게 되었다. 기존의 보호무역주의는 관세가 주요한 수입규제수단이었다. 반면 GATT체제하에서는 관세율이 상당히 낮아져 더 이상 관세를 이용하기 어렵게 되었다. 이로 인해 선진 여러 나라는 보호무역의 새로운 도구인 비관세장벽제도의 등장으로 그 수단이 다양화되었다.

둘째, 보호대상 산업은 주로 국제경쟁력을 상실한 사양산업이 중심이었다. 기존의 산업자본주의와 그 이전에는 주로 보호대상 산업이 유치산업(infant industry)이었다. 1970년대 이후 신보호무역주의는 과거 선진국에서 비교우위산업인 섬유 및 철강 등의 사양산업을 보호하여 자국의 고용수준을 지키려고 하였다. 또한 신보호무역주의는 점차 일부 한계산업의 보호정책에서 첨단 및 기술집약산업 등의 전략산업 또는 핵심 산업의 보호정책으로 전환되기도 하였다.

셋째, 선진국 주도의 보호무역주의였다. 기존의 보호무역은 후진국이 유치산업을 보호하여 공업화를 위해 시행되었으나, 신보호무역주의는 의도적으로 산업구조변화를 지연시키려는 데 그 목적을 둔 선진국 주도형이다. 즉 무역보호조치 측면에서는 19세기의 보호무역주의는 무차별적이었던 것에 비해 신보호무역주의는 차별적 · 선별적인 성격을 띠고 있다.

| 보론 | 오일쇼크(Oil Shock)

오일쇼크란 1973과 1978년 각각 원유 값의 급등으로 인해 전 세계 각 국가가 경제적 타격을 입은 석유파동을 말한다.

제1차 오일쇼크는 1973년 10월 발발한 제4차 중동전쟁이 석유전쟁으로 발전된 사건이다. 1973년 10월 페르시아만의 6개 석유수출국들은 석유수출국기구(OPEC) 회의에서 원유 가격을 17% 인상한다고 발표하고 이스라

엘이 아랍 점령지역에서 철수하지 않을 경우 매달 원유생산을 5%씩 감산하겠다고 발표한다. 즉, OPEC는 중동전쟁을 통해 석유를 정치적 무기로 사용하였다. 이에 따라 1973년 초에 비해 중동산 원유가격은 1년 만에 1배럴당 약 11달러 50센트 내외로 약 4배 가까이 오른다. 제1차 석유파동으로 원유수입국들은 석유공황에 직면하고 대다수의 국가들은 전력제한, 석유 공급 감축 그리고 에너지 절감 등을 요청한다. 세계경제는 위기에 직면해 경제성장률은 하락하고 급기야 1975년 서구 선진국 경제는 (-)성장을 하게 된다. 또한 물가상승은 가속화되고 국제수지도 악화되어 대다수의 국가들은 대폭적인 적자를 기록한다. 제1차 오일쇼크를 계기로 OPEC는 원유가격의 결정권을 장악하고 자원민족주의(resource nationalism)를 강화시키는 결과를 초래하게 된다. 그리고 오일쇼크는 중동 산유국의 국제적 정치위상도 올렸을 뿐 아니라 외교적인 측면에서도 서방세계가 지금까지 친이스라엘정책에서 친아랍 중동정책으로 기울게 하는 역할을 하였다. 또한 이 사건을 시작으로 서구 선진국들은 원유수입에 따른 경제적 문제점을 노출시켰을 뿐만 아니라 이 문제를 안전보장과 연결시키게 하였다. 오일쇼크는 제2차 세계대전 후 계속된 자본주의의 황금시대를 마감시키고 실업과 물가가 동시에 작용하는 스태그플레이션(Stagflation)의 시대의 시작을 알렸다. 그리고 제1차 오일쇼크는 1978년 초에 진정된다.

제2차 오일쇼크는 1978년 말 이란의 내부의 정치 혼란과 1979년 초 이슬람혁명을 계기로 발생한다. 당시 세계 원유 공급시장의 약 15%를 점유하고 있던 이란은 원유수출을 전면 금지한다. 그리고 석유공급자들의 매점매석과 투기까지 이루어져 세계원유시장은 갑작스러운 혼란에 빠진다. 설상가상으로 1980년 이란·이라크전쟁을 전후해서는 원유가격이 1배럴당 30달러를 넘게 되고 1981년 10월에는 34달러 선으로 오른다. 제2차 오일쇼크의 결과는 제1차 오일쇼크와 같이 세계 경제는 경제성장률 하락, 물가폭등, 국제수지 악화 등 연쇄적인 위기에 직면하게 되었다.

제3절 관세와 비관세장벽

1. 관세

(1) 관세의 개념

관세(tariffs, customs duties, customs)란 관세선 또는 한 국가의 관세영역을 통과하는 물품에 대하여 부과하는 조세를 의미한다. 관세선이란 국제법상이나 정치적으로 국가영역과 동일하지 않을 수 있어 관세선과 국경선은 일치하지 않을 수도 있다. 즉 관세선이란 한 나라가 같은 관세법규를 시행한 때 그 영역의 한계를 의미한다. 관세는 한 나라가 재정수입의 확보 및 자국산업의 보호를 위하여 관세영역을 출입하는 물품에 대하여 반대급부 없이 조약 또는 법률에 의거하여 강제적으로 부과하고 징수하는 조세를 말한다.

(2) 관세의 성격

관세의 일반적 성격은 대체로 다음과 같다.

첫째, 관세는 내국세와 동일한 조세로 국가가 징수주체이다. 둘째, 관세는 담세자와 납세자가 다른 간접세이다. 즉 관세의 부담이 납세자로부터 담세자에게 전가된다. 셋째, 관세는 수입품에 부과되는 것이 일반적이지만 수출품에 부과되는 경우도 있다. 넷째, 관세는 대체로 공업용 원자재는 감면하는 것이 일반적이며, 생활필수품목보다는 사치성품목에 대해서 중과하는 것을 원칙으로 한다. 이를 통해 국민생활의 안정을 도모할 뿐 아니라 사치성품목의 수입을 억제하는 기능을 하기도 한다. 다섯째, 관세는 조세법률주의원칙에 따라 법률 또는 조약에 의거하여 부과되고 징수된다. 여섯째, 관세는 관세선을 통과하는 상품에 대해서만 부과·

징수되는 대물세이며, 또한 상품이 관세선을 통과할 때만 부과·징수되는 수시세이다. 일곱째, 관세는 보호무역정책의 중요한 수단이다.

(3) 관세의 종류

1) 과세방법에 따른 분류

(ⅰ) 종가세

종가세(Ad Valorem duties)는 수입품의 가격을 과세표준으로 하여 부과·징수되는 관세로 보통 종가세는 백분율로 표시되며, 수입품의 가격에 이 비율을 곱하면 관세금액이 된다.

종가세의 장점은 첫째, 관세의 적용이 수입상품가격에 따라 균등하고 공평하게 부담할 수 있는 조세라는 점이다. 둘째, 상품의 시장가격의 변화와 상관없이 과세부담의 균형을 항상 유지할 수 있기 때문에 물가상승이 일어나도 세율을 조정하지 않아도 세수입을 안정적으로 확보할 수 있다는 측면이다. 반면 단점은 먼저 과세가격을 산출하는 것이 쉽지 않고 복잡해서 많은 비용이 수반될 수 있다는 점이다. 둘째, 수출국마다 상품의 가격이 달라 관세액의 차이가 발생할 수 있다. 우리나라의 경우 대부분의 품목이 종가세를 원칙으로 하고 있다.

(ⅱ) 종량세

종량세(specific duties)는 물품의 수량을 기준으로 과세표준을 정하는 관세이다. 종량세는 과세방법이 간편하여 행정상 편리하다는 것이 장점이다. 수입국가와 상관없이 동일한 수입품의 경우 관세액이 동일하다. 반면 단점은 첫째, 종량세는 물품의 가격변화와 상관없이 관세가 동일하게 부과되므로 관세부담의 공평성이 없다는 점이다. 즉 대체로 고가품이 저가품보다 관세부담이 상대적으로 낮아지는 문제점이 있다. 둘째, 물가가 상승할 때는 관세부담이 상대적으로 낮아지고 물가가 하락할 때는 그 부담이 상대적으로 높아져 관세액의 안정적 확보가 어려울 수 있다는 점이다.

(iii) 혼합세

혼합세(combined duties)란 종가세와 종량세의 장점을 상호 결합시켜 효과를 극대화하기 위한 관세이다. 혼합세는 선택세와 복합세로 구분된다. 선택세(alternative duties)는 동일한 품목에 종가세율과 종량세율을 같이 적용한 후 그 중 적절한 것을 선택하여 과세하는 제도이다. 복합세(double duties)란 한 품목에 종가세율과 종량세율을 같이 적용한 두 결과의 세액을 합하여 부과하는 관세이다. 우리나라에서는 1973년 2월에 폐지되어 적용하지 않고 있다.

2) 과세목적에 따른 분류

(i) 재정관세

재정관세(revenue duties)는 국고수입을 확보하기 위한 목적으로 부과되는 관세로 수입관세 또는 세입관세라고도 한다. 즉 이 관세는 재정수입의 안정적 확보를 주된 목적으로 하기 때문에 국내산업보호효과는 부수적이다.

대체로 재정관세는 먼저 국내산업이 경쟁력을 이미 확보하고 있어 더 이상 보호할 이유가 없는 물품의 경우, 둘째 원유처럼 국내에서 생산을 거의 할 수 없어서 수입이외 대체품이 없는 물품의 경우 그리고 셋째 수입을 억제할 필요도 없고 권장할 이유도 없는 물품의 경우에 주로 부과된다.

(ii) 보호관세

보호관세(protective duties)란 수입국이 자국산업의 보호, 육성, 유지 그리고 발전을 목적으로 하는 관세이다. 관세는 처음에는 재정수입을 확보하는 것이 주된 목적이었다. 근래에는 선진국은 자국의 정체산업 이나 사양산업을 보호하기 위한 수단으로 개도국은 유치산업의 보호와 기존산업의 유지를 위한 목적으로 보호관세를 도입하였다. 이러한 목적을 위해

도입된 보호관세는 고세율이므로 수입제한 효과가 상당하다.

3) 과세기회에 따른 분류

(ⅰ) 수입세

수입세(import duties)는 관세영역 안으로 이동하는 수입품에 부과하는 관세로 보편적으로 관세라 하면 수입세를 의미한다. 수입세 부과의 목적은 자국산업의 보호와 국제수지개선을 위한 것이다.

(ⅱ) 수출세

수출세(export duties)는 자국물품이 외국으로 수출될 때 부과되는 관세로 특정국가 이외의 대다수 나라에서는 이를 부과하지 않고 있다. 즉 현재 세계시장에서 자국상품의 시장 점유율이 상당히 높아서 그 물품의 국제가격의 안정을 위한 경우나 국가 재정수입을 확보를 위한 특별한 경우를 빼고는 대다수의 나라들은 수출세를 부과하지 않고 있다. 수출세를 부과하고 있는 경우는 브라질의 커피, 쿠바의 담배, 스리랑카의 차, 스페인의 콜크 등이다.

(ⅲ) 통과세

통과세(transit duties)는 물품이 수출국에서 수입국으로 운송되는 과정 중 단순히 한나라를 통과한다는 사실에 입각하여 부과되는 관세이다. 과거 교통이 발달하지 못했던 때의 관세의 유형이다. 그러나 통과세는 국제무역을 방해하는 결과를 가져와 통과무역의 이익을 상실하게 되었으므로 오늘날 국제협약에 따라 폐지되었다.

4) 제도적 성격에 따른 분류

(ⅰ) 일반관세

ⅰ) 국정관세

국정관세(national duties)는 한 국가의 국내법에 의하여 자체적으로 정하여진 관세율인 국정세율(national tariff)에 근거하여 부과되는 관세를 말한다. 즉 국정관세는 한 나라의 주권에 의하여 정하여진 관세이다. 또한 국정관세를 일반관세(general duties) 혹은 자주관세(autonomous duties)라고도 한다.

ii) 협정관세

협정관세(conventional duties)는 일국가가 타국가와 통상조약 또는 관세조약 등에 따라 특정상품에 대한 관세율인 협정세율을 결정하고 조약 유효기간 중에는 협정세율에 따를 의무가 있는 관세를 말한다. 협정관세는 일반적으로 상호주의원칙을 따르므로 일국가가 단독으로 개폐할 수 없는 것이 원칙이다. 협정관세는 두 국가간에 적용되는 경우도 있지만 여러 나라간에 동시에 설정하는 경우도 있다. 그 예로 대다수의 WTO 양허관세들은 다수국가간의 협정이다.

(ii) 기타 관세

i) 차별관세

차별관세(differential duties)는 할증관세(additional tariffs)와 할인관세(discount tariffs)로 나눌 수 있다. 할증관세란 특별한 경우 특정나라의 특정 품목에 대하여 높은 세율을 적용시키는 경우를 말하며 할인관세는 특정 상품에 대하여 낮은 세율을 적용하는 경우를 의미한다. 차별관세는 보호무역주의에 근거를 두고 있기 때문에 중상주의시대 및 제1차 세계대전 이후 보호무역주의 전쟁이 한창일 때 많이 적용되었다. 최근에는 무역에 참여한 모든 국가에게 동등한 지위를 보장하는 최혜국원칙이 일반화되어 차별관세를 적용하는 경우가 현저히 줄어들고 있는 실정이다.

ii) 특혜관세

특혜관세(preferential duties)는 특정지역이나 특정나라와 통상관계의 확대를 위하여 특정지역이나 특정나라로부터 수입되는 특정품목에 한하여 일반세율보다 낮은 세율이 적용되는 관세를 말한다. 특혜관세는 특정지역이나 특정나라의 물품에 대해 유리한 관세를 적용하므로 자유무역을 저해할 우려가 있다.

iii) 탄력관세

관세율 변경은 대다수의 나라에서 국회가 가지는 권한이다. 그러나 탄력관세(flexible duties)는 급변하는 세계경제환경에 신속히 대응할 수 있도록 관세율을 일정범위 내에서 탄력적 적용하도록 행정부에 위임하여 부과하는 관세를 말한다. 이러한 법적용은 조세법률주의의 예외적인 부분으로서 기본세율은 그대로 두면서 관세율을 일정범위 내에서 탄력적으로 적용하여 국제수지안정, 물품수급의 안정성 유지, 국내산업보호 등의 정책목표를 달성하려는 제도이다. 관세법의 탄력관세는 다음과 같다.

① 덤핑방지관세

덤핑방지관세(anti-dumping duties)는 특정국가의 물품이 현저하게 저가로 수입되어 자국산업에 피해를 주는 등 경제적 피해를 가져올 경우에 이를 방지하기 위하여 부과하는 관세로서 반덤핑관세라고도 한다.

② 상계관세

상계관세(countervailing duties)는 수출국에서 수출 및 생산지원을 위한 장려금이나 보조금 등의 지급된 물품이 수입되어 수입국의 산업을 저해할 경우 그 장려금이나 보조금의 효과를 상쇄하기 위하여 부과하는 관세를 말한다.

③ 편익관세

편익관세(beneficial or convenient duties)는 조약이나 협정에 의한 관세상의 혜택을 받지 않은 국가로부터 수입된 물품의 경우 동일한 물품 수입에 대한 조약이나 협정을 한 나라에게 부여하고 있는 관세상의 편익의 범위 내에서 관세에 관한 편익을 부여하는 관세이다.

④ 보복관세

보복관세(retaliatory duties)는 특정 나라가 자국의 수출상품, 항공기 또는 선박 등에 대하여 불합리한 차별을 할 때 그 특정 국가로부터 수입물품, 항공기 또는 선박에 대하여 보복적으로 부과하는 고율의 할증관세를 말한다.

⑤ 긴급관세

긴급관세(emergency duties)는 특정상품의 빠른 수입증가로 자국산업의 보호를 위한 긴급조치가 요구되거나 특정물품의 수입을 급히 제한하기 위하여 특정수입물품에 고율의 관세율을 부과할 수 있는 관세이다.

⑥ 할당관세

할당관세(quota duties)는 특정상품을 수입할 경우 정부가 정한 일정 할당 수량 또는 금액까지의 수입에 대해서는 영(0)세 또는 저율의 관세를 부과하고 일정할당 수량 또는 금액 이상의 수입에 대해서는 기본세율 또는 고율의 관세를 부과하는 이중관세율을 적용하는 제도이다.

⑦ 조정관세

조정관세(adjustment duties)는 수입자유화 등의 무역자유화정책 도입에 따른 부작용을 관세정책으로 보완하거나 시정하기 위한 관세제도이다. 정부는 자국산업의 해외경쟁력 강화와 자국 수요자의 권익보호를 위하여 수입자유화율(import liberalization rate)[5]을 크게 높이면서 수입상품에 대한 관세율을 크게 낮추었다. 그러나 조정관세는 이러한 수입자유화율의 상향으로 자유화된 특정상품의 수입이 지나친 증가로 자국경제에 많은 영향을 미치거나 자국민의 소비형태를 혼란시킬 경우 관세율을 상향조정하여 수입억제를 위한 관세이다.

⑧ 계절관세 또는 물가형평관세

일반적으로 농산품, 자연산물품 등은 계절에 따라 생산량이 달라서 가격의 변화가 심하다. 계절관세(seasonal duties)는 이와 같이 계절에 따라 가격변동이 심한 물품의 수입으로 인하여 국내물가에 큰 영향을 미치기 때문에 관세율을 조정하여 고가격의 위험을 사전에 제거하는 관세이다.

---

5) 한 국가의 총수입액 중 자동승인 상품 수입액의 비율로 1948년 유럽경제협력기구(OEEC: OECD의 전신)가 개발한 지표로 한 나라의 무역자유화의 정도를 표시하는데 사용된다.

물가형평관세(price stabilization duties)는 계절관세를 포함하는 내용으로 자국물가의 안정을 위하여 특정상품의 공급을 활발히 하거나 특정수입물품의 가격상승을 억제하기 위하여 관세율을 낮추거나 공급자와 수요자를 보호하려는 목적으로 관세율을 조정하는 관세제도이다.

2. 비관세장벽

(1) 비관세장벽의 등장과 개념

비관세장벽의 등장은 GATT 창설 이후 1986년 우루과이라운드에 이르기까지 관세 기능의 약화와 개발도상국에 대한 선진국의 일반특혜관세제도(GSP)[6]의 실시로 선진국이 자국 산업의 보호를 위한 수단이 필요하게 되었다. 비관세장벽은 대부분 WTO에서 인정하지 않고 있을 뿐 아니라 실제로 비공개적이고 위장되어 있기 때문에 그 유형이나 종류는 정확히 파악하기는 어렵지만, GATT자료에 따르면 종류만 무려 5백여 종에 달하는 것으로 알려져 있다.

자유무역을 저해하는 무역장벽에는 관세장벽과 비관세장벽의 두 가지가 있다. 앞에서 설명하였듯이 관세장벽(tariff barriers)은 수입품에 관세를 부과하여 자국산업을 보호하거나 재정수입을 목적으로 하려는 것이며 비관세장벽(non-tariff barriers)은 관세장벽 이외의 모든 무역장벽을 말한다.

비관세장벽을 국제적으로 합의된 것은 없으나 대체로 학자들은 다음과 같이 정의하고 있다. 즉, 비관세장벽이란 수입물품에 대하여 비용을 증가시키거나 수입수량을 제한하고 그리고 수출업자에세 보조금이나 특혜금융 등을 제공함으로써 수출을 촉진하고 수입을 억제하는 관세 이외

6) 일반특혜관세제도(GSP: Generalized System of Preference)란 개발도상국의 수출확대와 공업화를 촉진시키기 위하여 선진국이 개발도상국에서 수입하는 농수산품과 공산품에 대해 아무런 대가 없이 영(0)관세 혹은 최혜국 세율보다도 낮은 저율의 관세를 부과하는 관세상의 특혜제도를 뜻한다.

의 모든 무역장벽이라고 정의할 수 있다.

(2) 비관세장벽의 특성

첫째, 비관세장벽의 상품별 무역제한 효과의 측정이 상당히 곤란하다. 국제간 협상에서 비관세장벽의 품목별 정책효과가 불분명하므로 어떤 협상지표를 적용할 것인가 결정하기 힘들 뿐 아니라 훨씬 더 어렵고 복잡한 문제에 봉착하게 된다.

둘째, 비관세장벽은 복잡하다. 비관세장벽은 그 내용이 매우 다르고 운용과 적용도 각 나라간에도 상당히 다양하고 복잡한 형태이다. 비관세장벽의 복잡성은 수출입 상대국간의 직접적 무역보복을 피할 수 있는 측면은 존재하고 있지만 이로 인해 무역분쟁이 잔존하기도 한다.

셋째, 비관세장벽의 개폐는 조세법률주의에 근거하는 관세와 달리 상대적으로 용이하다.

넷째, 관세장벽은 무차별적 정책이지만 비관세장벽은 차별적인 정책이다. 관세는 가격상승의 정책효과가 나타나므로 수출국가나 수출기업의 차원에서는 무차별적이지만 비관세장벽은 각종 규제에 대하여 수출국가나 수출기업 등에 대해 각각 차별화된 정책효과를 가지게 된다.

다섯째, 비관세장벽은 정보부족 및 변칙적 제도의 운영에 따른 수출기업의 불확실성을 들 수 있다. 수출업자는 정보수집이 불완전한 상태에서 수입국의 비관세장벽이 그들의 수출에 어떤 영향을 미칠지 판단하기란 매우 곤란하다. 또한 수입국의 무역정책은 언제든지 변경될 가능성이 있기 때문에 수출업자는 비관세장벽에 대해 항상 큰 위험부담을 가지고 있다.

여섯째, 비관세장벽은 효과측정의 어려움, 복잡성, 불확실성 등의 여러 특성으로 협상당사국의 양허 정도를 동일화할 수 있는 문건 작성이 어렵다. 그리고 비관세장벽은 동일한 기준이 없기 때문에 각 당사국간에 협상이 진행된다 해도 즉시 비관세장벽의 철폐가 어려우므로 비관세장벽의 완화 또는 폐지를 위한 협상에 많은 난항이 따르게 된다.

(3) 비관세장벽의 유형

비관세장벽은 각국별로 매우 다양하고 복잡해서 그 유형을 일률적으로 구분하기 쉽지 않으나, 여러 학자와 GATT에서 분류한 비관세장벽의 유형을 분석해 보면 다음과 같이 나눌 수 있다. 즉, 비관세장벽은 가격규제방식, 수량규제방식, 정부간여 규제방식, 표준 및 품질규격 등 행정적 규제방식, 제도 및 행정절차에 의한 규제방식으로 나누어 설명할 수 있다.

1) 가격규제방식

(ⅰ) 덤핑방지조치 혹은 반덤핑조치

덤핑(dumping)은 경제이론에서는 동일재화를 상이한 시장에서 상이한 가격으로 판매하는 것을 의미한다. 국제경제에서 덤핑이란 특정 수출품이 국내소비자에게 판매하는 가격보다 해외시장에서 더 낮은 수출가격으로 거래하는 것을 말한다.

덤핑방지조치(anti-dumping action) 혹은 반덤핑조치는 특정국가의 물품이 현저하게 저가로 수입되어 자국산업에 피해를 주는 등 경제적 피해를 가져올 것이라고 수입국이 판단할 경우 덤핑마진을 상쇄하기 위하여 당해 수입품에 대하여 덤핑 폭만큼 추가적으로 관세를 부과하는 조치를 말한다.

(ⅱ) 수입과징금

수입과징금(import surtax)은 수입억제, 국내산업 보호 그리고 국제수지개선을 위하여 특정 수입물품에 대하여 일정비율의 금액 또는 일정액을 징수하는 관세와 구분되는 일종의 조세를 말한다.

수입과징금 징수는 GATT하의 자유무역 중에서도 보호무역정책의 주요 수단으로 수입할당제보다 더욱 빈번하게 사용되었다. 그러나 이 제도의 도입으로 인하여 수입억제효과는 발생하지만 물가를 상승시켜 수출경쟁력을 약화시킬 수도 있었다.

이외에도 특정물품의 최저가격을 정하여 두고 수입물품의 가격이 최저가격보다 저가인 경우 추가적 조치를 취하는 것을 최저수입가격제도(trigger price system)라고 한다.

2) 수량규제방식

(i) 수입할당제

수입할당제(import quota system)는 정부가 수입비자유화품목 등 수입물품에 대한 일정기준을 마련하여 수입상품의 수량 또는 금액을 기준하여 수입을 할당하는 보호무역정책제도를 말한다. 수입할당제는 정부가 개입하는 하나로서 수입쿼터제로 약칭으로 IQ(import quota)제라고도 한다. 이 제도 도입의 목적은 국내 유치산업육성, 기존산업 보호, 국제수지 개선이다.

수입할당제는 첫째, 수출국과 수입국이 상호 협의를 거쳐 할당에 관한 협정을 체결하고 이에 따라 수출국의 정부 또는 산업단체에 수출량의 배분을 위임하는 협정할당제(bilateral import quota system)와 둘째, 수입국이 수입수량을 일방적으로 결정하는 수입할당조치를 취하는 자주할당제(unilateral import quota system)가 있다.

수입할당제는 프랑스가 1931년 처음 시행한 이후 세계 여러 나라에서 대공황에 대한 대책 또는 프랑스에 대한 보복조치로서 폭넓게 시행되었다. 그러나 IMF나 GATT에서는 보호무역의 대표적 조치인 수입할당제를 금지하는 규정을 각각 시행하고 있다.

(ii) 수출자율규제

수출자율규제(VERs: Voluntary Export Restraints)는 수출국이 스스로 특정상품의 수출이 과도하게 이뤄지지 않도록 사전적으로 조절하는 조치를 말한다. 이 조치의 목적은 먼저, 특정 자국 수출상품이 특정 수출시장에 지나치게 집중되어 자국 수출기업간 과당경쟁으로 인하여 부작용발생을 사전에 방지하는 기능, 둘째, 특정품의 수출이 동시에 이루어져 수입국의 수입규제를 유발시킬 가능성이 큰 경우 자율로 규제하는 기능, 그리고 셋째, 선진국들의 수입규제를 강요하기 위한 수단으로 널리 이용되는 기능 등이다.

수출자율규제는 1950년 이후 미국이 일본으로부터 섬유수입을 줄이기 위해 실시한 적이 있고, 근래 우리나라 · 대만 · 홍콩 · 싱가포르 등으로부터 철강, 신발 등 기타 물품수입을 규제하기 위해 사용하고 있다. 수출자율규제가 성공하면 세입효과 이외는 수입할당제와 유사한 경제적 효과를 이룰 수 있다.

(ⅲ) 시장질서유지협정

시장질서유지협정(OMAs: orderly marketing agreements)은 수입국이 수출국과 협정에 따라 특정물품의 무역을 자율적으로 규제하는 협정이다. 즉 시장질서유지협정은 수출자율규제와 같이 수출국이 수입국의 수입증가로 인한 시장교란을 사전에 예방하기 위한 수출입국가간 협정에 따라 규정된 수출량의 범위 내에서 시행하는 수출의 자율적 규제조치이다. 만약 수출국이 할당량을 초과하여 수출할 때는 수입국으로부터 수입할당제의 적용을 받는다. 이 제도는 1974년의 미국 통상법 201조에 의거하여 미국과 특정 수출상품국간에 수입상품 수량을 규제하기 위하여 체결하는 협정이 시작이었다. 즉 미국내의 시장질서유지를 위해 질서있는 수입을 할 수 있도록 하는 것이 목적이었다.

이외에 수입할당제에는 수입업자가 수입물품을 수입할 때 수입대금의 일부 또는 전부를 사전에 관련금융기관에 예치하도록 하는 제도인 수입예치금제와 비경제적 · 경제적인 사유로 특정물품에 대하여 수입금지하는 극단적인 수입억제조치인 수입금지제 등이 있다.

3) 정부간여 규제방식

정부간여(government participation in trade) 규제방식으로는 생산 및 수출보조금, 정부구매 등이 이에 속한다.

(ⅰ) 생산보조금

정부 또는 공공기관이 자국산업의 보호·육성방안과 특정 외국상품의 수입억제를 위하여 제도적인 지원 및 보조금을 지급한다. 이 때 지급하는 보조금을 생산보조금(production subsidy)이라 한다. 우리나라도 중소기업자금·무역금융자금·어업자금 등 수출장려제를 통하여 수출을 활성화시키고 있다.

(ⅱ) 수출보조금지급

수출보조금(export subsidy)은 국가 또는 공공기관이 자국물품의 수출 활성화를 위하여 자국 수출기업이나 수출업자에게 제공하는 재정적 지원금을 말한다. WTO에서는 수출장려금이나 보조금이 자유무역을 저해할 우려가 있다고 생각하여 상계관세 등의 각종 대응조치를 만들었다.

(ⅲ) 정부구매

정부구매(government procurement)는 어느 국가가 정부행정의 집행을 위해 요구되는 물품이나 공적업무를 수행하는 데 필요한 물품을 구매하는데 자국생산물을 우선 구입하는 반면 외국생산물을 차별화하여 구매하는 것을 말한다.

대표적 법률은 1933년 미국의 바이아메리칸 법(Buy American Act)이다. 즉, 미국 정부가 군수물을 매입하면 미국기업에 대하여 50%의 특혜 마진을 주고 비군수물의 경우는 14%의 특혜 마진을 주도록 하는 가격특혜규정이 있었다. 그리고 이 법에는 자금과 선박을 통한 수송 등에도 미국물품을 사용하도록 하는 강제규정이 있었다.

오늘날 대다수의 선진국 정부의 정부구매는 국제교역에 큰 영향을 끼치고 있으므로 이러한 정부구매는 비관세장벽의 주요 정책수단의 하나가 되고 있다.

이 외에 많은 개발도상국은 외환을 중앙은행에 집중시켜 외환을 관리함으로써 수입을 억제하고 있으며, 사회주의국가들은 국영무역을 통해 무역을 제한하고 있다.

4) 표준 및 품질규격 등 행정적 규제방식

(ⅰ) 원산지규정

원산지규정(rules of origin)은 특정국이 상대국 수입물품의 원산지(country of origin)를 규명함으로써 관세특혜의 적합성여부를 판단하는데 필요한 여러 가지 기준이나 절차 등의 제도를 말한다. 원산지규정은 국가마다 다를 뿐만 아니라 그 자체의 적용가능성도 차별화시키므로 원산지규정이 무역장벽의 기능을 할 수 있다.

원산지규정은 적용목적에 따라 특혜원산지규정(preferential rules of origin)과 비특혜원산지규정(non-preferential rules of origin)으로 분류된다. 특혜원산지규정이란 NAFTA, EU 등 특정 나라사이에 관세특혜를 부여하는 FTA의 운영 등 특정 나라군을 상대로 해서 관세에 대한 특혜를 적용하는 경우에 사용한다. 즉 관세에 대한 특혜에 대한 해당국을 정확히 인식함으로써 비수혜국의 잘못된 특혜를 사전에 방지하고 이 프로그램특혜의 수확을 얻기위한 것이라고 볼 수 있다. 비특혜원산지규정은 국제간 교역 중 제품의 원산지를 판별할 목적으로 사용하는 방법이다. 즉 특정 나라로부터 수입제한을 시행할 때 원산지의 판별이 요구되므로 당해정책의 운영상 원산지규정이 필요하다. 또한 상계관세 및 반덤핑관세를 적용할 때도 원산지의 판별과 제소대상인 제품과의 유사제품(like products) 및 국내산업(domestic industry)에의 존재유무를 확인하는데도 원산지규정이 요구된다.

(ⅱ) 선적전검사제도

선적전검사제도(preshipment inspection system)는 수입국 정부가 지정

한 전문검사기관이 수입품의 수량, 품질, 가격의 적정성 등을 수출국에서 물품을 선적 전에 수출국 현지에서 검사하고 동 검사 결과에 의거하여 수입국 도착 후 물품이 통관하거나 일정한 관세를 부과하는 제도이다. 이 제도는 개발도상국 정부, 공공기관 그리고 기업 등이 물품을 수입할 때 수출국가의 관세평가능력의 한계에 따라 세관업무능력이 부족할 수 있다는 이유로 관세포탈방지를 목적으로 하기도 한다.

(ⅲ) 무역에 관한 기술적 장벽

무역에 관한 기술적 장벽(agreement on technical barriers to trade: TBT협정)은 특정상품에 대한 표준화제도의 차이에 따라 발생할 수 있는 국가간 상품이동에 대한 장애를 말한다. WTO의 TBT 협정에는 기술적 장벽을 포장, 표시, 등급표시를 포함한 기술규정 및 표준 그리고 적합판정절차가 국제무역에 불필요한 장애가 되는 것으로 암묵적으로 정의를 하고 있다. 이 협정은 원래는 무역을 제한하기 위해 제정한 것은 아니지만 현재 무역장벽의 수단으로 사용되고 있다.

기타 제도 및 행정절차에 의한 규제방식으로는 수입허가제를 통한 각종 증빙서류의 과다청구하거나 통관절차의 복잡화 등이 있다.

여기에서 수입허가제(import license system)는 특정물품을 수입할 경우 정부의 허가를 받아야 하는 제도를 말한다. 즉, 수입허가제는 원래 수입금지 상품을 수입을 가능하게 해주는 것이다. 정부는 일정기간 수출입 계획을 세워놓고 이에 맞추어 수입을 허가해 주게 된다. 수입허가방법은 일반적 포괄허가제와 개별적 허가제로 구분된다. 일반적 포괄허가제(또는 자동승인제)를 AA제(Automatic Approval license)라 하고 개별적 허가제(또는 외화할당제)를 FA제(Foreign exchange Allocation system)라고 한다. 일반적 포괄허가제는 허가품목표에 등재된 물품을 수입할 때는 따로 허가신청을 할 필요가 없는 제도이며, 개별적 허가제는 특정 물품을 수입할 경우 사전에 수입허가를 꼭 받아야 하는 제도이다.

제3장 연습문제

1. 해외로부터 수입을 제한하거나 금지시키기 위하여 관세를 높이거나 다른 무역장벽을 설치하여 해외무역에 대해 제한하거나 통제하는 행위와 관련이 없는 것은?

① 보호무역주의 ② 관세인상
③ GATT ④ 리스트

2. 다음 중 관계가 없는 것을 선택하라.

① 고전학파 ② 역사학파
③ 유치산업보호론 ④ 독일

3. 해당국의 경제발전단계의 후진성 때문에 발달하지 못하였으나 미래에 성장가능성이 있는 산업을 무엇이라 하는가?

① 공업 ② 유치산업
③ 자유경쟁산업 ④ 농수산업

4. 후진자본주의국가인 독일은 국가발전을 위하여 영국의 고전학파에 대항하는 새로운 경제사상을 수립하지 않을 수 없었는데, 이러한 사상을 주도한 집단은?

① 자본가 ② 관료
③ 노동자 ④ 상공인

5. 영국의 여성 경제학자 로빈슨(J.V. Robinson)이 사용한 용어로 다른 나라의 희생을 바탕으로 자기 나라의 경기회복이나 경제성장을 회복하기 위한 보호주의적 국제경제정책은?

① 공업보호정책 ② 유치산업보호정책
③ 근린궁핍화정책 ④ 자유주의무역정책

6. 다음 중 정식적으로 출범하지 못한 것은?

① GATT ② IMF

③ IBRD ④ ITO

7. GATT체제를 설명하는 것 중 틀린 것은?

① GATT는 제1차 대전 후 IMF와 함께 자유무역의 토대가 되었다.

② GATT는 관세 완화 및 철폐, 수출입제한 철폐를 통하여 세계무역의 확대에 많은 역할과 기능을 하게 되었다.

③ GATT체제 하에서 세계의 무역규모는 놀랄 정도로 증가하였다.

④ 세계 무역규모의 증대 등으로 인하여 개도국의 무역증대를 위한 주요 기능도 포함하게 된다.

8. 경제활동이 침체 상태에 있는데도 불구하고 끊임없이 물가가 상승되는 상태가 유지되는 저성장 · 고물가 상태의 침체를 뜻하는 용어는?

① 인플레이션 ② 디플레이션

③ 스태그네이션 ④ 스태그플레이션

9. 1970년대 신보호무역주의가 등장하게 된 배경은?

① 석유파동에 따른 자원파동 ② 물가앙등에 따른 식량파동

③ 수요증가에 따른 공산품파동 ④ 환경오염에 따른 물가폭등

10. 보호무역주의와 신보호무역주의의 차이는?

① 보호무역주의는 광산품의 보호이고 신보호무역주의는 농산품의 보호이다.

② 보호무역주의는 농산품의 보호이고 신보호무역주의는 광산품의 보호이다.

③ 보호무역주의는 개도국의 보호이고 신보호무역주의는 선진국의 보호이다

④ 보호무역주의는 선진국의 보호이고 신보호무역주의는 개도국의 보호이다

11. 신보호무역주의의 등장배경으로 보기 힘든 것은?

① 세계무역의 구조변화와 산업구조조정의 지연 등이 원인이다.
② 세계경제의 지속적인 불황이 원인이다.
③ 미국경제의 퇴보와 세계경제의 다극화가 그 원인이다.
④ 국제수지의 균형과 지속성을 이루려는 것이 그 원인이다.

12. 1960~1970년대에 급격하게 경제성장을 이룬 한국 · 홍콩 · 싱가포르 · 대만 등의 나라들을 지칭하는 용어는?

① EU ② USMCA
③ NICs ④ APEC

해설 USMCA(United States-Mexico-Canada Agreement): 미국-멕시코-캐나다협정으로 NAFTA를 대체하는 새로운 무역협정

13. 다음 중 신보호무역주의의 특성이 아닌 것은?

① 보호무역의의 수단으로서 비관세장벽이 등장하게 되었다.
② 보호대상 산업은 주로 국제경쟁력을 상실한 사양산업이 중심이었다.
③ 선진국 주도의 보호무역주의였다.
④ 첨단 및 기술집약산업 등의 전략산업 또는 핵심 산업의 보호정책에서 제외되었다.

14. 다음 중 오일쇼크(Oil Shock)와 관련이 없는 것은?

① 스태그플레이션 ② 자원민족주의
③ 자유무역활성화 ④ OPEC

15. 다음 중 일반적으로 관세의 성격이 아닌 것은?

① 관세는 내국세와 동일한 조세로 국가가 징수주체이다.
② 관세는 담세자와 납세자가 동일한 직접세이다.
③ 관세는 수입품에 부과되는 것이 일반적이지만 수출품에 부과되는 경우도 있다.
④ 사치품에 대해 고관세화하는 이유는 국민생활의 안정과 수입을 억제하기 위해서이다.

16. 종가세의 장점이 아닌 것은?
① 관세의 적용이 수입상품가격에 따라 균등하고 공평하게 부담할 수 있는 조세이다.
② 상품의 시장가격의 변화와 상관없이 과세부담의 균형을 항상 유지할 수 있다.
③ 수출국마다 상품의 가격이 달라 관세액의 차이가 발생할 수 있다.
④ 물가상승이 일어나도 세율을 조정하지 않아도 세수입을 안정적으로 확보할 수 있다.

17. 다음 중 물품의 수량을 기준으로 과세표준을 정하는 관세는?
① 종가세 ② 종량세
③ 선택세 ④ 복합세

18. 다음 중 성격이 다른 하나는?
① 재정관세 ② 수입관세
③ 세입관세 ④ 보호관세

19. 다음 중 성격이 다른 하나는?
① 협정관세 ② 국정관세
③ 일반관세 ④ 자주관세

20. 다음 중 관련이 없는 하나는?
① 차별관세 ② 할증관세
③ 할인관세 ④ 특혜관세

21. 다음 중 탄력관세에 해당되지 않는 것은?
① 덤핑방지관세 ② 상계관세
③ 편익관세 ④ 재정관세

22. 다음 중 탄력관세에 해당되지 않는 것은?
① 차별관세 ② 보복관세

③ 긴급관세　　④ 조정관세

23. 다음 중 특정 상품에 대해 영(0)세 또는 저율의 관세를 부과하다가 일정량 또는 일정금액 이상의 수입에 대해 기본세율 또는 고율의 관세를 부과하는 이중관세율을 적용하는 관세는?

① 보복관세　　② 물가형평관세
③ 할당관세　　④ 계절관세

24. 수입자유화율의 상향으로 자유화된 특정상품의 수입이 지나친 증가로 자국경제에 많은 영향을 미치거나 자국민의 소비형태를 혼란시킬 경우 관세율을 상향조정하여 수입억제를 위한 탄력관세는?

① 할당관세　　② 조정관세
③ 계절관세　　④ 물가형평관세

25. 다음 중 탄력관세의 정책목표가 아닌 것은?

① 국제수지안정　　② 자유경제활성화
③ 물품수급의 안정성 유지　　④ 국내산업보호

26. 다음 중 개발도상국의 수출확대와 공업화를 촉진시키기 위하여 선진국이 개발도상국에서 수입하는 농수산품과 공산품에 대해 아무런 대가 없이 영(0)관세 혹은 최혜국 세율보다도 낮은 저율의 관세를 부과하는 관세상의 특혜제도는?

① 비관세장벽　　② 조정관세
③ 할당관세　　④ GSP

27. 다음 중 비관세장벽의 특성이 아닌 것은?

① 비관세장벽의 상품별 무역제한 효과의 측정이 상당히 곤란하다.
② 비관세장벽은 복잡하다.
③ 비관세장벽의 개폐는 조세법률주의에 근거하는 관세와 달리 상대적으로 복잡하다.

④ 관세장벽은 무차별적 정책이지만 비관세장벽은 차별적인 정책이다.

28. 다음 중 가격규제방식의 비관세장벽은?

① 반덤핑조치 ② 수입할당제
③ 수출자율규제 ④ 시장질서유지협정

29. 다음 중 정부간여규제방식의 비관세장벽이 아닌 것은?

① 생산보조금 ② 수출보조금지급
③ 수출자율규제 ④ 정부구매

30. 다음 중 1933년 미국의 바이아메리칸 법(Buy American Act)과 관련이 있는 제도는?

① 생산보조금 ② 수출보조금지급
③ 수출자율규제 ④ 정부구매

31. 상계관세 및 반덤핑관세를 적용할 때와 제소대상인 제품과의 유사제품 및 국내산업에의 존재유무를 확인하는 비관세장벽은?

① 원산지규정 ② 선적전검사제도
③ 무역에 관한 기술적장벽 ④ 시장질서유지협정

32. 개발도상국 정부, 공공기관 그리고 기업 등이 물품을 수입할 때 수입국가의 관세평가능력의 한계에 따라 세관업무능력이 부족할 수 있다는 이유로 관세포탈방지를 목적으로 하는 제도는?

① 원산지규정제도 ② 선적전검사제도
③ 무역에 관한 기술적장벽제도 ④ 시장질서유지협정제도

33. 특정상품에 대한 표준화제도의 차이에 따라 발생할 수 있는 국가간 상품이동에 대한 장애를 뜻하는 제도는?

① 원산지규정제도 ② 선적전검사제도
③ 무역에 관한 기술적장벽제도 ④ 시장질서유지협정제도

34. 다음 중 보호주의무역의 수혜를 가장 많이 받는 사람은 누구인가?

① 국내소비자 ② 해외소비자
③ 해외생산자 ④ 국내생산자

35. 다음 중 보호관세를 의미하는 내용은?

① 국내에서 생산하는 상품을 보호하는 관세이다.
② 해외에서 생산하는 상품을 보호하는 관세이다.
③ 선진국에서 생산하는 상품을 보호하는 관세이다.
④ 개발도상국에서 생산하는 상품을 보호하는 관세이다.

36. 다음 중 수입품에 대하여 고율의 관세를 부가하면 어떤 현상이 일어나는가?

① 국제수지가 악화될 것이다.
② 수입품의 국내수요량에는 변화가 없을 것이다.
③ 수입업자가 유리해 질 것이다.
④ 수입품의 판매가격이 상승할 것이다.

37. 다음 중 관세의 인상과 관련성이 높은 것은?

① GATT ② WTO
③ 최혜국원칙 ④ 무역장벽

38. 다음 중 19세기의 국제무역의 특징은?

① 무역에 대한 광범위한 규제장벽
② 국제교역시 금본위제 중심으로 운용
③ 환율의 정부개입의 통제정도가 높음
④ 국제교역량의 정부통제

39. 다음 중 근린궁핍화정책의 내용이 아닌 것은?

① 포괄적인 외환통제를 실시한다.
② 환율을 인상시킨다.
③ 수입할당량을 통하여 수입을 억제한다.

④ 수입상품에 대한 보호관세율을 올린다.

40. 다음 중 해외시장에서 타국과 경쟁을 위하여 생산원가 이하로 상품 판매하는 것을 무엇이라고 하는가?

① 소매가격 ② 도매가격
③ 국제가격 ④ 덤핑가격

41. 보호무역주의를 주장한 경제학파는?

① 고전학파 ② 역사학파
③ 마르크스학파 ④ 한계효용학파

42. 다음 중 역사학파의 특징을 설명한 내용이 아닌 것은?

① 수확체감의 법칙을 중요시하였다.
② 국가와 개인은 별개의 조직으로서 개인의 이기심은 사회의 이익의 밑에 두어야 한다고 주장하였다.
③ 이론의 일반적인 연구 대신에 구체적인 역사자료의 분석에 중점을 두었다.
④ 경제현상을 일반문화현상과 대등한 위치에서 그 유기적인 측면을 중시하였다.

43. 다음 중 보호무역정책과 관계가 없는 것은?

① 수입과징금 ② 소비억제
③ 유치산업보호 ④ GATT

44. 만약 수입자동차에 대하여 고관세를 부과할 때 발생될 수 있는 기대효과에 대한 설명으로 바른 것은?

① 국내소비자의 후생복지가 증대된다.
② 수입자동차의 소비가 증가한다.
③ 수입국의 국내회사에서 생산하는 자동차 수는 증가한다.
④ 수입국 국내 자동차생산기업의 고용이 감소한다.

45. 일반적으로 관세부과의 효과에 대한 다음 설명 중에서 옳지 않은 것은?

① 관세부과상품에 대한 국내소비를 감소시킨다.

② 관세부과로 국제수지가 악화된다.

③ 관세부과상품과 유사한 국내상품의 생산기업의 생산증대효과가 나타난다.

④ 관세부과로 재정수입증대효과가 있다.

46. 다음 중 비관세장벽의 특성 중 바르게 설명하고 있지 않은 것은?

① 관세와 비교하여 효과측정이 쉽다.

② 관세와 비교하여 유형이 다양하고 복잡하다.

③ 관세와 비교하여 불확성으로 인하여 그에 따른 위험성이 존재한다.

④ 관세와 비교하여 협상의 곤란성이 존재한다.

47. 다음 중 보호무역의 성격과 거리가 먼 것은?

① 관세율 인상　　② 비관세장벽강화

③ 무역자율화　　④ 수입제한

48. GATT나 WTO에서 금지하고 있는 제도인데 우리나라에서는 영화 상영과 관련하여 시행되고 있는 비관세장벽은?

① 수입허가제도　　② 특혜관세

③ 원산지규정　　④ 쿼터제도

49. 19세기에 들어와 보호무역주의를 체계화한 사람은 리스트와 바그너로서 이들의 주장과 다음 중 관계가 먼 것은?

① 자국의 유치산업을 보호육성

② 수입증대를 통한 고용축소

③ 국내경기의 활성화로 임금 안정

④ 기간산업을 육성

50. 다음 중 관세와 관련한 설명으로 옳지 않은 것은?

① 관세는 한 국가의 관세선을 통과하는 상품에 부과하는 조세이다.

② 관세는 내국세와 같은 조세의 일종으로 징수주체는 국가이다.
③ 관세는 관세선을 통과하는 물품에만 부과되는 대물세이다.
④ 관세는 납세자와 담세자가 동일한 직접세의 일종이다.

51. 다음 중 관세에 대한 설명으로 옳지 않은 것은?

① 관세는 생활필수품보다는 사치품에 중과하는 것을 원칙으로 한다.
② 관세는 납세자와 담세자가 동일하지 않은 간접소비세이다.
③ 관세는 국경선을 통과하는 모든 물품에 부과된다.
④ 수시세의 성격을 지니고 있다.

52. 다음 중 무역장벽으로 보기 어려운 것은?

① 반덤핑조치　　② 수출보조금
③ 수출자율규제　　④ 수입할당제

제4장
국제경제환경의 변화

제1절 GATT

1. GATT의 등장[1)]

1920년대부터 세계경제는 불황에 빠지게 되면서 세계 각국은 외국의 수입품 규제를 위하여 환율 인상 · 임금 인하 · 수출보조금 지급 · 관세율 인상 등의 자국중심의 보호주의 무역정책 수단을 채택하게 된다. 자국중심의 국제무역정책은 1914~18년 사이에 발발한 제1차 세계대전과 1929년 미국에서 시작된 세계 대공황으로 인하여 더욱 강화되고 다양화되었다. 그 결과 세계 각국은 자국 경제위기를 극복하기 위하여 근린궁핍화정책을 경쟁적으로 도입하게 된다. 당시 이 정책은 세계경제가 위기에 빠진 각 나라가 불황을 벗어나기 위하여 주로 사용하였던 국제수지 개선책이었다. 근린궁핍화정책의 도입 결과로 다시 특정국가에 악영향을 미쳐 세계무역은 더욱 침체되고 국제경제의 불황은 이 정책을 사용할 때보다 더욱 악화되는 악순환을 거듭하게 된다. 당시 세계 각국의 극심한 보호무역주의의 시행으로 세계무역량은 급감하고 세계경제는 더욱 위기에 빠지게 되어 제2차 세계대전이 발발하게 된다.

제2차 세계대전이 끝나면서 국제경제정책도 보호주의 무역정책시대에서 자유무역주의 정책시대로 바뀐다. 자유무역의 활성화를 위해서 '관세 및 무역에 관한 일반협정', 즉 GATT가 창설되었다. GATT는 1947년 당시 제네바에서 열린 국제무역기구 즉 ITO헌장회의와 함께 회의참가국 간에 잠정적으로 체결된 후 1948년 1월에 정식 발효된 협정이었다. 당시 미국의 반대 등으로 인하여 ITO헌장은 비준되지 않아 ITO는 성립되지 않았고 GATT는 ITO 대신 전후의 국제무역의 기본적인 법적 구조를 제공하는 역할을 맡게 된 것이다.

1) 3장의 내용을 간략히 정리하였음.

GATT는 제2차 대전 후 세계 통화질서 안정의 기초가 된 IMF와 함께 자유무역의 토대가 되었다. GATT체제를 바탕으로 세계경제는 고도성장과 안정 기조를 동시에 유지하게 되었다. GATT체제 하에서 세계의 무역규모는 놀랄 정도로 증가하였으며, GATT는 자유무역의 활성화에 크게 기여하였다. 또한 세계경제는 1960년대 후반까지 지속적으로 호황을 누리게 되었다. 그리고 발족 당시 GATT의 기능은 다수의 선진국을 중심으로 한 국제기구였다. 그러나 세계 경제의 방향변화와 세계 무역규모의 증대로 인하여 개발도상국의 무역증대를 위한 주요 기능을 포함하게 된다.

GATT는 우루과이라운드(UR)에서 명칭이 'GATT 1944'로 바뀌었으나 1995년부터 출범한 WTO체제하에서도 상품교역에 관한 규범으로 지속적으로 존재하고 있다. UR에서 일부 선진국은 GATT의 몇몇 조문을 바꾸었으나 내용은 근본적으로 바꾸지는 않았다. 단지 GATT 규정과 WTO 규정이 충돌되는 경우 WTO협정 규정이 우선 적용되고 있다.

2. GATT의 일반원칙과 규정

GATT는 보호무역주의에 대한 반성에서 출발하였으며 그 바탕에는 자유무역에 대한 강한 실천 의지가 깔려 있었다. 즉 GATT의 설립 목적은 자유무역의 확산과 무차별적 세계무역의 확대를 통하여 세계 경제성장과 번영을 이루고자 하는 것이었다.

GATT 규정은 전문, 본문 38개 조문 그리고 부속서 3개 부문으로 구성되어 있다. 전문은 GATT의 목적을 규정하고 있다. 그리고 본문 38개조는 4부로 나누어져 있다. 제1부인 제1조와 제2조는 관세 및 무역절차에 관한 내용으로서 최혜국대우와 관세양허표[2]에 관한 규정이다. 제2부

2) GATT 규정에 따라 가맹국간에 합의한 관세양허의 내용을 정리한 표를 말한다. 그리고 관세양허(tariff concession)란 다자간 협상을 거친 국제적으로 공인된 관세로서,

인 제3조부터 제23조까지는 무역자유화를 위한 여러 규정으로서 수입제한의 원칙적 금지, 보조금 금지 그리고 정부의 무역규제금지 등에 관한 조항과 이에 대한 예외규정을 명시하고 있다. 제3부인 제24조부터 제35조까지는 GATT의 운영절차 및 가맹국 탈퇴에 관한 규정이다. 제4부인 제36조부터 제38조까지는 개도국에 대한 특혜를 주어야 한다는 규정이다. GATT는 당시 여러 문제점을 가지고 있었지만 자유무역의 원칙과 규칙을 바탕으로 1970년대 초반까지 자유무역의 활성화에 기여하였다.

GATT 규정에 근거한 GATT의 일반원칙은 제1부에 의거하면 최혜국대우의 원칙과 다자주의원칙과 제2부에 따르면 무역자유화원칙임을 알 수 있다.

첫째, 최혜국대우(most favoured nation treatment)란 GATT 가맹국은 특정한 나라에 대해서 다른 나라보다 특혜를 베풀어서는 안된다는 원칙이다. 즉, GATT에 참여한 모든 나라에 대해서 무역거래에 있어 동일한 지위를 보장해야 한다는 것으로 이 규정은 GATT에 참여한 나라들은 차별을 받지 않는다는 의미에서 '무차별대우의 원칙'(non-discrimination principle)이라고도 한다.

둘째, 다자주의원칙(multi-lateralism principle)은 GATT가 규정하는 국가간 무역에서도 문제가 존재할 수밖에 없다는 인식에서 시작한 것으로 무역문제에 있어 국제적 분쟁이 있을 때 그 분쟁을 분쟁당사국간에 해결할 것이 아니라 GATT 가맹국이 나서 다자간 입장에서 문제를 해결해야 한다는 것을 의미한다.

셋째, 무역자유화원칙이란 무역자유화를 위하여 GATT는 관세율을 낮추는 데 노력을 집중하면서 가맹국가간에 결정된 관세율은 GATT에 통보되며 모든 가맹국가에 무차별적으로 적용하고, 가맹국간의 호혜주의에 따라 가맹국간에 관세의 차별적 대우는 철폐한다는 원칙이다. 그리고 자

가맹국간에 관세를 일정세율 이상으로 인상하지 않겠다는 국제적 · 국가간의 합의(commitment)를 의미한다.

유무역을 관세보다 더욱 저해하는 것은 수출입제한조치이므로 GATT는 무역제한조치를 철폐하여 무역확대를 위하여 노력하였다.

3. GATT의 다자간협상의 경과 및 성과

GATT는 관세 및 비관세무역장벽과 같은 무역장벽의 철폐를 위하여 여러 차례의 다자간협상을 실시하였다. 그 결과 GATT 출범 초기 가맹국들의 평균관세율은 약 40% 내외였으나 1990년대에는 약 5%로 그 성과를 나타냈다.

제7차 협상인 도쿄라운드에서는 관세율 인하뿐만 아니라 비관세장벽에 대한 협의를 하였다. 도쿄라운드의 결과 관세율을 인하시켰고 비관세장벽도 많이 완화시켰다. 그러나 GATT의 무역예외조치인 긴급수입제한조치를 이용한 무역규제는 각 나라들마다 지속화되었다. 결국 1980년대 들어 GATT의 한계를 극복하기 위하여 우루과이라운드를 거쳐 체계적인 세계무역질서를 확립하기 위한 국제기구인 WTO가 1995년 1월1일에 정식 출범하게 된다.

(1) 제1차 협상부터 도쿄라운드까지의 협상 성과

1) 케네디라운드까지의 협상 성과

GATT의 제1차 협상부터 제6차 가맹국간의 다자간협상인 케네디라운드까지는 선진국들간의 관세율인하가 주요 내용이었다. 협상의 초기에는 2개국간 상호양허로 진행되었는데 이 과정을 거치면서 양허내용은 최혜국대우원칙에 의거하여 모든 가맹국에게 동시에 적용하게 된다. 케네디라운드까지 다자간협상 결과 가맹국간에 약 30,000여 품목에 대하여 관세율을 평균 35% 인하에 합의하였다. 그리고 개도국에 대한 식량원조를 실시하기로 하였고 덤핑방지관세 등의 조문에 대한 구체적인 절차규정을 제정하였다는 점 등을 들 수 있다. 즉 케네디라운드까지의 성과는 기존의 나라별, 품목별 협상방식을 지양하고 일률적인 관세의 대폭인하에 대한 가맹국의 합의를 이끌어 낸 것이다.

2) 도쿄라운드 성과

도쿄라운드에서는 비관세장벽을 포함한 모든 무역장벽의 완화 내지 폐지를 목표로 하였다. 그 결과 관세율인하 및 비관세장벽의 완화에도 성과가 있었다. 도쿄라운드의 주요 성과를 보면 다음과 같다. 첫째, 케네디라운드는 관세율의 고저와 관계없이 일괄인하방식을 채택한 반면, 도쿄라운드에서는 관세율이 높은 품목은 크게, 낮은 품목은 적게 인하하는 방식을 선택하였다. 그 결과 GATT 가맹국은 약 27,000여개 품목의 관세를 평균 33% 인하에 성공하여 선진주요국의 평균관세가 7%에서 4.7%로 되었다. 둘째, 도쿄 라운드는 특히 비관세장벽의 철폐에 중점을 두어 보조금, 상계관세, 관세평가, 정부조달, 수입허가절차, 덤핑방지 등의 협정이 이루어 졌다. 셋째, 개도국에 대한 우대협정인 일반특혜관세제도(GSP: Generalized System of Preference)의 합법성을 인정하였고, 개도국에 대한 비관세장벽의 우대조항을 실시하였고 그리고 개도국간에는 우대조치를 취할 수 있다는 사항 등에 합의하였다.

표 4-1 GATT의 다자간협상 경과

협상	별칭	협상기간	참가국수	개최지
1		1947.4.~10.	23	스위스 Geneva
2		1949.4.~10.	32	프랑스 Annocy
3	관세교섭	1950.9.~1951.4.	34	영국 Torquay
4		1956.1.~5.	22	스위스 Geneva
5	딜론라운드	1961.5.~1962.7.	23	스위스 Geneva
6	케네디라운드	1964.5.~1967.6.	54	스위스 Geneva
7	도쿄라운드	1973.9.~1979.4.	102	일본 Tokyo
8	우루과이라운드	1986.9.~1993.12.	117	우루과이 Punta del Este

도쿄라운드의 주요 성과는 비관세장벽의 완화와 세계무역구조에 대해서 본격적 논의를 시작한 것이라고 할 수 있다. 이러한 성과에도 불구하고 개발도상국보다는 선진국 중심의 의견이 주로 반영되었으며, 그리고 보호무역주의에 대한 대응을 충분히 논의하지 못해서 선진국의 이해관계를 반영하는 비관세장벽은 여전히 상존하게 되었다.

(2) 우루과이라운드

1) 우루과이라운드 등장배경과 목적

1986년 9월 우루과이 푼타 델 에스테(Punta del Este)에서 개최된 GATT 각료회의에서 향후 4년간 여러 가지 무역협상에 관해 새롭게 논의할 것을 발표함으로써 우루과이라운드(Uruguay Round: UR)가 시작하였다. UR의 시작 배경은 다음과 같다. 즉, 첫째, 도쿄라운드까지 7차에 걸친 GATT의 협정에도 불구하고 보호무역주의가 일반화된 상태였고, 둘째, GATT는 국제기구가 아닌 단순 협정에 따른 한계, 의사결정방법이 만장일치제인 제약 그리고 국제분쟁발생 시 사법권의 부재로 문제해결능력의 부족으로 GATT의 역할 약화 및 위상이 크게 낮아졌고, 셋째, 세계무역환경에서 공산품뿐만 아니라 서비스 및 농산물에 대한 국제적 규범의 필요성에 따라 GATT기능의 개편 필요성이 대두되었고, 넷째, 제2차 석유파동에 따라 스태그플레이션이 확산되어 세계적으로 경기침체가 심화되는 이유로 무역불균형이 선진국과 개발도상국간뿐만 아니라 선진국간에도 심화되어 보호무역주의가 더욱 강화되었기 때문이었다.

UR의 목적은 국제무역에 있어서 무역자유화의 확대, GATT기능강화 및 규정수정, 새로운 분야에 대한 다자간 기준마련, 신흥공업국(NICs) 등의 새로운 경제권과 새로운 무역환경을 수용하는 다자간 무역질서의 정립 등을 통해 1990년대 및 2000년대의 세계무역질서를 새롭게 하려는 것이었다.

2) UR의 협상체계와 의제

(ⅰ) 협상체계

UR의 협상체계는 무역협상위원회(Trade Negotiation Committee: TNC)에서 다자간협상을 총괄하고 그 밑에 상품협상그룹(Goods Negotiation Group: GNG)과 서비스협상그룹(Service Negotiation Group: SNG)을 두었다. 또한 감시기구를 두어 GATT규정과 상반되는 기존 조치들을 동결 또는 폐지한다는 각료회의의 합의내용에 대한 실행 여부를 감시하도록 하였다.

(ⅱ) 주요 의제

1986년 우루과이에서 시작된 UR의 의제는 상품협상그룹 14개 분야와 서비스협상그룹 등 총 15개 분야의 협상의제로 광범위하였다. 협상에 참여하는 국가의 수가 117개국으로 사상 최대였다.

상품협상그룹은 ① 시장개방분야 6개 의제: 관세, 비관세장벽, 농산물, 섬유, 열대산품, 천연자원, ② GATT 규정분야 의제: 다자간무역협상(Multilateral Trade Negotiation: MTN), 보조금·상계관세, 긴급수입규제조치, GATT 기능강화, GATT 조문개선, 분쟁해결절차, ③ 새로운 분야: 지적재산권,[3] 무역관련 투자시책 등으로 나누어져 있고, 상품협상그룹과

---

3) 지적재산권(intellectual property right)은 인간의 정신적인 창작활동의 소산에 대한 재산권을 말하며 크게 저작권과 산업재산권(특허권은 실용신안권, 의장권, 상표권으로 구성)으로 나뉜다.

- 특허권은 특허법·실용신안법·디자인보호법에 의하여 특허권자가 독점적·배타적으로 발명·실용신안 또는 디자인에 관하여 가지는 지배권이다. 1996년 6월부터 특허의 존속기간은 출원일로부터 20년으로 되어 있다.
- 실용신안권(utility model right)은 공업소유권의 일종으로 실용신안법에 의하여 실용신안을 등록한 자가 독점적·배타적으로 그 실용신안 상에 가지는 지배권을 말하는 것으로 산업상 이용할 수 있는 물품의 형상·구조 또는 조합에 관한 고안으로서 특허청에 이를 등록함으로써 권리에 대한 효력이 발생한다. 실용신안권의 존속기간은 실용신안등록출원일로부터 15년으로 한다.
- 의장권(design right)은 산업적 물품 또는 제품의 독창적이고 장식적인 외관 형상의 보호를 위하여 등록을 통하여 허용된 권리이며 산업재산권의 하나이다. 의장이란 물품에 표현되어 눈으로 보아 미적 감각을 일으키게 하는 디자인이다. 즉, 기술과는 무관하게 물품의 미적외관을 시각적인 관점에서 파악되는 것이며, 반드시 특정

별도로 서비스협상그룹은 새로운 분야로 서비스무역을 다룰 원칙 및 규정에 관한 다자간 구조 설정을 위한 서비스교역에 관련 국제적 규범을 정립하는 것으로 되어 있다.

3) UR의 경과과정

1986년 9월 우루과이 푼타 델 에스테(Punta del Este)에서 개최된 GATT 각료회의에서 향후 4년간 여러 가지 측면에서 무역협상에 관해 새롭게 논의할 것을 발표함으로써 우루과이라운드가 시작되었다. UR의 경과과정은 그 논의에 따르면 다음과 같이 나누어 볼 수 있다.

UR협상은 1986년 9월 공식 출범한 이후 협상진전의 중간 평가를 각국 각료회의를 위해 1988년 12월 캐나다 몬트리올에서 모였다. 그 결과 서비스분야에서 나라별 무역정책검토제도(Trade Policy Review Mechanism: TPRM)를 실시하고 가중평균관세의 1/3이상 인하에 합의하는 등 진전은 있었다. 그러나 농산물, 섬유, 지적재산권, 세이프가드[4] 등 4개 분야에 대해 합의가 되지 않아 전반적인 협상규범 도출에는 실패하였다.

그 후 1990년 4월 제네바 무역협상위원회(TNC)에서는 1990년 7월까지 세부 협상그룹별로 협상타결안을 마련하여 최종협상안을 도출하기로 합의하였다. 그 결과 1990년 7월의 무역협상위원회에서는 15개 협상분야의 의장보고서가 제출되었다. 그러나 많은 기술적인 문제를 포함한 국가별 입장의 쟁점 및 협상요소를 확인하는 데 그치고 합의에는 실패하고 당초의 타결시한이었던 1990년 12월을 넘기게 된다.

된 물품에 표현되어야 한다. 의장권의 존속기간은 의장권 설정의 등록일로부터 15년이다.

- 상표권: 등록상표를 지정상품에 독점적으로 사용할 수 있는 권리로 상표는 상품을 표시하는 것으로서 생산·제조·가공 또는 판매업자가 자기의 상품을 다른 업자의 상품과 식별시키기 위하여 사용하는 기호·문자·도형 또는 그 결합을 말한다. 상표권은 설정등록에 의하여 발생하고, 그 존속기간은 설정등록일로부터 10년이며, 갱신등록의 출원에 의하여 10년마다 갱신할 수 있다.

4) 세이프가드(safeguard)란 특정상품의 수입급증에 대해 자국산업을 보호하기 위해서 발동하는 긴급수입제한 조치를 말한다.

UR이 시작된 지 7여년이 지났음에도 불구하고 각국의 이해관계의 조정이 충분히 이루어지지 않아 안건의 완전타결에 실패하였다. GATT는 쟁점의 완전타결을 위해 1990년 말부터 UR협상의 종결시한을 여러 차례 연기하면서까지 주요국들간의 이해관계를 조정하기 위하여 많은 노력을 하였다. 즉 1991년 2월 협상재개 후 1991년 4월에는 15개의 의제가 7개 의제로 통합되었고, 12월에는 던켈(Dunkel) 전 GATT 사무총장이 UR협상의 교착상태를 타개하기 위한 최종협정문 초안(Dunkel Clean Text)[5]이 제시되어 협상의 큰 진전이 있었다. 그 결과 1992년 말에는 미국과 EU간의 농산물 분야의 보조금 문제에서 타결이 이루어지면서 UR협상이 완전해결 되는 듯하였으나, 보호무역주의 성향을 띤 클린턴 행정부의 등장과 EU의 양보안에 대해 프랑스가 문제를 제기하는 등 악재가 등장하여 제2차 협상시한이었던 1993년 2월도 넘겼다.

그러나 당시 UR협상의 완전타결에는 미국의 정치적 부담, EU통합을 위한 EU 각국의 국내법 통일의 필요성 그리고 일본이나 선발개도국의 미국이나 EU로부터의 쌍무적 압력 등의 해결이 중요한 역할을 하게 된다. 결국 1993년 이내 UR협상타결을 위해서는 주요 참가국간에 대타협적인 양보가 필요하였다. 그 주요한 양보 중 서비스, 투자, 지적재산권 분야는 개도국을 제외하고서 선진국간에 협정이 체결될 수도 있다는 것이었다.

이런 많은 난제를 해결하고 1993년 12월 15일에 116개국의 서명으로 UR최종협정문이 조인되었다. 1994년 4월 모로코 마라케시(Marrakechi)에서 개최된 123개국 각료회의에서 UR협상의 종결이 선언되었고 동시에 WTO의 창설을 합의하면서 7년 이상의 협상은 대단원의 막을 내리게 된다.

---

5) 이는 UR협상의 큰 틀이 되었으며, 관세인하, 농산물수입제한조치의 관세 전환, 섬유교역의 10년내 완전 자유화, 반덤핑 및 보조금의 명료화 및 강화, 지적재산권 보호, 서비스교역 자유화 등을 주 내용으로 하고 있다.

| 보론 | 신자유주의(Neoliberalism)

케인즈(John Maynard Keynes) 경제학은 1929년 이후 대공황을 겪은 많은 나라들의 경제정책에 이론적 기초를 제공한다. 미국, 영국, 독일 등 선진 여러 국가들은 케인즈이론을 중심으로 수정자본주의를 채택한다. 이들 나라들이 수정자본주의(Revised capitalism)를 선택한 목적은 정부가 시장에 적극적으로 개입하여 소득평준화와 완전고용을 통해 복지국가를 지향하는 것이다. 케인즈 경제학은 제2차 세계대전 이후 「자본주의의 황금기」와 그 맥을 같이 하였으나 1970년대 이후 오일쇼크와 함께 세계적 경제침체기가 시작되면서 케인즈이론에 대한 의문이 제기된다.

신자유주의는 1920년대 독일 프라이부르크대학의 오이켄(Walter Eucken)을 중심으로 한 새로운 경제사조로 고전적 자유주의와 구분하기 위한 용어이다. 이들은 국가가 보호주의시대와 같은 지나친 개입주의는 기업활동을 제한하고 시장기능을 위축시켜 국민경제발전을 저해한다고 주장하였다. 그러나 시장이 바로 자연적 질서는 아니므로 시장기능 활성화를 위해 정부의 강력한 개입을 역설하는 것이 고전적 자유주의와 다른 면이다. 1970년대 이후 지속적인 스태그플레이션(Stagflation)은 케인즈 경제학에 근거한 경제정책의 실패의 산물이라고 지적하면서 신자유주의(Neoliberalism)는 본격적으로 등장한다. 신자유주의의 대표적 학자는 미제스(Ludwig von Mises), 하이에크(Friedrich August von Hayek), 밀턴 프리드먼(Milton Friedman), 스티글러(George Joseph Stigler) 등이다. 시카고대학의 경제학과를 중심으로 한 신자유주의자들의 주장은 닉슨(R.M. Nixon) 정부 때 경제정책으로 반영되기 시작하여 미국의 레이건(R.W. Reagan) 대통령 때 레이거노믹스(Reganomics)와 영국 대처(M. H. Thatcher) 수상의 대처리즘(Thatcherism)의 골간이 된다.

신자유주의이론의 핵심은 작은 정부지향, 규제완화, 공기업의 민영화, 노동시장 유연화, 정부지출 축소, 감세를 통한 기업경쟁력 제고, 산업의 구조조정, 권력의 지방정부 이양, 자본의 자유로운 이윤추구를 위한 세계화 등을 중시한다. 신자유주의자들은 정부의 시장개입을 완전히 부정하지는 않지만 정부의 시장개입을 축소하고 가능하면 시장에 맡기자고 주장하였다.

따라서 「준칙에 입각한」통화정책과 국제금융의 자유화를 통하여 경제성장을 안정화 시키는 것이 목표였다. 또한 사회복지제도를 지나치게 확대하는 것은 정부재정을 증가시킬 뿐 아니라 근로의욕을 감퇴시켜 사회적 문제를 야기 시킨다고 주장한다.

신자유주의자들은 자유무역과 국제 분업을 통해 시장개방을 강조하고 그 결과 세계무역기구(WTO)나 우루과이라운드(UR)와 같은 다자간 협상을 위한 기구도 생겼다. 신자유주의의 등장으로 자유시장경제를 강조함에 따라 비효율을 해소, 경쟁을 통한 효율성 제고 그리고 국가 경쟁력 강화 등의 긍정적 측면이 있는 반면 불황의 만연, 실업의 확대, 빈부격차 심화 그리고 선진국과 후진국 간의 갈등 등의 부정적인 측면도 있다.

하지만 2008년 이후의 금융 위기로 인해 최근 신자유주의 경제이론이 위기를 맞고 케인즈 경제학이 다시 조명받기 시작하고 있는 실정이다.

제2절 국제경제기구

1. 국제통화기금

국제통화기금(International Monetary Fund: IMF)은 제2차 세계대전이 끝나가던 1944년 미국의 브레튼우즈(Bretton Woods)에서 극심하게 혼란에 빠진 국제통화질서를 바로잡기 위한 노력으로 탄생한 국제금융기구의 하나이다. 즉, IMF는 국제통화·금융질서의 확립 및 국제무역의 확대와 균형성장 촉진으로 가맹국의 고용과 실질소득증대, 생산자원의 개발을 목적으로 하여 설립된 단기금융기구이다. 본부는 미국 워싱턴이다. 세계은행(IBRD)과 함께 국제금융기구의 한 축으로 꼽힌다. 가입국은 출자금에 비례하여 총회에서 의결권을 갖는다. 1968년 4월에는 IMF협약을 개정하여 '제3의 통화'로 불리는 특별인출권(special drawing rights: SDR)을 만들었다. SDR의 원래 기능은 국제수지가 일시적 불균형에 빠진 국가에 신용공여를 통하여 국제통화제도의 안정을 이루고자는 것이었으나 1970년 대 변동환율제 도입에 따라 그 기능이 변질되어 개도국 및 구 사회주의권에 대한 구제금융의 역할을 하여 왔다.

2. 국제부흥개발은행

국제부흥개발은행(International Bank for Reconstruction and Development: IBRD)은 일명 세계은행(World Bank)으로 불린다. 1944년 미국 브레튼우즈(Bretton Woods)에서 열린 연합국간의 유엔통화금융회의(UN Monetary and Financial Conference)에서 IMF와 함께 설립에 관한 협정안이 채택되었고, 1945년 12월 IBRD 협정안이 발효되어 유엔의 전문기관으로서 제2차 세계대전 후 각국의 전쟁피해 복구와 개발을 위해 설립되었다. 즉 IBRD는 전후 패전국을 포함하는 전쟁 피해국들의 경제부흥 및 후진국의 경제개발을 촉진시키기 위한 국제투자자금의 장기금융기구이다.

3. OECD

경제협력개발기구(Organization for Economic Cooperation and Development: OECD)는 제2차 세계대전 직후 유럽의 경제부흥을 위한 미국의 마샬플랜에 따라 1948년 결성된 유럽경제협력기구(Organization for European Economic Cooperation: OEEC)를 모태로 1961년 9월 30일에 발족했다.

OECD 설립 당시 18개 유럽국가와 미국 및 캐나다 등 20개국이 회원국으로 참여하였다. 설립 후 일본과 호주를 비롯하여 멕시코, 폴란드 등 8개국이 가입한 후 한국은 29번째로 OECD회원국으로 참여하게 되었다. 현재 OECD 회원국은 36개국이다.

회원국 전체 인구가 전세계 인구의 20%내외이나 GDP는 전세계의 85% 수준이고 무역액은 70% 이상을 차지하며 1인당 평균 GDP는 4만 달러 정도로 세계경제를 좌지우지하는 선진국 클럽이다.

OECD는 회원국간 정부차원의 정책협조와 개도국에 대한 경제지원을 강화하고 그리고 세계경제발전과 개도국의 건전한 경제성장에 기여하기 위하여 발족된 정책협의기구의 성격을 갖는다. 즉 OECD는 주로 통상문제에 국한하고 있는 WTO와 달리 경제성장과 고용 등 거시경제 문제에 관심을 가지고 경제의 흐름을 분석평가하고 국가간의 경제정책 조화를 모색하고 있다. 이 기구는 1960년대 비관세장벽 철폐 및 반덤핑관세 인정, 1970년대 일반특혜관세(GSP), 서비스·금융부문 자유화 등의 개념을 주창하는 등 자본주의 시장경제체제를 위한 국제규약 제정을 선도해 왔다.

반면 세계무역질서는 관장하는 WTO 출범으로 두 기구 사이의 역할 조정 문제가 새롭게 제기되고 있으며 개도국과 협력관계를 유지하면서 최근 확산되는 지역주의가 배타적인 경제블록으로 발전하지 않도록 조화시켜야 하는 과제도 안고 있다.

OECD의 주요조직으로는 이사회를 비롯한 집행위원회, 특별집행위원회 및 26개의 각종 전문위원회 그리고 이들을 지원하는 사무국 등으로 구성되어 있다. 그리고 4개의 반독립적인 부속기구와 2개의 민간자문기관이 있다.

이밖에 2백여 개의 크고 작은 전문가그룹이 구성되어 있고 매년 8백여 회 이상의 관련회의가 열리고 있다. 이들 회의에는 민간전문가와 정부공무원들이 함께 참여하여 각 분야의 정책이슈를 논의한다.

이사회는 최고의사결정기구로서 각료이사회(연 1회 개최)와 상주대표이사회(주 1회 개회)로 구성된다. 집행위원회와 특별집행위원회는 이사회 활동을 보좌하기 위한 기구이며 특별집행위원회는 주로 무역자유화와 통화제도 등의 분야를 다루고 있다.

26개로 나누어진 전문위원회는 OECD 회원국 대표들의 실질적인 논의기구로 산하 실무작업반과 전문가그룹이 있다. 이와는 별도로 산하 반독립적인 부속기구로 국제에너지기구와 핵에너지기구 개발센터, 교육연구혁신센터가 있으며 민간자문기구로 기업·산업자문위원회와 노동조합자문위원회가 조직되어 있다.

4. 국제연합무역개발회의

국제연합무역개발회의(United Nations Conference on Trade and Development: UNCTAD)는 선진국과 후진국 간의 무역 불균형을 시정하기 위해 설치된 국제기구이다. 이 기구는 1964년 3월~6월에 제1차 UNCTAD 총회를 개최했으며 1964년 12월 30일 열린 제19차 총회에서 채택한 결의에 의거하여 국제연합 직속기구로 설치되었다.

UNCTAD의 목적은 '원조에 우선한 무역'을 중시하는 구호를 앞세워 무역을 통해 남북협력을 도모하고 개도국의 경제개발을 지원하는 것이었다. 이 기구의 주 기능은 가맹국의 경제개발 및 무역 활성화와 다자간 무역규범 협상 및 채택을 위한 행동을 주도하는 것이다. UNCTAD 본부는 스위스 제네바에 있으며, A그룹은 아시아, 아프리카, B그룹은 OECD 회원국, C그룹은 남아메리카, D그룹은 동유럽 및 러시아이고 그리고 독자그룹으로 아르메니아, 타지키스탄, 키리바시, 나우루, 투발루이다. 우리나라는 1964년 3월 열린 제1차 UNCTAD 총회에서 회원국으로 가입했다. 우리나라는 개도국과 우호 및 협력 모색을 위해 이익과 부담의 조화의 범위 내에서 개도국의 입장에 동조하고 있다.

5. 신국제경제질서

신국제경제질서(New International Economic Order: NIEO)는 1973년 말 석유수출국기구(Organization of Petroleum Exporting Countries: OPEC)의 경제주도에 대한 개도국 자신의 이익을 강력히 요청하는 개도국 중심의 새로운 세계의 경제질서를 의미한다. 이 기구는 현재 세계 경제의 구조는 선진국의 이익을 중심으로 하고 있으며 근본적 변화가 없는 상황에서는 개도국의 이익은 존재할 수 없다는 사고를 기본으로 하고 있다. 1974년 제6회 유엔 특별총회에서 이 내용을 바탕으로 '신국제경제질서 수립선언'이 채택되었다. NIEO의 목적은 자원의 영구주권화, 개도국 물품의 가격연동제에 따른 가격보상, 상품생산국의 카르텔 촉진 등이다. 개도국은 유엔이나 UNCTAD, 비동맹회의(conference of non-aligned nations: CAN)[6], 국제경제협력회의(Conference on International Economic Cooperation: CIEC)[7] 등을 통해 NIEO의 실현을 요구하고 있다.

제3절 국제환경의 변화

오늘날 세계경제는 WTO를 근간으로 하는 다자간 무역제도와 EU · NAFTA 등의 지역경제협정(Regional Economic Arrangement) 혹은 지역적인 경제블록을 형성하고 서로 보완적이고 때로는 상충되는 불안정한 질서에 따라 움직이고 있다. 그 동안 장기간의 협상과 난항을 거듭한 끝에

6) 비동맹 국가들의 단결과 협력 증진을 목적으로 창설된 국제회의로 중립국회의라고도 한다.

7) 프랑스 대통령 지스카르 데스탱(V. Giscard dEstaing)의 주창으로 남북문제 협의를 위하여 1975년 말에 출범하여 1976년 1년 동안 논쟁을 통해 얻은 결론을 1977년 6월에 공포하고 폐막된 국제회의를 말한다.

WTO가 출범하여 다자간 무역자유화와 세계경제의 통합이 추진되고 있으나 다른 한편에서는 새로운 경제블록이 계속해서 등장하고 있어 오히려 세계경제가 지역적으로 분할되는 느낌마저 갖게 된다.

모든 경제블록이 역내의 무역자유화는 물론 적어도 표면적으로는 신규가입의 문을 열어 놓고 있는 등 역외국가에 대해 개방적인 지역주의(Open Regionalism)를 표방하고 있어 이들 블록 상호간의 협조와 조정이 원활하게 이루어질 수 있다면 범세계적인 무역자유화를 주도할 수 있는 주체가 될 수도 있다. 반면 지역경제협정은 배타적 블록으로 고착되어 무역자유화를 가로막으면서 세계경제를 분열시킬 우려도 있다.

1. 경제의 세계화

탈냉전시대의 국제경제질서의 첫번째 특징은 자본주의의 세계화이다. 세계화(globalization)란 보통 국제화(internationalization)와 혼용되어 쓰이지만 보다 새로운 의미를 지칭한다. 국제화란 경제활동이 국경을 넘어 지리적으로 확산되는 현상을 지칭하고 상당한 기간 지속되어온 현상이라면 세계화는 보다 진전되고 복잡한 국제화의 형태로서 경제활동이 지역적으로 확산될 뿐만 아니라 기능적으로도 서로 연결되고 통합되는 현상을 의미한다.

자본주의의 세계화를 촉진시킨 핵심요인은 과학기술혁명와 초국적자본이다. 정보통신기술(telematics)의 발전과 극소전자(microelectronics)혁명은 자본의 유동성을 증가시키고 경제활동의 세계화를 촉진시켰다. 또한 초국적기업의 경제활동 증대는 경제의 국가간 경계를 무너뜨리고 상호의존이 증가하는 지구적 생산체계(global production system)를 형성시켰다.

한편 초국적기업(transnational corporations)은 다국적기업(multinational corporations)과 같은 의미로 쓰이고 있지만 다국적기업보다 더 진전되고 세계화된 기업활동을 하는 형태로 구분할 필요가 있다. 다국적기업[8]은 모기업이 여러 지역에 자회사를 설치하고 생산활동을 확산하지만 그 자회사들이 대부분 투자한 나라의 국내시장을 목표로 영업을 하고 경영의 자율성을 가지고 운영된다. 초국적 기업은 세계경제 전체를 시장화와 동시에 생산기지화하면서 경제간의 상호연관을 높이고 국제분업을 촉진시키는 역할을 한다. 같은 산업내에서도 초국적기업은 최종생산물을 위한 여러 단계의 생산과정을 여러 국가에 배치시켜서 국제분업을 심화시킨다.

이러한 경제의 세계화는 국가의 상대적 자율성을 감소시켜 국가는 세계화되는 자본에 대한 통제력과 영향력을 상실하게 되는 경향이 있다. 또한 경제의 세계화는 각국이 역사적으로 형성시킨 경제제도와 사회관계의 변화를 촉진시키고 있다. 즉 경제의 세계화와 개방화의 추세가 분명하게 나타난 것이 WTO의 출범이다. WTO는 공산품뿐만 아니라 농산물, 서비스, 기술 등 모든 교역대상물의 자유화를 추진함으로써 새로운 세계경제의 변화에 대응하는 선진국 지배자본과 국가의 요구에 따라 새로운 국제무역의 규범과 틀을 제공하였다.

2. 다극체제의 형성과 경쟁의 심화

제2차 세계대전 이후 미국의 주도하에 형성되었던 패권적 안정의 경제질서는 현존 사회주의체제의 붕괴와 더불어 그 구조적 변화를 보이고 있다. 아직 형성단계에 있는 탈냉전의 신경제질서는 미국·EU·일본 등이 경쟁하는 다극관리체계의 특징을 보여주고 있다. 이러한 다극체제의 형성유지 근거로는 첫째, 탈냉전시대의 도래, 둘째, 국제적 힘의 불균형 완화, 셋째, 세계경제의 통합과 국가간 상호의존의 증가 등이다.

주권국가의 자율성과 국제질서의 안정 사이에는 근본적 갈등이 존재

8) 7장 다국적기업을 설명할 때 자세히 설명하겠지만 초국적기업과 다국적기업은 엄격한 의미에서는 구분되지만 본서에서는 유사한 개념으로 사용하기로 한다.

하게 된다. 이러한 국가자율성과 국제질서 사이의 갈등관계가 조정될 수 있는 방안 중의 하나가 제2차 세계대전 이후 80년대 말까지의 양극화체제였다. 즉 미·소 초강대국이 세계를 양분하고 국제관계를 그들의 주도하에 관리하는 방법이었다. 동맹관계는 적대적 관계에서의 승리를 위한 수단으로 작용하며 동맹국들 사이의 군사적·안보적 협력이 강조된다.

따라서 각 동맹국의 발전과 권력증대는 동맹전체로 보아도 좋을 것으로 간주되고 권장된다. 전후 각 진영의 동맹국들 사이에 고도의 상호의존과 경제적 통합이 발전될 수 있었던 것은 바로 이 양극화체제의 작동원리 덕분이었다. 그러나 오늘날 양극화체제는 종식되고 미국의 상대적 쇠퇴와 유럽 및 일본의 상승으로 힘의 집중이 완화되었다. 이것이 국제질서의 재편과 새로운 질서에 대한 모색을 활발히 논의하게 되는 중요한 이유이다.

세계화와 다극화된 국제질서는 국가간 대립을 줄이고 평화로운 국제정치적 질서에 기여하기보다는 오히려 이들간의 경쟁과 대립을 심화시키고 있다. 냉전시대에 서방세계는 공동의 적인 사회주의의 위협하에서 군사안보적인 협조체제를 이루어왔고 경제적 이해관계를 조정해 왔다. 그러나 공동의 적이 없어진 탈냉전시대에 강대국은 각국의 경제적 이익을 챙기기 위해 무한경쟁에 돌입한 상태이다.

3. 지역경제의 강화

세계무역은 공업국과 공업국간의 수직적 성격의 무역이 지배적이다. 특히 1930년대의 세계무역은 극단적인 수직적 분업체제의 양상을 띠고 있었다. 이는 세계경제를 폐쇄적인 블록경제 사이의 대립을 유도함으로써 세계무역 자체를 축소시키고 세계경제의 정체와 국제정치의 혼란을 초래시켜 제2차 세계대전의 유력한 원인으로까지 발전되었던 것이다. 전후 신생독립국가의 등장과 사회주의 경제블록의 확대에 따라 수직적 분업체제를 지지하고 있던 정치·경제적 기반이 무너지기 시작하였다.

제2차 대전 이후 국제경제 변화의 특징적인 경향 중 하나는 미국을 주축으로 하는 광범위한 자유화의 전개이었다. 즉 전후 자본주의 세계경제체제 재건의 기초를 자유주의 경제권의 확장과 자유무역정책의 확충에 두었으며, 이를 실현하기 위한 구체적인 노력은 브레튼우즈체제를 중심으로 한 IMF, IBRD, GATT의 등장으로 이어졌다.

그러나 1960년대 풍요의 시대를 넘기면서 미국경제력의 절대적 우위의 상실과 국제경제관계의 다극화 등으로 세계경제는 구조적 변화를 겪게 되고 1980년대 접어들어 보호주의는 더욱 심화되고 그 결과 GATT 체제가 더욱 약화되어 그 신뢰도 또한 저하되었다.

GATT의 기본적인 다자주의에 입각한 개방적 국제경제체제가 최근 인접국들 사이에 공동이익의 증진을 도모하기 위한 경제블록화 움직임으로 나타났다. 그 결과 마스트리히트조약에 의해 결성된 유럽연합(European Union: EU), 미국-멕시코-캐나다협정(United States-Mexico-Canada Agreement: USMCA, NAFTA의 다른 이름), 아세안 자유무역지대(Asean Free Trade Area: AFTA) 등 지역주의 움직임은 전세계적으로 확산되는 양상을 보이고 있다.

이와 같이 세계경제질서가 지역주의 양상을 띠는 이유는 다음과 같다.

첫째, GATT를 중심으로 한 다자간 무역질서가 약화되고 보호무역주의가 팽배하게 됨에 따라 지역적으로 인접하고 이해를 같이 하는 나라끼리 자유무역을 실천함으로써 공동의 번영을 추구하고자 하는 노력이 증대되고 있기 때문이다.

둘째, EU의 부상으로 미국, 일본은 경제적 위협을 느끼게 되었고 그 결과 이에 대응하는 세력으로 USMCA, AFTA 등의 결성하는 등 다양한 움직임을 나타내고 있다.

셋째, 범세계적인 자유무역주의는 우루과이라운드 협상에서 보는 바와 같이 그 실현이 용이하지만은 않다. 그 결과 이해를 같이 하는 소수

국가간에 자유무역을 실천하는 것이 용이할 뿐 아니라 이는 다자간 자유무역질서 구축에도 크게 도움이 된다는 인식이 제고되고 있기 때문이다.

또한 지역경제협정의 가장 보편적인 형태인 자유무역지대(Free Trade Area: FTA)가 형성된 배경은 EU와 USMCA의 폐쇄성이 중요한 이유로 작용했다. 그러나 EU와 USMCA의 경험에 비추어 볼 때 경제블록 회원국간의 정치적 통합의 가능성은 그렇게 높아 보이지는 않는다. 물론 경제적 이익이 분명한 경우라면 대부분의 회원국은 경제정책 운영의 독자성을 어느 정도 포기할 수 있을 것이다. 그러나 외교·안보 등의 자주권을 양보할 가능성은 거의 없을 것이다. 이는 최근 신생국가들이 탄생한 사실을 비추어 볼 때 정치적 통합의 어려움을 알 수 있다.

경제통합이란 근본적으로 역외국가에 대한 추가적 보호장벽을 쌓지 않는 경우라도 무역전환효과로 인하여 역외국가의 후생수준을 감소시킬 뿐만 아니라 역내 경제가 악화될 경우에는 언제든지 배타적 보호무역정책을 실시할 가능성을 내포하고 있는 것이다. 그러므로 최근 추세를 감안하면 WTO 등 자유무역과 공정거래를 위한 범세계적 노력에도 불구하고 보호주의적 사고방식은 좀처럼 쉽게 사라지고 있지는 않은 실정이다.

4. 경제의 세계화와 지역경제의 실제

(1) WTO와 DDA

1) WTO

1993년 12월 15일 GATT본부에서 117개국이 참가한 가운데 열린 우루과이라운드 협상이 7년 반 만에 극적으로 타결됨에 따라 전후 약50년 동안 국제무역질서를 지배해온 GATT체제가 세계무역기구(World Trade Organization: WTO)체제로 대체되었다. WTO는 모든 국제무역규범을 관장하는 다자간 무역기구이다.

표 4-2 다자간 협상의 실례와 대응

라운드	주요내용	영향
GR	• 수출입 제한 또는 금지 • 제품규격, 공정 및 생산방식 규제 • 포장재 규제 및 환경라벨링제도 도입 • 환경상계관세부과	• 수출품 생산비 증가 • 재활용 원자재 수급차질 • 철강금속 석유화학 업종 타격
BR	• 급격한 경제발전을 이루었으나 초보적인 사회보장제도만 유지하는 국가에 대한 대응 • 아동노동과 강제노동금지 등 ILO[9]규범 적용 • 노동관련법을 제정하고도 적용치 않는 국가에 대한 대책 • 저임금에 대한 대책	• 아시아 후발개도국과 중남미 현지 투자업체에 악영향
TR	• 국가간 과학기술정책의 조화를 위한 규범 • 과학기술인력의 자유로운 이동 및 거주를 제한하는 국내 규제 정비를 위한 규범 제정 • 산업기술 및 전략산업 정부지원에 대한 규범제정 • 국제기술표준화 등 국제협력관련 7개 규범제정	• OECD가입시 신국제기술 규범 제정에 따른 직접적인 영향
CR	• 수평협정(카르텔) • 수직협정 • 유통체계에 영향을 미치는 정부 규제 • 독점지배력 남용 등	• 외국상품 및 기업의 국내시장 접근 용이

WTO가 탄생되어 그것이 갖는 의의는 다음과 같다.

첫째, 세계무역질서가 지속적 변화를 의미한다. GATT체제는 주로 공산품 교역을 중심으로 세계무역질서를 주도해 왔다. 그러나 WTO체제는 공산품뿐만 아니라 농산물, 금융 및 자본을 비롯한 서비스와 지적 재산권, 해외투자 등 모든 산업에 걸친 모든 형태의 교역을 포괄하고 있다. 따라서 WTO체제는 GATT체제보다 그 범위가 훨씬 넓다고 할 수 있다.

9) 국제노동기구(International Labour Organization: ILO)는 노동조건을 개선하여 사회정의를 확립하고 나아가 세계평화에 공헌하기 위하여 설립된 국제기구이다.

둘째, 기업간의 국제경쟁을 그야말로 범세계적인 시장경쟁으로 전환하게 된 것이다. WTO체제는 범세계화 현상을 예상보다 빨리 촉진시키고 있다는 것이다. 그래서 WTO체제의 탄생과 더불어 세계경제가 그야말로 무한경쟁시대로 돌입하게 되었다.

WTO가 기존의 GATT와 크게 다른 특징은 첫째, 분쟁해결기구를 통해 준사법적 기능을 갖는다는 점, 둘째, 단순한 협정이 아닌 정식의 국제기구로서 실무적 하위기구를 두어 일관성을 갖고 국제무역에 대한 모든 규범을 관장한다는 점, 셋째, 의사결정방식이 GATT의 전원합의제가 아닌 다수결원칙이 도입되어 신속한 합의도출이 가능하다는 점 등이다.

이상과 같은 특징을 갖고 있는 WTO는 지금까지 GATT에 주어지지 않았던 세계무역분쟁에 관한 조정, 관세인하의 요구, 반덤핑규제 등 막강한 법적 권한과 구속력을 행사하고 있다.

2) DDA

2001년 11월에 6일간 WTO의 회원국 142개국이 참석한 제4차 WTO 각료회의가 카타르의 수도 도하에서 열렸다. 이 회의를 도하개발어젠다(Doha Development Agenda: DDA)라고 하고 새로운 다자간 무역협상(New Round)체계를 출범시켰다. DDA는 농산물 · 서비스 · 비농산물(공산품과 임수산품) 분야의 시장개방 문제, 보조금 · 반덤핑 · 분쟁해결 · 지역협정에 관한 WTO협정 개정 그리고 환경 · 지적재산권 · 경쟁정책 · 투자 · 무역활성화 · 정부조달투명성에 관한 새로운 무역규범의 확립 등 국제교역의 거의 모든 현안을 포함하였다. DDA의 협상방식은 모든 분야에 대한 협상을 동시에 개시하고 진행하여 동시에 종료하는 일괄타결(package deal, sinlge-undertaking)방식이다. 그리고 모든 분야의 협상에서 개발도상국의 이익과 관심을 반영과 개발 문제를 별도로 검토하고 있다. DDA협상을 총괄하는 협상감독기구는 무역협상위원회(Trade Negotiations Committee: TNC)이고 TNC산하에 각 분야의 협상그룹이 설치되어 협상을 실제적으로 진행하고 있다.

(2) WTO체제하의 새로운 라운드

1) 그린라운드(Green Round: GR)

GR은 환경문제를 무역장벽과 연계하여 상계관세부과 또는 수출입제한조치 등을 후속하여 제재하게 된다. GR이 적극적으로 시행되면 공해를 많이 배출하는 제품이나 산업은 많은 제재를 수반하게 되어 수출에 많은 영향을 받을 수 있다. 대표적인 업종은 철강·금속·석유화학·피혁 등의 업종으로 우리나라 주력 수출산업과 그 맥을 같이 함을 알 수 있다. GR의 적용을 받을 경우 수출품의 생산원가가 증가하여 수출에 많은 영향을 미칠 것이다. 이에 이러한 업종의 국제경쟁력을 유지하기 위해서는 산업구조 조정의 방향을 환경기술개발력 향상 및 에너지절약형 고부가가치산업으로 산업구조를 재편하여야 한다.

2) 노동라운드(Blue Round: BR)

BR은 노동여건과 근로기준을 국제무역거래와 연관시키려는 다자간 협상이다. 즉 국제노동기준을 지키지 않는 국가에서 생산된 상품은 국제무역에서 불이익의 조치를 하거나 제재하겠다는 것이다. 무역규제를 할 수 있는 국제노동기준은 주로 최저임금준수여부, 체불임금존재여부, 부당노동행위존재여부 그리고 청소년의 불법노동행위여부 등이다. 그러나 선진국이 개도국과 신흥공업국에게 BR을 통한 경제제재를 가해 선진국의 국제경쟁력을 회복하려는 저의가 있다는 비판을 받기도 한다.

3) 테크노라운드(Technology Round: TR)

TR은 OECD 중심으로 추진하고 있는 기술 및 과학정책을 세계교역의 규제와 연계시키려는 다자간 협상이다. TR은 선진국의 과학기술의 보호와 개발도상국의 선진국에 대한 과학기술침해의 견제를 하고 이를 국제교역과 연계하여 강력한 규제를 목적으로 하는 새로운 국제과학기술 규제규범이다.

TR은 지식정보화 사회의 강력한 무역장벽의 기능할 것으로 예상되기 때문에 국제경쟁력강화를 위해서는 과학기술혁신체제를 구축하고 과학기술개발의 세계화를 추진하는 것이다.

4) 경쟁라운드(Competition Round: CR)

CR은 공정거래와 경쟁정책의 보장을 국제교역과 연관시키려는 다자간 협상을 말하며 일명 규제라운드라고도 한다. CR의 목적은 정부의 공정거래 및 경쟁정책과 국제무역 간의 상호연계성을 분석하여 실제적 시장거래를 증가시키는 것이고, 국가간 경쟁을 막는 여러 규제를 철폐하는 것이고 그리고 국제기준을 설정하여 공정 경쟁을 활성화하는 것이다.

그러나 CR의 적용은 나라들 마다 사회적·역사적 환경에 따라 매우 상이한 문제들이 존재할 수 있다. 그래서 선진국과 개발도상국 간에 동일한 공정 및 경쟁규범을 적용하는 것은 많은 어려움을 노출시킬 수 있다. 그러므로 CR은 일단 쌍무적 협상 또는 EU, USMCA, APEC 등 통합된 국가사이의 협력으로 진행될 가능성이 크다.

(3) 지역경제의 실제

자유무역협정(Free Trade Agreement: FTA)은 나라 간 물품의 자유로운 이동을 위해 관세 등 모든 무역규제를 완화하거나 철폐하는 협정으로 FTA로 약칭하여 부른나. 즉, 특정국긴의 상호무역증진을 위해 상품이나 서비스 이동을 자유화시키는 협정으로 국가와 국가 사이의 여러 무역장벽을 완화하거나 폐지하여 무역자유화를 활성화하기 위한 양국간 또는 지역국가간에 체결하는 특혜무역협정인 것이다.

WTO가 모든 가맹국간의 최혜국대우원칙과 다자주의를 원칙을 근거로 하는 세계자유무역체제이지만, FTA는 양국주의 및 참가국가주의적인 무역체제로 가맹국에만 적용하는 무(0)관세나 낮은 관세 등을 적용한다. FTA로 인해 시장 확대를 통한 상품의 수출과 투자가 확산되어 무역확대 효과를 거둘 수 있으나 협정국에 비해 경쟁력이 떨어지는 산업은 존폐의 위기에 빠질 수 있다는 것이 문제점으로 지적되고 있다. FTA의 대표적 예가 EU, USMCA, AFTA 등이다.

1) 유럽연합

유럽연합(European Union: EU)은 유럽사회의 정치·경제 통합을 이루기 위하여 1993년 11월 1일 발효된 네덜란드에서 체결된 마스트리히트조약(Maastricht Treaty)에 따라 유럽 12개 국가가 참가하여 만든 연합기구이다. EU의 전신인 유럽경제공동체(European Economic Community: EEC)를 기본으로 하여 출범하였고, 현재는 독일, 프랑스, 영국, 이탈리아 등을 중심으로 총가맹국이 28개국이다.

EU 설립 목적은 다음과 같다. 먼저 유럽 내 단일시장과 단일통화를 중심으로 유럽의 경제·사회 발전을 이루는 것이다. 둘째, 외교안보정책의 공동수립과 이행을 통하여 국제무대에서 EU의 권익을 보호하기 위한 것이다. 셋째, EU는 가맹국 국민의 권리와 이익보호를 위한 유럽시민권 제도를 도입하여 활성화하는 것이다. 넷째, 공동체법을 도입하여 업무를 집적화하고 이를 확장하고 발전시키는 것이다.

EU 인구는 2010년 기준 5억 126만명이며 전세계 GDP의 30%를 차지하고 있다.

2) 북미자유무역협정기구

북미자유무역협정기구(North America Free Trade Agreement: NAFTA)는 미국, 캐나다, 멕시코 등 북미 3 개국이 자유무역지대의 창설을 위해 추진해온 자유무역협정기구이다. NAFTA는 유럽공동체(European Community: EC)에 이어 세계 두 번째 대규모 경제통합협정으로 1992년 10월 체결되어 당시 인구 3억7천만 명, GDP 6조9천억 달러의 거대 단일시장이 되었다. NAFTA의 주요 내용은 3개국 간에 상품 및 서비스의 거래에 대해 각종 관세 및 비관세장벽을 체결 후 15 년간 단계적으로 철폐한다는 것이다. NAFTA는 발효된지 24년만인 2018년 9월 30일 새롭게 합의한 명칭인 미국-멕시코-캐나다협정(United State-Mexico-Canada Agreement: USMCA)으로 명명하게 되었다.

3) 아세안자유무역지대

아세안자유무역지대(Asean Free Trade Area: AFTA)는 아세안 10개국의 자유무역협정이다. AFTA의 출범 목적은 아세안 10개국간의 관세인하와 비관세장벽의 철폐로 동남아 지역내의 무역 자유화와 활성화를 통하여 투자유치와 통합경제체제를 발전시키고자 하는 것이었다. 가맹국은 싱가포르, 태국, 말레이지아, 인도네시아, 필리핀, 베트남, 브루나이, 라오스, 미얀마, 캄보디아 등 10개국이다.

제4장 연습문제

1. 다음 중 GATT에 대한 설명 중 틀린 것은?

① GATT는 ITO 대신 국제무역의 기본적인 법적 구조를 제공하는 역할을 맡은 협정이다.
② GATT의 기능은 발족 당시부터 지속적으로 선진국 중심의 국제기구였다.
③ GATT는 우루과이라운드에서 명칭이 'GATT 1944'로 바뀌었다.
④ GATT 규정과 WTO 규정이 충돌되는 경우 WTO협정 규정이 우선 적용되고 있다.

2. GATT의 기본원칙과 관련이 없는 것은?

① 최혜국대우의 원칙 ② 다자주의원칙
③ 관세양허표원칙 ④ 무역자유화원칙

3. 무차별대우의 원칙과 관련있는 GATT의 기본원칙은?

① 최혜국대우의 원칙 ② 다자주의원칙
③ 관세양허표원칙 ④ 무역자유화원칙

4. 다음 중 다자간 협상을 거친 국제적으로 공인된 관세로서, 가맹국간에 관세를 일정 세율 이상으로 인상하지 않겠다는 국제적 · 국가간의 합의를 의미하는 것은?

① 차별관세표 ② 보복관세표
③ 조정관세표 ④ 관세양허표

5. 1980년대 들어 GATT의 한계인 긴급수입제한조치 등을 극복하기 위하여 우루과이라운드를 거쳐 체계적인 세계무역질서를 확립하기 위하여 출범한 국제기구는?

① WTO ② IMF
③ IBRD ④ OECD

6. 다자간협상 결과 가맹국간에 약 30,000여 품목에 대하여 관세율을 평균 인하율 35%에 합의한 협상은?

① 도쿄라운드 ② 우루과이라운드
③ 딜론라운드 ④ 케네디라운드

7. 다음 중 도쿄라운드의 성과로 보기 힘든 것은?

① GATT 가맹국은 관세를 평균 33% 인하에 성공하여 선진주요국의 평균관세가 7%에서 4.7%로 되었다.
② 비관세장벽의 철폐에 중점을 두어 보조금, 상계관세, 관세평가, 정부조달, 수입허가절차, 덤핑방지 등의 협정이 이루어 졌다.
③ 보호무역주의에 대한 대응을 충분히 논의하였으며, 개도국의 이해를 완전히 반영한 협정이었다.
④ 개도국에 대한 우대협정인 GSP 합법성을 인정하였다.

8. 우루과이라운드의 시작의 배경이 아닌 것은?

① 7차에 걸친 GATT의 협정에도 불구하고 보호무역주의가 일반화된 상태였기 때문
② 회원국간의 분쟁발생시 해결능력의 부족으로 GATT의 역할 및 위상의 약화 때문
③ 세계무역환경의 변화에 따라 GATT기능의 개편 필요성이 대두되었기 때문
④ 스태그플레이션이 확산되면서 무역불균형이 선진국간의 문제로만 심화되었기 때문

9. 다음 중 특정상품의 수입급증에 대해 자국산업을 보호하기 위해서 발동하는 긴급수입제한 조치를 뜻하는 용어는?

① GSP ② 세이프가드
③ 관세양허 ④ 수입할당

10. 수정자본주의 또는 혼합경제체제와 관련이 있는 학자는?

① 케인즈 ② 맬더스

③ 스미스 ④ 마르크스

11. 대공황 극복과 직접적 관계가 있는 경제학자는?

① 케인즈 ② 맬더스
③ 스미스 ④ 마르크스

12. 다음 중 대공황과 직접적 관련이 없는 것은?

① 신자유주의 ② 뉴딜정책
③ 루즈벨트 대통령 ④ 케인즈

13. 케인즈경제학의 경제정책을 무력하게 하는 경우는?

① 수요견인 인플레이션 ② 유효수요의 부족화 현상
③ 스태그플레이션의 발생 ④ 시장의 실패

14. 다음 중 케인즈와 직접 관계가 없는 것은?

① 신자유주의 ② 유효수요이론
③ 일반이론 ④ 수정자본주의의 등장

15. 케인즈학파 경제학이 절실한 사회경제적 문제로 부상한 인플레이션 문제를 해명하지 못하자 이를 공박하여 반혁명적 분위기를 유도한 경제학파는?

① 고전학파 ② 신자유주의
③ 신고전학파 ④ 중상주의학파

16. 다음 중 신자유주의와 직접적인 연관이 없는 것은?

① 오일쇼크 ② 프리드만
③ 레이거노믹스 ④ 수정자본주의의 등장

17. 신자유주의자들의 자유무역과 국제 분업을 통해 시장개방을 강조하면서 생겨난 국제기구는?

① WTO ② IMF

③ IBRD ④ OECD

18. 36개 회원국의 전체 인구가 전세계 인구의 20%내외이나 GDP는 전세계의 85% 수준이고 무역액은 70% 이상을 차지하며 1인당 평균GDP는 4만달러 정도로 세계경제를 좌지우지하는 선진국 클럽인 국제기구는?

① WTO ② IMF
③ IBRD ④ OECD

19. 통상문제에 국한하고 있는 WTO와 달리 경제성장과 고용 등 거시경제 문제에 관심을 가지고 경제의 흐름을 분석평가하고 국가간의 경제정책 조화를 모색하는 국제기구는?

① GATT ② IMF
③ IBRD ④ OECD

20. 선진국과 후진국 간의 무역 불균형을 시정하기 위해 설치된 국제기구는?

① GATT ② IMF
③ UNCTAD ④ OECD

21. 1973년 말 OPEC의 경제주도에 대한 개도국 자신의 이익을 강력히 요청하는 개도국 중심의 새로운 세계의 경제질서를 의미하는 기구는?

① GATT ② NIEO
③ UNCTAD ④ OECD

22. 다음 중 다극체제의 형성유지의 근거로 볼 수 없는 것은?

① 탈냉전시대의 도래
② 국제적 힘의 불균형 완화
③ 정보통신기술의 발달
④ 세계경제의 통합과 국가간 상호의존의 증가

23. 세계화를 촉진시킨 핵심요인이 아닌 것은?
① 과학기술혁명과 정보통신기술의 발전
② 다국적기업 중심의 지구적 생산체계의 형성
③ 경제간의 상호연관을 높이고 국제분업의 활성화
④ 세계경제의 통합과 국가간 상호의존의 증가

24. 세계경제질서가 지역주의 양상을 띠게 된 이유가 아닌 것은?
① 인접국이나 이해를 같이 하는 국가간 자유무역의 실천으로 공동의 번영추구를 위한 노력이 증대되고 있기 때문이다.
② 다국적기업 중심의 지구적 생산체계의 형성 때문이다.
③ EU의 부상으로 미국, 일본은 경제적 위협을 느끼게 되었기 때문이다.
④ 범세계적인 자유무역주의는 그 실현이 용이하지 않았기 때문이다.

25. EU와 USMCA의 폐쇄성으로 인하여 나타난 현상으로 볼 수 있는 것은?
① FTA ② NIEO
③ UNCTAD ④ WTO

26. WTO체제 하에서 교역대상의 범위는?
① 공산품만 대상으로 하였다.
② 공산품과 농산물만 대상으로 하였다.
③ 공산품, 농산물 그리고 해외투자만을 대상으로 하였다.
④ 공산품, 농산물, 서비스와 지적재산권, 해외투자 등 모든 산업을 대상으로 하였다.

27. WTO의 탄생이 가지는 의의가 아닌 것은?
① 세계무역질서가 지속적 변화하고 있다는 것을 의미한다.
② 공산품, 농산물, 서비스와 지적재산권, 해외투자 등 모든 산업을 교역대상으로 하였다.
③ WTO체제는 GATT체제보다 발전된 것이 없었다.
④ 범세계적인 시장경쟁으로 전환하게 되었다.

28. WTO와 GATT와 다른 특징이 아닌 것은?

① 준사법적 기능의 존재 유무 ② 협정이 아닌 정식의 국제기구
③ 다수결원칙이 도입 ④ 최혜국대우의 원칙

29. 환경문제를 무역장벽과 연계하여 상계관세부과 또는 수출입제한조치 등의 후속하여 제재하는 협상은?

① GR ② BR
③ TR ④ CR

30. 노동여건과 근로기준을 국제무역거래와 연관시키려는 다자간 협상은?

① GR ② BR
③ TR ④ CR

31. GR로 인하여 영향을 받는 산업이 아닌 것은?

① 철강 ② 태양열산업
③ 석유화학 ④ 피혁

32. OECD 중심으로 추진하고 있는 기술 및 과학정책을 세계교역의 규제와 연계시키려는 다자간 협상은?

① GR ② BR
③ TR ④ CR

33. 공정거래와 경쟁정책의 보장을 국제교역과 연관시키려는 다자간 협상을 말하며 일명 규제라운드라고 하는 것은?

① GR ② BR
③ TR ④ CR

34. 2001년 11월에 6일간 WTO의 회원국 142개국이 참석한 제4차 WTO 각료회의가 카타르에서 열렸다. 그 결과 새로운 다자간 무역협상체계를 출범시켰는데 이 회의를 무엇이라 하는가?

① FTA ② DDA
③ IBRD ④ OECD

35. 나라 간 물품의 자유로운 이동을 위해 관세 등 모든 무역규제를 완화하거나 철폐하는 협정은?

① FTA ② DDA
③ IBRD ④ OECD

36. FTA의 대표적 예가 아닌 것은?

① EU ② USMCA
③ AFTA ④ APEC

37. 다음 중 EU 설립 목적이 아닌 것은?

① 유럽 내 단일시장과 단일통화를 중심으로 한 단순유럽경제공동체이다.
② 외교안보정책의 공동 수립과 이행을 통하여 국제무대에서 EU의 권익을 보호하기 위한 것이다.
③ 가맹국 국민의 권리와 이익보호를 위한 유럽시민권제도를 도입하여 활성화하는 것이다.
④ 공동체법을 도입하여 업무를 집적화하고 이를 확장하고 발전시키는 것에 있었다.

38. USMCA 회원국이 아닌 국가는?

① 미국 ② 한국
③ 캐나다 ④ 멕시코

39. 국제경제에 있어서 단기적 국제수지의 불균형의 안정화를 위하여 설립된 국제기구는?

① ILO ② IBRD
③ EU ④ IMF

40. EU의 가입국이 아닌 것은?

① 프랑스 ② 독일
③ 그리스 ④ 스위스

41. 다음 중 블록경제성립의 배경은?

① 경제적 연관성 ② 지리적 근접성
③ 역사적 관련성 ④ 정치적 관련성

42. 다음 중 GATT와 관련 있는 것은?

① 개발도상국의 활성화 ② 국제경제원조기구
③ 관세 및 무역에 관련성 ④ 해외자본투자

43. 다음의 원칙 중 GATT와 연계될 수 있는 용어는?

① 근린궁핍화정책 ② 유치산업보호정책
③ 2차 산업보호 ④ 비교생산비설

44. 다음 중 IBRD의 설립목적과 관련된 용어는?

① 장기자본 ② 상품거래활성화
③ 단기자본 ④ 서비스거래 자본활성화

45. 다음 중 SDR의 의미는?

① 특별인출권 ② 국제통화기금
③ 세계은행 ④ 관세제도

46. SDR과 관련있는 기구는??

① IBRD ② ILO

③ IMF ④ GATT

47. 다음 중 브레튼 우즈체제(Bretton Woods system)와 관련성이 없는 기구는?

① IMF ② GATT
③ IBRD ④ WTO

48. 다음 용어 중 자유무역론과 관계없는 용어는?

① 비관세장벽 ② GATT
③ IMF ④ 국제주의적 개방성

49. 자유무역의 원리에 따르면 가장 불리한 위치에 있는 국가는?

① 후진국 ② 선진국
③ 공업중심국가 ④ 농업중심국가

50. 다음 중 브레튼우즈(Bretton Woods)협정의 결과 생긴 기구는?

① UNCTAD ② ILO
③ WTO ④ IMF

51. IMF와 IBRD의 설명 중 옳은 것은?

① IMF는 단기금융기구인 반면 IBRD는 장기금융기구이다.
② IMF는 장기금융기구인 반면 IBRD는 단기금융기구이다.
③ IMF와 IBRD 모두 단기금융기구이다.
④ IMF와 IBRD 모두 장기금융기구이다.

52. 세계화를 촉진시킨 요인이 아닌 것은?

① 국제분업의 안정화 ② 초국적 자본형성
③ 정보통신혁명 ④ 블록경제화

53. 세계경제의 세계화와 개방화의 추세가 가장 분명하게 나타나게 된 것은?

① 도쿄라운드　　② 케네디라운드
③ 우루과이라운드　　④ 딜론라운드

54. 세계무역기구를 의미하는 것은?

① IMF　　② GATT
③ WTO　　④ ILO

55. WTO가 인정하고 있는 자국 산업보호수단에 해당하는 것은?

① 관세　　② 덤핑
③ 수입수량제한　　④ 수출보조금

56. 다음 중 GATT의 기본원칙이 아닌 것은?

① 무역자유화원칙　　② 개발도상국 특혜의 원칙
③ 최혜국대우의 원칙　　④ 다자주의의 원칙

57. 다음 중 GATT를 가장 잘 표현한 것은?

① 국가 간의 다자주의원칙에 입각하여 관세인하를 유도한다.
② 다수결원칙이다.
③ 준사법적 기능을 가지고 있다.
④ 환율의 안정을 도모한다.

58. GATT에 참여한 국가에게 무역에서 동등한 지위를 보장한다는 의미의 규정은?

① 자유무역의 원칙　　② 최혜국의 원칙
③ 다자주의의 원칙　　④ 내국민대우의 원칙

59. GATT와 WTO를 비교한 내용 중 옳지 않은 것은?

① GATT는 임시적이며 잠정적으로 존재였던 반면 WTO는 정식국제기구이다

② GATT는 상품뿐만 아니라 서비스와 지적 재산권도 관장한다.
③ WTO는 분쟁해결기구를 가지고 있다.
④ WTO는 다수결원칙을 기본으로 하고 있다.

60. 국제통화기금을 뜻하는 것은 다음 중 어느 것인가?

① ILO ② WTO
③ FTA ④ IMF

61. 국제부흥개발은행 즉 세계은행은?

① IBRD ② IMF
③ OECD ④ GATT

62. 브레튼우즈협정 체제와 관련된 기구는?

① ILO ② IBRD
③ OECD ④ WTO

63. 1944년 제2차 세계대전 종식을 앞두고 통화와 투자 및 무역문제를 처리하기 위한 국제기구의 설립문제를 검토하게 되어 이러한 노력의 결과 국제금융 측면에서는 IMF, IBRD를 설립하기로 하였고 국제무역을 활성화하기 위하여 국제기구의 설립이 추진되었는데 이 기구는?

① WTO ② ISO
③ ITO ④ WHO

64. 무역자유화 분위기 속에서 미국은 GATT 창설 이래 제6차 다자간 무역협상을 주도적으로 성공시킴으로써 선진국의 관세는 평균 35%가 인하되어 GATT가 추구하는 자유무역질서의 확립에 크게 기여한 협상은?

① 케네디라운드 ② 도쿄라운드
③ 우루과이라운드 ④ 딜론라운드

65. 선진국의 경기침체로 보호주의와 지역주의가 강화됨으로써 제2차 세계대전 이후 무역 규범의 기본골격이었던 GATT의 무차별원칙이 크게 위협받았던 때로 오일쇼크가 있었던 시기는?

① 1960년대　　② 1970년대
③ 1980년대　　④ 1990년대

66. 지역내 여러 경제정책의 통일을 기본으로 하고, 각 회원국가의 의사를 수렴하는 초국가적 기구의 설립을 통해 경제적 측면과 정치적인 측면에서의 통합까지도 수반하는 형태는?

① 자유무역지역　　② 관세동맹
③ 공동시장　　④ 완전경제통합

67. 우리나라가 참여하지 않고 있는 자유무역협정체는 다음 중 어느 것인가?

① KORUS　　② 한-인도CEPA
③ 한-페루 FTA　　④ CPTPP

해설 KORUS는 한-미FTA를 말한다. CPTPP(Comprehensive and Progressive Agreement for Trans-Pacific Partnership)는 포괄적 · 점진적 환태평양경제동반자협정으로 우리나라는 이 협정에 참가하지 않고 있다. CPTPP 참여국은 뉴질랜드, 브루나이, 싱가포르, 칠레, 호주, 페루, 베트남, 말레이시아, 멕시코, 캐나다, 일본이다. 한-인도CEPA(Comprehensive Economic Partnership Agreement)는 한국과 인도의 포괄적 경제동반자 협정으로 자유무역협정(FTA)과 큰 차이가 없다.

68. APEC 21개 국가의 다자간 자유무역협정의 이름은 무엇인가?

① FTAAP　　② SACU
③ MERCOSUR　　④ CACM

해설 FTAAP(Free Trade Area of the Asia-Pacific)는 아시아·태평양자유무역지대로 아시아·태평양 지역에 세계 주요 20여 국으로 구성하는 것이 APEC의 최종목표이다. SACU(Southern African Customs Union)는 남아프리카관세동맹자유무역지대를 말한다. MERCOSUR(Southern Cone Common Market)는 스페인어 Mercado Comun del Cono Sur의 약어로 브라질, 아르헨티나, 우루과이, 파라과이 등 남미 4개국이 참가하여 1995년 발족한 남미공동시장으로 경제협력기구이다. CACM(Central American Common Market)은 중미공동시장으로 1960년에 조인된 '중앙아메리카 경제통합에 관한 일반조약'에 의거 1961년 발족한 지역 경제협력기구를 말한다.

69. 아시아 · 태평양 지역의 경제통합을 위하여 2005년 뉴질랜드, 칠레, 싱가포르, 브루나이 4개국을 중심으로 출범한 다자간 경제협정체로서 포괄적 · 점진적 환태평양경제동반자협정이라고 불리는 것은?

① USMCA ② MERCOSUR
③ CPTPP ④ AFTA

해설 AFTA(Asean Free Trade Area)는 아세안자유무역지대는 아세안 10개국의 자유무역협정이다.

70. 우리나라가 FTA를 적극적으로 추진하는 이유로 보기 어려운 것은?

① 해외무역시장을 유지하거나 확장하기 위한 목적이다.
② 새로운 해외무역시장을 개척하여 무역을 활성화시키기 위한 것이다.
③ 급변하고 있는 새로운 국제무역환경에 대응하기 위한 목적이다.
④ WTO와 IMF에 대립을 목적으로 한다.

71. 우리나라의 FTA 방향과 다른 것은?

① 모든 상품에 대한 관세규제를 철폐하고 서비스, 농산품, 지적재산권 등 광범위한 분야를 포함한다.
② 다자주의원칙에 따르고 있다.
③ 국내제도도 FTA의 수준에 맞추어 개선을 시도하고 있다.
④ 부분적이고 중간 수준의 개방을 중심으로 소극적으로 추진하고 있다.

72. 우리나라가 지역주의 환경을 받아들여 최초로 체결한 자유무역협정은?

① 한-칠레 FTA ② 한-EU FTA
③ 한-호주 FTA ④ 한-미 FTA

73. 세계경제가 다극화 체제를 형성하게 된 배경이 아닌 것은?

① 탈냉전시대의 도래

② 국제적 힘의 불균형 완화
③ 세계경제의 기술력 동등화
④ 세계경제의 통합과 국가간 상호의존성의 증가

74. 다음 중 경제블록화 현상으로 볼 수 없는 것은?

① EU ② GATT
③ USMCA ④ AFTA

75. 세계경제가 지역주의의 양상을 띠는 이유가 아닌 것은?

① 인접국가간의 공동번영 추구
② EU에 대응하는 세력의 형성
③ 우루과이라운드의 실천에 도움
④ 세계경제의 기술력 동등화

76. 국제무역규범을 관장하는 다자간 무역기구는?

① WTO ② GATT
③ IMF ④ IBRD

77. 다음 중 WTO를 설명하는 내용이 아닌 것은?

① 모든 형태의 교역을 포괄화하고 있다.
② 범세계적 경쟁을 의미한다.
③ 우루과이라운드의 정신을 기본으로 하여 출범하였다.
④ 예외조치는 전혀 인정하지 않는다.

78. WTO가 GATT와 구분되는 내용을 정리하였다. 해당 사항이 아닌 것은?

① 준사법적 성격을 갖는 분쟁해결기구를 가지고 있다.
② 전원합의제이다.
③ 정식의 국제기구로서 실무적 하위기구를 두어 일관성을 갖고 모든 규범을 관장하고 있다.
④ 모든 산업에 대한 모든 형태의 교역을 포괄화하고 있다.

79. 다음 중 WTO체제의 출범과 동시에 현재 논란의 대상이 되고 있는 새로운 다자간 협상이 아닌 것은?

① 그린라운드　② 기술라운드
③ 블루라운드　④ 서비스라운드

80. 회원국간 정부차원의 정책협조와 개도국에 대한 경제지원을 강화하기 위하여 그리고 세계경제발전과 개도국의 건전한 경제성장에 기여하기 위한 목적으로 발족한 경제기구는?

① OECD　② WTO
③ GATT　④ IMF

81. 우리나라는 OECD의 몇 번째 회원국인가?

① 28번째　② 29번째
③ 30번째　④ 31번째

82. OECD는 자본주의 시장경제체제를 위한 국제규약제정을 선도하여 왔다. 그 주요 내용이 아닌 것은?

① 다자간 무역협상
② 비관세장벽철폐 및 반덤핑관세 인정
③ 일반특혜관세의 개념 주창
④ 서비스·금융부문 자유화를 주창

83. GATT와 WTO에 대한 다음 설명 중 옳지 않은 것은?

① GATT와 WTO 모두 최혜국대우와 무역자유화 원칙을 적용하고 있다.
② GATT와 WTO 모두 지적재산권, 농산물, 서비스 등 국제무역 분야도 관장한다.
③ GATT의 제8차 다자간무역협상인 UR의 결과로 WTO가 출범하였다.
④ WTO가 GATT와 다른 점은 분쟁해결기구를 설치하여 준사법적 기능을 수행하고 있다는 것이다.

제 5 장

국제무역과 국제금융

제1절 국제무역의 형태

1. 유형무역과 무형무역

(1) 유형무역

유형무역(visible trade)은 형태를 갖추어 눈으로 볼 수 있는 물품을 수출이나 수입하는 무역을 말한다. 우리가 일반적으로 알고 있는 수출입하는 물품이 여기에 해당된다. 유형무역은 세관에서 수출입에 따른 통관절차를 반드시 거치게 되어 무역통계로 잡힌다.

(2) 무형무역

무형무역(invisible trade)은 생산요소인 노동, 자본 등과 용역 등을 거래하는 수출입하는 무역을 의미한다. 무형무역에 해당하는 것은 대체로 수수료, 이자, 보험료, 운임, 각종 여행비용, 기술사용료 등을 받거나 지급하는 것을 말한다. 무형무역은 세관에서 수출입에 따른 통관절차를 거치지 않고 무역통계로는 잡히지 않는다.

2. 직접무역과 간접무역

(1) 직접무역

직접무역(direct trade)은 무역거래당사자인 수입업자와 수출업자간에 교역할 때 중개인을 거치지 않는 무역을 말한다. 즉 교역당사자간에 직접 수출입매매계약을 맺어 무역당사자간에 상품에 대한 대금결제와 인도가 이루어지는 무역을 직접무역이라 한다.

(2) 간접무역

간접무역(indirect trade)은 무역거래당사자인 수입업자와 수출업자 간에 직접교역하지 않고 제3자인 중개인을 거쳐 거래를 하는 무역을 말한다.

1) 중계무역

중계무역(intermediary trade)은 수출하기 위하여 상품을 제3국으로부터 수입한 후 이 상품을 변형하지 않고 원형대로 다른 나라에 수출하여 수입액과 수출액 간의 차액을 취할 목적으로 하는 무역거래를 말한다. 중계무역은 일반적으로 해상운송이 용이하고 관세를 부과하지 않는 자유중계무역항을 통하여 주로 이루어진다. 이러한 중계무역항은 지리적으로 상품을 집결하고 외환교환이 쉬워야 하는데, 이런 경우의 대표적인 중계항구는 홍콩, 싱가포르, 함부르크 등이다.

이러한 중계무역항은 대체로 생산설비를 갖추지 않고 서류를 통해서만 하는 무역거래가 일반적으로 이루어지기 때문에 기존의 수출방식과 비교하여 시간과 비용 등이 절감된다. 즉 중계무역을 하는 나라가 상당수 상품의 생산 및 공급에 대해 제한이 있을 경우 제3국의 상품을 수입한 후 수출할 때 수출시장을 유지할 수 있다.

2) 통과무역

통과무역(transit trade)은 수출입물품이 수출국에서 수입국으로 직접 송부되지 않고 제3국을 거쳐서 수입국에 운송되는 무역을 말한다. 예를 들어 프랑스의 농산품이 고속도로를 거쳐 터키에 수출할 경우 유럽국가의 입장에서 보면 통과무역으로 볼 수 있다. 농산품의 통과국인 유럽국가들은 프랑스의 농산품이 운송될 때 운송료, 노임, 수수료, 보험료, 보관료 등의 수익을 획득할 수 있으므로 해당각국은 통과무역을 장려하고 있다.

3) 중개무역

중개무역(merchandising trade)은 수출입을 할 경우 제3국의 중개인을 통하여 이루어지는 무역거래를 말한다. 즉 수출업자와 수입업자간에 무역이 이루어질 때 제3국이 수출입을 중개할 경우 제3국의 입장의 경우 중개무역이 된다. 이때 중개인은 수출업자와 수입업자간의 무역거래의 알선의 대가로 중개수수료를 획득하게 되는데, 수출업자는 계약상품을 수입업자에게 직접 송달하고 수출대금은 중개인으로부터 받고 또한 중개인은 수입업자로부터 대금을 받아 그 차액을 취한다.

3. 임대차무역

(1) 임대수출

임대수출은 수출업자가 임대계약에 따라서 제품을 수출하고 일정 기간 이후 이 제품을 역수입 하거나 임대기간 만료 전후 해당제품 수입업자에게 소유권을 이전해 주는 수출을 의미한다. 설비나 기자재 등은 금액이 비싸므로 임대기간 사이에 임대료를 수출업자가 분할하여 지급받는 방식의 수출이다.

(2) 임차수입

임차수입은 임차계약에 따라서 제품을 수입하고 일정 기간 이후 역수출하거나 또는 임차기간 만료전후 해당제품 수출업자에게 소유권을 이전받는 수입을 의미한다. 임대수출과 임대수입은 반대의 입장에서 보면 된다. 설비나 기자재 등은 금액이 비싸므로 임대기간 사이에 임대료를 수입업자가 분할하여 지급하는 방식의 수입이다.

4. 연계무역

연계무역(counter trade)은 무역을 하는 나라사이에 수출입 균형이 될 수 있도록 하기 위하여 수출입품의 결제금액을 균형에 대응하는 수출입간 연계시킨 무역거래를 의미한다. 대외무역법에서는 물물교환, 대응구매, 구상무역 그리고 제품환매를 연계무역으로 보고 있다.

(1) 물물교환

물물교환(barter trade)은 무역거래를 하는 수출입업자들이 외환거래를 하지 않고 물품을 상호 교환하는 무역거래를 말한다. 즉 이러한 무역거래는 한 번의 매매계약으로 교류가 이루어지므로 수출대금과 수입대금간에 대금결제는 일반적으로 상계된다. 물물교환은 가장 기본적인 연계무역의 유형이며, 이 교환의 한계는 수출입국가간에 수출입할 수 있는 물품이 적절할 경우에만 적용되는 것이다.

(2) 대응구매

대응구매(counter purchase)는 가장 일반적인 연계무역의 유형으로 수출금액에 대응하여 일정 비율만큼 반드시 수입하겠다는 다른 계약을 하고 수출하는 무역거래이다. 다음의 구상무역과 차이는 구상무역은 하나의 계약에 의해 이루어지지만 대응구매는 수출입이 분리된 쌍방의 무역(two-way trade)으로 이루어진다는 점이 다르다.

(3) 구상무역

구상무역(compensation trade)은 수출입상품의 대금결제를 균형에 상응하는 수출입으로 상계하는 무역거래의 유형이다. 구상무역은 물물교환과 같이 한 번의 계약으로 수출입이 이루어지는 것은 같지만, 양자의 다른 점은 외환거래가 발생하여 수출입업자 사이에 합의된 통화로 대금결제가 이루어지는 것이다.

(4) 제품환매

제품환매(buy back)는 수출업자가 기계, 기술, 플랜트 등을 수출하고 이에 상응하여 같은 기계, 기술, 플랜트 등에 의하여 생산된 물품을 다시 수입해 가는 무역의 형태를 말한다. 이 방식의 거래는 수입국 산업의 활성화를 위하여 기계, 기술, 플랜트, 자본 등 공여하는 산업협력방식으로 사용된다.

5. 여러 유형의 무역

(1) 전자무역

전자무역(electronic trade, paperless trade)이란 국제 간의 다양한 상품과 서비스 거래를 정보통신기술을 이용하여 이루지는 전자상거래(e-Commerce)중 하나인데, 전자무역을 대외무역법 제2조 6호에 '무역의 일부 또는 전부가 컴퓨터 등 정보처리능력을 가진 장치와 정보통신망을 이용하여 이루어지는 거래'로 규정하고 있다.

전자무역은 인터넷, 전자문서교환(electronic data interchange: EDI), 부가가치통신망(value added network: VAN) 등 컴퓨터 통신기술을 이용하여 국제무역을 하는 개념일 뿐 아니라, 국내·외를 포함한 경제 주체들이 거래 당사자로 참가하는 모든 전자상거래를 포함한다. 특히 해외시장 조사, 새로운 거래처 발굴, 수출·입 상담, 무역관련 계약서 체결 등이 인터넷으로 상당수 이루어지고 있으며, 종전의 무역방식과 구분되는 것은 서류를 전달할 때 인터넷을 활용하는 것이 특징이다.

(2) 주문자상표부착방식수출

주문자상표부착(original equipment manufacturing: OEM)방식수출이란 수출물품의 생산을 주문하는 수입업자가 생산된 물품에 수입업자가 요구하는 상표를 부착하여 수출하는 방식을 말한다.

(3) 녹다운방식수출

녹다운(knock-down)방식수출은 수출을 할 때 완제품 상태가 아닌 제품을 부품이나 반제품의 상태로 수출하여 수입하는 나라에서 제품을 부품이나 반제품의 상태로 다시 수출하거나, 수입하는 나라에서 물품을 완성 또는 현지에서 조립하여 수출하는 방식을 말한다. 이 방식은 수출국은 부품이나 반제품의 형태로 수출로 인해, 수입국이 조립한 완제품은 무역장벽을 피하여 완제품 수입시장에 수출할 수 있는 이점이 있다. 이 방식은 대체로 자동차 등의 기계류 수출에 많이 이용된다.

(4) 플랜트수출

플랜트수출(plant export)은 선박, 철도, 차량, 공장설비, 기계 및 부품 등의 자본재 수출을 의미한다. 플랜트수출은 대규모의 자본, 장기화된 시공기간 그리고 높은 수준의 기술 요구함에 따라서 대체로 기술, 설비 그리고 공장수출이 동시에 이루어진다.

플랜트수출은 대체로 턴키(turn-key)방식 또는 일괄수주방식으로 수출된다. 턴키방식수출이란 플랜트의 설계, 제작, 완성 등과 더불어 공장부지의 조성, 공장 완성, 현지인의 공장가동 기술교육, 제품생산, 공장의 시운전, 공장운전에 따른 테스트 등의 모든 생산과정에 요구되는 각종 기술, 원재료, 물자 등을 일괄하여 수출하는 방식을 의미한다. 즉 수입업자가 플랜트를 완성하여 플랜트에 열쇠(key)만 넣어서 켜기만 하면 설비가 가동하여 물품을 생산할 수 있도록 수출업자가 플랜트의 건설을 완성하여 주는 수출방식이다.

제2절 외환시장과 환율

1. 외국환과 환율

(1) 외국환과 환율

1) 외국환과 환율

국제간에 경제적 거래가 이루어지면 당연히 거래대금의 결제문제가 발생된다. 상품거래의 경우 수출업자는 수출한 상품의 대금을 받아야 하고 수입업자는 수입한 상품의 대금을 지급하여야 한다. 그러므로 국제경제거래는 국제대금의 결제가 수반된다.

외국환 또는 외환(foreign exchange)은 외국화폐를 의미하고 환율(exchange rate)은 두 나라의 화폐간 교환비율을 말한다. 환(exchange)은 먼지역간에 현금으로 채권, 채무관계를 결제하지 않고 일정한 신용수단에 의하여 결제하는 방법을 말한다. 그러므로 외국환은 각각 먼 거리에 떨어져 있는 대차관계의 당사자들끼리 대차관계를 결제함에 있어 현금을 수송하지 않고 일정한 신용수단에 의하여 대차관계를 결제하는 방법을 말한다. 이와 같은 환거래는 내국인끼리 뿐만 아니라 외국인과도 성립될 수 있다.

채권자와 채무자가 함께 국내에 거주하고 있을 때 발행되는 환을 내국환이라고 하고 양자 중 한편이 외국에 거주하고 있을 경우 발행되는 환을 외국환이라 한다.

2) 환율표시방법

(ⅰ) 자국화표시환율

자국화표시환율(rate in home currency) 또는 직접표시방법환율은 외국통화 1단위와 교환될 수 있는 자국통화의 단위수로 표시하는 방법이다. 현재는 기축통화(key currency)인 미국 달러화를 중심화폐로 하여 표시한다. 즉 미국 1달러가 자국화폐 얼마와 교환하느냐의 형식으로 환율을 표시하고 있다. 예를 들면 한국 원화의 경우는 1USD($)=1,090KRW(₩), 중국 위안화의 경우는 1USD($)=6.21CHY(¥) 그리고 일본 엔화의 경우는 1USD($)=119.37JPY(¥) 등으로 표시한다.

(ⅱ) 외국화표시환율

외국화표시환율 또는 간접표시방법환율은 자국통화1단위와 교환될 수 있는 외국통화의 단위수로 표시하는 방법이다. 외국화표시환율은 영국, EU, 호주 등에서 주로 표시하는 방법이다. 예를 들면 영국의 파운드화의 경우는 1GBP(£)=1.51USD($)이고 유로화의 경우는 1EUR(€)=1.18USD($) 등으로 표시된다.

(2) 외환시장

외국환은행이란 국제간 자금의 이동 요구로 하는 개인간의 필요에 의해서 외환거래의 중개기능을 하는 장소이다. 외국환은행 사이의 자금거래가 이루어지는 장소가 외환시장(forcign cxchangc market)이다. 하지만 넓은 의미에서 보면 외환시장이란 오로지 외국환은행에서 이루어지는 국제간 자금거래에 제한하지 않고 국제간 외환거래의 모든 장소를 통칭하여 외환시장이라고 할 수 있다.

(3) 기축통화

기축통화(key currency) 또는 세계 통화(world currency)란 예일대 로버트 트리핀(R. Triffin)교수가 1960년 최초로 사용한 용어이다. 기축통화는 나라간 무역거래대금결제, 금융거래대금결제 그리고 대다수 나라의 준비자산을 위하여 일반적으로 사용되는 통화를 의미한다. 금본위제도 폐지되고 브레튼우즈 체제(Bretton Woods System) 이후 기축통화로 미국 달러화가 현재까지 사용되고 있다.

2. 외국환의 종류

(1) 송금환과 추심환

추심환과 송금환은 자금의 이동방향에 따른 외국환의 분류이다.

추심환(collection) 또는 역환이란 채권자가 채무자에게 환어음 등의 채무변제 요청증서를 발행하여 은행을 통해서 채권을 회수하는 경우를 말한다. 즉 역환은 무역거래에서 환어음을 수출업자가 발행하여 외국환은행을 통하여 수출대금을 받기 위해 결제요청서를 보내는 경우를 의미한다.

송금환(remittance) 또는 순환이란 채무자가 채권자에게 채무금액을 송부하기 위하여 외국환은행에 원화 또는 외화를 지불하고 이 금액에 해당하는 송금환을 채권자에게 송금해 줄 것을 위탁하는 경우를 말한다. 즉 순환은 무역거래에서 송금환을 수입업자가 발행하여 외국환은행을 통하여 수입대금을 수출업자에게 송금해 주는 경우를 의미한다.

(2) 매입환과 매도환

매입환(buy exchange)은 고객이 가지고 있는 외국환을 외국환은행이 자국화폐를 주고 구입하는 경우를 말한다. 반면 매도환(selling exchange)은 외국환은행이 고객에게 자국화폐를 받고 외국환을 판매하는 경우를 말한다.

(3) 현물환과 선물환

현물환(spot exchange)은 외국환의 거래가 매매계약과 동시에 결정되어 거래계약일의 환율에 따라 거래하는 외환을 말한다. 선물환(forward or futures exchange)은 일정 기간 후에 일정비율로 환거래할 것을 미리 약정하고 실제거래는 일정기간 경과 후 이루어지는 환거래를 말한다.

3. 환율의 분류

(1) 매입환율과 매도환율

매입환율(bid rate)은 고객이 가지고 있는 외국환을 외국환은행이 자국화폐를 주고 구입할 때 적용하는 환율을 말한다. 반면 매도환율(offer rate)이란 외국환은행이 고객에게 자국화폐를 받고 외국환을 판매할 때 적용하는 환율을 말한다. 스프레드(spread)란 매도율과 매입율의 차이를 말하며, 매매율의 차인 스프레드는 매매율 차이로 외국환은행의 입장에서는 외환거래 수익의 근원이며, 은행을 이용하는 고객의 관점에서는 거래비용이 된다.

(2) 현물환율과 선물환율

현물환율(spot exchange rate)은 현물환거래(spot transaction)때 적용하는 환율을 의미하며, 선물환율은(forward exchange rate)은 선물환거래(forward transaction)때 적용되는 환율이다.

(3) 대고객환율과 대은행환율

환율은 거래의 대상에 따라 대고객환율과 대은행환율로 거래의 대상에 따른 환율의 분류이다. 대고객환율(customer rate)은 은행이 고객과 거래 때 적용하는 환율이다. 대은행환율(inter-bank rate)은 일반적으로 은행간 거래 때 적용하는 환율을 말한다.

(4) 기준환율과 재정환율

기준환율(basic rate)이란 외국환거래 때 기준이 되는 환율로서 미국 1달러와 교환될 수 있는 우리나라 원화의 단위수로 적용하는 환율을 말한다.

재정환율(arbitrage rate)이란 우리나라 원화가 미국 달러화 이외 다른 국가통화와 비교하는 환율을 의미한다. 즉, 우리나라 원화의 대미국 달러간의 환율과 제3국 통화의 대미국 달러간의 환율과 비교한 후 간접적 방법으로 계산한 환율을 말한다. 이때 재정환율을 산정하기 위하여 이용된 제3국 통화의 대미국달러환율을 교차환율(cross rate)이라고 한다.

예를 들어 설명하면 2015년 1월 ○일 우리나라 원화의 대미국달러환율인 기준환율은 $1=₩1,000이고, 일본 엔화의 대미국 달러환율인 교차환율은 $1=¥100이라고 하자. 이 경우 원화의 대일본 엔화환율인 재정환율은 ¥1=₩10이다. 즉, 재정환율은 국내외국환시장과 국제외국환시장에서 결정된 환율을 비교하여 산정된다.

4. 환율제도

(1) 고정환율제도

고정환율제도(fixed exchange rate system)란 전면적인 외환관리 실시하에서 단일시세로 외환을 매매하면서 외환시세의 변동을 전혀 인정하지 않는 제도이다. 또한 외환관리가 철폐되어 외환시장이 존재하더라도 외환평가를 중심으로 상한과 하한이 설정되어 이 제한된 좁은 범위 내에서 외환 시세의 변동이 인정되는 제도이다.

고정환율제도의 장점은 첫째, 외환시세가 일일 변동성이 심할 경우 국제무역이나 국제투자에 종사하는 당사자는 항상 외환 거래에 따른 위험을 면치 못한다. 그러므로 채산성 확보의 전망이 곤란하므로 국제무역이나 국제투자가 저해된다. 따라서 국제무역과 국제투자를 원활히 수행하기 위해서는 고정환율제도가 변동환율제도보다 유익하다고 볼 수 있다. 둘째, 변동환율제도에서는 대규모의 환투기가 발생하고 외환시세가 극히 불안정하기 때문에 외환투기를 예방하기 위해서는 고정환율제도가 유리하다.

반면 고정환율제도의 단점은 첫째, 국제수지의 불균형을 자동 조절하는 메커니즘이 결여되어 있다. 둘째, 고정환율제도에서 국제수지의 적자는 국내신용제한정책과 대외경제 통제 실시에 의해서 진행되기 때문에 국내경제에 지나치게 디플레적 압력이 가해져 경제성장이 저해된다. 또한 고정환율제도는 다각적인 자유무역 및 결제 수행을 저해할 수도 있다. 따라서 고정환율제도에서 국제수지 적자는 다른 방법으로 시정하여야 한다.

결국 고정환율제도는 환율변동에 따른 갑작스러운 위험을 당할 가능성은 없기 때문에 외환거래가 활발해질 수 있으나 이 제도의 큰 단점은 국제수지의 불균형을 자동적으로 조절할 능력이 없다는 것이다.

(2) 변동환율제도

변동환율제도(floating exchange rate system)란 외환시장에서 외환의 수요와 공급에 따라 외환시세의 변동이 자유롭게 인정되는 제도를 의미한다. 현실에서는 변동환율제도도 외환당국 이나 외환안정기금이 외환시장에 개입해서 외환시세의 변동성을 조정하고 있다.

변동환율제도하에서는 고정환율제도의 국제수지 불균형을 조정하기 위한 신용제한정책과 대외경제 통제정책에 따른 여러 문제점을 제거할 수 있다. 또한 변동환율제도는 국제수지 불균형에 대하여 금융신용정책에 의한 국내경제의 부당한 압박을 사전적으로 제거할 수 있으며 무역 및 외환에 대한 제한조치도 완화시킬 수 있다.

즉 변동환율제도는 외환시장의 메커니즘에 의해 국제수지의 불균형을 자동적으로 조절할 수 있다는 점과 국내경제의 안정을 위협하거나 경제성장을 방해하는 정책에 하소연하지 않고 국제수지의 불균형을 조정할 수 있는 측면이 있다. 반점 문제점은 변동환율제도하에서는 잘못하면 무역이나 자본투자의 원활한 수행이 방해될 뿐 아니라 투기적 단기자본의 이동으로 외환투기가 발생할 수 있다.

(3) 관리변동환율제도

관리변동환율제도(managed floating exchange rate system)은 변동환율제도와 고정환율제도를 혼합하여 만든 환율제도이지만 기본적으로 변동환율제도의 성격을 유지하고 있다. 관리변동환율제도는 환투기 등과 같은 외국환시장의 순간적 불안정을 사전에 예방할 목적으로 정부가 개입 가능한 환율제도이다. 오늘날 대다수의 나라에서는 관리변동환율제도를 채택하고 있다.

5. 환율변동이 국민경제에 미치는 영향

달러를 기준으로 원화의 환율 변동을 예로 들어 국민경제에 미치는 영향을 설명하면 다음과 같다.

(1) 환율이 상승하는 경우

① 수출상품의 가격이 떨어져 수출이 증가하게 된다. 반면 수입상품의 가격이 비싸져 수입이 감소한다. 결국 환율 상승은 무역수지 흑자요인이 된다.

② 여행비용이 증가하기 때문에 해외여행이 감소하는 요인이 된다. 반면 외국인들이 국내관광을 할 경우 국내 여행비용이 감소하여 외국인의 국내여행이 증가하는 원인이 된다. 즉 환율 상승은 여행수지 흑자요인이 된다.

③ 주식시장에 미치는 영향은 다음과 같이 정리할 수 있다.

환율이 상승하면 국내기업의 주가의 변화는 두 가지로 정리할 수 있다. 수출 환경은 개선되므로 수출 기업의 주식을 매입하여야 이익을 볼 수 있지만, 수입에는 악영향을 미칠 수 있으므로 수입 기업의 주식을 매입할 경우 손해를 볼 수 있다. 우리나라의 산업구조는 수출기반의 산업구조로 되어 있다. 이로 인해 일반적으로 우리나라의 주가에 큰 영향을 미치는 기업은 수출기반기업이므로 환율이 상승하면 우리나라의 주식시장의 주가는 대체적으로 상승한다.

그리고 환율이 지속적으로 상승할 경우 외국인의 입장도 두 가지로 정리할 수 있다.

첫 번째, 국내주식을 보유하고 있는 외국인의 입장에서 보면 환율상승은 주가를 하락시키는 원인이 된다. 왜냐하면 환율 상승폭만큼 환차손은 종목과 상관없이 나타날 수 있기 때문이다. 즉 환율이 지속저으로 상승할 경우 외국인들은 보유주식을 매도하고 달러를 보유하려고 할 것이다. 그래서 주가는 일반적으로 하락하게 된다. 예를 들어 외국인이 A전자주식회사의 주식을 1억원어치 보유하고 있다 하자. 환율이 1달러=1,000원일 때 이 주식을 매각하여 본국으로 송금할 경우 10만 달러이다. 만약 환율이 상승하여 1달러=2,000원일 때 이 주식을 매각하면 5만 달러로 줄어들게 된다. 결국 환율이 상승하면 외국인들은 보유주식을 매도하고 달러를 보유하여 주가는 하락하게 될 것이다. 두 번째, 새로 주식을 사려는 외국인의 입장에서는 환율 상승은 국내주식을 매입하는 원인이 되어 주가 상승의 역할을 하게 된다. 예를 들어 10만 달러를 가지고 있는 외국인이 있다하자. 이 외국인은 1달러＝1,000원일 경우 1주＝10만원하는 주식을 1,000주를 살 수 있다. 그런데 환율이 상승하여 1달러＝2,000원이 되면 외국인은 10만 달러로 1주에 10만원하는 주식을 2,000주를 매입할 수 있다. 따라서 국내 주식시장의 입장에서 보면 환율이 상승할 경우 새로 주식을 사려는 외국인의 투자자는 국내주식을 매입하게 되므로 주가는 상승하게 된다. 즉 외국인 투자자들은 환율이 높을 때 주식을 산 다음 환율이 낮을 때 주식을 되팔아 환차익을 보려한다.

④ 수입물가가 상승하여 국내물가는 상승하게 된다. 특히 우리나라는 석유, 곡물 등 주요 원자재를 수입에 의존하는 나라이므로 환율 상승이 물가상승에 미치는 영향은 크다.

⑤ 외채상환부담이 늘어난다. 즉 환율이 상승하면 더 많은 원화를 주고 달러를 사서 원리금을 상환해야 하므로 그만큼 외국에 진 빚을 갚는 부담이 늘어난다.

⑥ 이자율과 환율의 관계는 환율의 변화로 이자율이 변동하기 보다는 이자율변화로 환율이 변동한다고 볼 수 있다. 즉 국내 이자율이 올라가면 달러가 국내 외환시장으로 유입하게 된다. 외환시장에서는 외국인이 달러를 매도하여 원화수요가 늘어나게 된다. 원화는 고금리를 주는 은행으로 이동하게 되어 원화가치는 오르고(＝원화는 강세가 되고) 달러는 약세가 되어 환율은 내려가게 된다.

⑦ 통화량과 환율의 관계는 환율이 통화량을 변화시키기 보다는 통화량의 변화로 환율이 변동된다고 볼 수 있다. 만약 우리나라의 경제 사정이 좋지 않아 우리 정부가 원화를 많이 푼다면 원화 가치가 하락할 것이다. 이 경우 상대적으로 달러의 가치가 올라가 환율은 상승할 것이다.

(2) 환율이 하락하는 경우

① 수출상품의 가격이 올라가 수출이 감소하게 된다. 반면 수입상품의 가격이 싸져 수입이 증가한다. 결국 환율 하락은 무역수지 적자요인이 된다.

② 여행비용이 감소하기 때문에 해외여행이 증가하는 요인이 된다. 반면 외국인들이 국내관광을 할 경우 국내 여행비용이 증가하여 외국인의 국내여행이 감소하는 원인이 된다. 즉 환율 하락은 여행수지 적자요인이 된다.

③ 주식시장에 미치는 영향은 다음과 같이 정리할 수 있다.

환율이 하락하면 국내기업의 주가의 변화는 두 가지로 정리할 수 있다. 수출 환경이 좋지 않게 되므로 수출 기업의 주식을 매입하면 손실을 볼 수 있으며, 수입에는 긍정적 영향을 미칠 수 있으므로 수입 기업의 주식을 매입하면 이익을 볼 수 있다. 그러나 우리나라의 산업구조는 수출기반의 산업구조로 되어 있다. 이로 인해 일반적으로 우리나라의 주가에 큰 영향을 미치는 기업은 수출기반기업이므로 환율이 하락하면 우리나라의 주식시장의 주가는 대체적으로 하락한다.

그리고 환율이 지속적으로 하락할 경우 외국인의 입장도 두 가지로 정리할 수 있다.

첫 번째, 국내주식을 보유하고 있는 외국인의 입장에서 보면 환율하락은 주가를 상승시키는 원인이 된다. 왜냐하면 환율 상승폭만큼 환차익은 종목과 상관없이 나타날 수 있기 때문이다. 즉 환율이 지속적으로 하락할 경우 외국인들은 주식을 달러보다 선호하게 된다. 그래서 주가는 일반적으로 상승하게 된다. 예를 들어 외국인이 A전자주식회사의 주식을 1억원어치 보유하고 있다 하자. 환율이 1달러=1,000원일 때 이 주식을 매각하여 본국으로 송금할 경우 10만 달러이다. 만약 환율이 하락하여 1달러=500원일 때 이 주식을 매각하면 20만 달러로 늘어나게 된다. 결국

환율이 하락하면 외국인들은 달러보다 주식을 선호하여 주가는 상승하게 될 것이다. 두 번째, 주식을 새로 사려는 외국인의 입장에서는 환율 하락은 주가 하락의 원인이 될 수 있다. 예를 들어 10만 달러를 가지고 있는 외국인이 있다하자. 이 외국인은 1달러＝1,000원일 경우 1주＝10만 원하는 주식을 1,000주를 살 수 있다. 그런데 환율이 하락하여 1달러＝500원이 되면 외국인은 10만 달러로 1주에 10만 원하는 주식을 500주밖에 매입할 수 없다. 따라서 환율의 하락은 주식을 새로 사려는 외국인 투자자는 국내주식을 매입하지 않게 되므로 주가 상승의 제약 요인이 된다. 만약 한 외국인이 10만 달러로 1달러＝500원일 때 1주에 10만 원하는 주식 500주를 사서 급한 일로 1달러＝1,000원일 때 본국으로 송금하기 위하여 달러로 교환하면 5만 달러가 되어 5만 달러의 환차손이 생긴다. 즉 외국인 투자자가 환율이 낮을 때 주식을 산 다음 환율이 높을 때 주식을 되팔면 환차손이 발생하므로 낮은 환율은 외국인의 주식시장 신규 진출을 제약하는 요인이 된다.

④ 환율이 하락하면 수입물가가 하락하여 국내물가는 하락하게 된다. 특히 우리나라는 석유, 곡물 등 주요 원자재를 수입에 의존하는 나라이므로 환율이 하락하면 물가도 하락하여 생활경제에는 긍정적 영향을 미친다.

⑤ 외채상환부담이 줄어든다. 즉 환율이 하락하면 적은 원화를 주고 달러를 사서 원리금을 상환하므로 그만큼 외국에 진 빚을 갚는 부담이 줄어든다.

⑥ 국내 이자율이 내려가면 달러가 국내 외환시장에서 유출하게 된다. 외환시장에서는 외국인이 달러를 매입하여 원화수요가 줄어들게 된다. 원화는 은행으로 이탈하게 되어 원화가치는 내려가고(＝원화는 약세가 되고) 달러는 강세가 되어 환율은 올라가게 된다.

⑦ 2008년 미국의 금융위기 때 미국 정부는 경기부양을 위하여 달러를 마구 찍어내었다. 이로 인해 달러는 흔해졌고 달러 가치가 하락하였

다. 이 경우 달러의 가치가 내려가 환율은 하락하였다.

제3절 국제수지론

1. 국제수지와 국제대차

일정 기간 한 국가의 국제거래로 인하여 발생된 외국에 대한 화폐의 지불과 외국으로부터의 화폐의 수취를 대조시키는 것을 국제수지(balance of international payments or balance of payments)라 한다. 즉 국제수지표란 일정 기간 일국의 거주자와 여타 다른 나라의 거주자 사이에 전개된 모든 경제적 거래를 체계적으로 분류한 것을 말한다.

즉 국제수지를 구성하는 여러 가지 경제적 거래를 체계적으로 분류하여 하나의 표로 작성한 것을 국제수지표라 한다. 국제수지표도 다양하지만 일반적으로 IMF 방식이 표준분류방식이다. 반면 국제대차는 일정 시점에 있어서 한나라의 대외적 채권과 채무의 현재잔고를 대조 시킨 것을 의미한다.

국제수지는 일정 기간에 걸쳐서 실제 결제된 화폐수지의 총액을 뜻하므로 유량(flow)[1]의 개념이고 국제대차는 일정 시점에서 미래에 결제하게 될 채권과 채무의 총액을 의미하므로 저량(stock)[2]의 개념이다.

1) 유량은 일정기간을 기준으로 파악된 경제변량의 흐름을 의미한다. 유량의 대표적 예는 국민소득, 국제수지, 투자 등이다.
2) 저량은 어떤 특정시점을 기준으로 파악된 경제변량의 존재량을 의미한다. 저량의 대표적 예는 국부와 자본, 저축 등이다.

2. 국제수지의 균형과 종류

(1) 국제수지균형의 개념

국제거래에 따라 수취와 지불이 일치하였을 때 국제수지 균형이라 하고 수취가 지불보다 큰 경우를 국제수지 흑자라고 하며 수취가 지불보다 작은 경우를 국제수지 적자라고 한다.

국제수지는 복식부기의 원리에 의하여 작성되므로 수취와 지불의 합계는 사후적으로 항상 일치하여 균형을 이루나 사전적으로는 항상 균형을 유지한다고는 볼 수 없다. 따라서 어느 계정까지 포함하여 수취와 지불을 비교하느냐에 따라 국제거래의 상태판단기준이 달라진다. 국제수지 불균형을 문제시하는 이유는 한 나라의 국제거래활동 건전성 여부를 파악하는데 사용하기 때문이다. 즉 사후적 개념의 국제수지표에서 현실적 개념의 국제수지 상태를 파악한다.

(2) 자율거래와 조정거래

자율거래는 국제수지상의 다른 계정과 관계없이 이윤이나 효용의 증대와 같은 독자적인 동기에서 자발적으로 발생하는 거래이다. 여기에는 무역수지, 자본거래 중 수익이나 투자를 목적으로 하는 것이 포함된다.

조정거래는 국제수지상의 다른 계정의 불균형이 발생하는 경우 이를 조정하기 위한 거래를 말한다. 여기에는 경상계정의 적자보전을 위해 도입되는 장기자본거래와 단기자본거래가 포함된다.

(3) 국제수지의 종류

한 나라의 국제거래의 건전성 여부를 판단하는 방법으로는 경상수지, 기초수지 및 종합수지 등이 있다.

① 경상수지는 무역수지와 무역외수지로 분류된다. 무역수지는 상품수지라고 하며 무역외수지는 서비스수지, 소득수지 그리고 이전수지의 합이다.

무역수지인 상품수지는 일반상품, 가공용 재화, 운수조달 재화, 재화수리 및 비화폐용 금 등 다섯 가지로 분류된다.

무역외수지 중 서비스수지는 여행, 통신서비스, 운수, 보험서비스, 특허권 사용비용, 정부서비스, 사업서비스, 기타서비스 등으로 분류되어 있다. 소득수지는 내외국인 근로자의 급료 및 임금항목과 이들의 투자소득수지로 양분된다. 이전수지는 증여, 원조 등이 주 내용으로 송금, 의약품 등의 무상원조, 구호를 위한 식량, 국제기구 출연금 등이 포함된다.

② 자본수지는 투자수지와 기타자본수지를 합한 개념이다. 직접투자는 해외에서 경영지배나 통제권을 행사함으로써 직접 사업을 수행하기 위하여 투자하는 것을 말하며 투자자와 투자기업간의 장기적인 관계가 설정되어야 한다. 증권투자는 투자수익을 목적으로 하는 대외투자로서 주식 및 채권에 투자하는 것을 말한다. 기타투자는 직접투자와 증권투자에 포함되지 않은 외국과의 모든 금융거래를 의미한다. 기타자본수지는 자본이전과 기타자산 거래를 말한다. 자본이전은 해외이주비, 투자보조금 등을 말하며 기타자산은 지적재산권 등 비생산무형자산 및 토지, 지하자원 등의 비생산유형자산의 거래를 의미한다.

③ 기초수지는 경상수지와 장기자본수지를 합계한 개념이다. 일반적으로 기초수지의 불균형이 바로 국제수지의 불균형으로 본다. 즉 장기자본이 경제발전에 기여하고 대외결제능력도 향상시킬 수 있기 때문에 장기자본의 도입은 국제거래에서 불건전하지 않다고 본다.

④ 기초수지와 단기자본수지를 합하여 종합수지라고 한다. 이 종합수지의 균형과 불균형에서 국제수지조정의 건전성 여부를 판단하며 이를 유동성수지라고 한다.

3. 국제수지의 안정화정책

국제수지의 안정화정책이란 국제수지의 누적적 적자에 대처하는 정부정책을 뜻한다. 국제수지가 적자일 때는 단기적으로 외환준비고를 보충하거나 단기자본의 차입으로 충당할 수 있다. 그러나 국제수지의 적자가 지속화될 때는 외환준비고가 계속 감소하고 외채는 증가하게 되어 국제신용을 추락시켜 국제경제로부터 고립화 될 수 있다.

국제수지의 불균형 조정정책은 분야별로 경상수지정책, 자본수지정책, 국내정책 및 외환정책으로 분류할 수 있다.

(1) 경상수지정책

경상수지정책에는 무역수지정책과 무역외수지정책이 있다. 무역수지정책은 수입통제, 관세율인상 등 수입억제책과 수출보조금지급 등 수출촉진책이 있다. 무역외수지정책으로는 해외여행제한, 해외관광객유치 등의 정책이 있다.

(2) 자본수지정책

자본수지정책으로는 해외자본의 도입과 해외투자의 제한이 있다. 해외자본의 도입에는 공공차관의 도입과 외국민간자본의 도입이 있다.

(3) 국내정책

국내정책은 국내경제에 자극을 주어서 국제수지를 안정화시키고자 하는 정책이다. 국내정책으로는 수출산업육성정책, 총수급조절정책, 수입대체산업육성정책 등이 있다.

(4) 외환정책

외환정책에는 환율을 조정하는 가격조정과 외환이 수급을 조절하는 정책 등이 있다. 즉 자국화폐의 가치를 떨어뜨려 수출을 촉진시키고 수입을 억제하려는 정책이다. 그러나 원자재의 수입의존도가 높은 우리나라의 경우 환율을 올려 무역수지를 개선하려고 하면 원자재 수입가격이 올라 국내물가 상승을 유발할 가능성이 있음을 유념해야 한다.

제5장 연습문제

1. 다음 중 국제수지의 불균형은 무엇에 의하여 조정되느냐?

① 무역수지 ② 단기자본의 이동
③ 국외로부터의 증여 ④ 장기자본의 이동

2. 다음 중 국제수지에 대한 개념 중 틀린 내용은?

① 종합수지 = 기초수지 + 단기자본수지
② 기초수지 = 경상수지 + 단기자본수지
③ 경상수지 = 무역수지 + 무역외수지
④ 종합수지 = 경상수지 + 장기 및 단기의 자본수지

3. 다음 중 저량으로 볼 수 있는 것은?

① 경제거래수지 ② 장기자본수지
③ 단기자본거래수지 ④ 국제대차

4. 다음 중 국제수지의 적자가 발생할 것으로 생각되는 경우는?

① 교역대상국의 물가수준이 올라가는 경우
② 국내물가수준이 떨어지는 경우
③ 해당국의 환율이 하락하는 경우
④ 해당국의 환율이 올라감과 동시에 국내물가가 떨어지는 경우

5. 다음 중 기초수지를 개선시킬 수 없는 경우는?

① 단기차관도입 ② 관광수입증대
③ 수입감소 ④ 수출증대

6. 국제수지의 불균형은 무엇에 의하여 조정하느냐?

① 무역수지조정 ② 경상수지 조정
③ 장기자본조정 ④ 단기자본조정

7. 다음 중 국제수지 균형화를 위하여 국제간 이동되는 자본은?

① 장기자본 ② 단기자본
③ 서비스자본 ④ 상품거래자본

8. 다음 중 국제수지에서 이전거래인 것은?

① 상품거래에 따른 수출입 ② 서비스거래에 따른 수출입
③ 해외유학에 따른 송금 ④ 차관에 따른 자본거래

9. 다음 중 무역수지에 해당하는 것은?

① 유학생의 학비 ② 해상보험료
③ 수입품에 대한 대금지불 ④ 차관도입에 따른 이자지불

10. 다음 중 외환의 수요가 발생하는 요인으로 보기 힘든 것은?

① 해외자본투자급증
② 외국기업의 우리나라에 공장건설급증
③ 해외유학생파견급증
④ 재화 및 서비스 수입급증

11. 다음 중 외환의 수요가 발생하는 요인은?

① 재화 및 서비스의 수출급증 ② 해외증여의 대폭감소
③ 해외자본투자의 대폭감소 ④ 해외유학생의 파견급증

12. 다음 중 환율이 상승되는 경우의 효과로서 옳지 않는 것은?

① 수출이 일반적으로 증가된다.
② 수입이 일반적으로 감소된다.
③ 수입품의 국내가격이 일반적으로 상승한다.
④ 외화로 환산한 수출품의 해외가격이 인상된다.

13. 우리나라에서 적용하고 있는 환율제도는?

① 고정환율제도 ② 자유환율제도
③ 변동환율제도 ④ 혼합환율제도

14. 다음 중 고정환율제도를 바르게 설명하고 있는 것은?
① 외환시장에 대한 해외시장의 개입이 불필요한 제도이다.
② 외환시장에 대한 정부 개입이 불필요한 제도이다.
③ 환율이 크게 변경되어도 국제수지균형에는 큰 영향이 없다.
④ 외환시장에 대한 해외시장의 개입이 필요한 제도이다.

15. 다음 중 환율이 상승하면 일어나는 현상 중 옳은 것은?
① 수출증가 ② 수출감소
③ 수입증가 ④ 수출입 모두 증가

16. 다음 중 자국통화 한 단위당 외화를 얼마 받을 것인가를 표시하는 방법은?
① 지불계산법 ② 국제계산법
③ 무역계산법 ④ 수취계산법

17. 다음 중 환율이 상승할 때 가장 유리한 사람은?
① 국내사용 제품공급업자 ② 수출품 생산종사자
③ 수입품 생산종사자 ④ 건설회사 경영자

18. 다음 중 한 나라의 수출진흥정책과 가장 연관이 없는 현상은?
① 자원의 발굴 ② 새로운 해외시장의 개척
③ 생산기술의 혁신 ④ 인구의 증가

19. 다음 중 자유무역주의는 상대적으로 어느 국가에게 가장 유리한가?
① 경제부흥을 위하여 원자재 수입이 많은 국가
② 원자재 풍부국가
③ 2차 산업이 고도로 발달된 선진국
④ 농업이 발달되고 2차 산업이 뒤떨어진 국가

20. 일반적으로 국내물가가 해외물가보다 싼 경우 일어날 수 있는 경우로 올바른 내용은?

① 수출과 수입 모두 증가함
② 수출과 수입 모두 감소함
③ 수출은 증가하고 수입은 감소함
④ 수출은 감소하고 수입은 증가함

21. 우리나라 무역정책의 방향으로써 바르지 못한 내용은?

① 기업의 경영합리화를 확충하기 위한 방향이다.
② 보호무역의 범위를 확충하기 위한 방향이다.
③ 소비자보호의 범위를 확충하기 위한 방향이다.
④ 국내산업의 국제경쟁력 향상을 위한 방향이다.

22. 다음 중 무역의 효과로 보기 어려운 것은?

① 자원의 재배분 효과　② 국제간 가격의 균등화 현상
③ 운송비의 절감 효과　④ 국민소득의 증대 효과

23. 다음 중 연결이 잘못된 것은?

① 수입할당제-쿼터시스템
② 수입허가제-쿼터시스템
③ 물물교환무역제도-바터시스템
④ 구상무역제도-바터시스템

24. 다음 중 무역에 있어서 바터제도와 관련이 있는 제도는 무엇인가?

① 중개무역제도　② 구상무역제도
③ 통과무역제도　④ 기술무역제도

25. 다음 중 저개발농업국과 선진공업국들 간에 발생하는 무역은?

① 남북무역　② 남남무역
③ 동서무역　④ 북북무역

26. 다음 중 수출을 전제로 필요한 원재료 등을 수입하는 무역은?

① 중계무역 ② 통과무역
③ 녹다운방식무역 ④ 연계무역

27. 다음 ( )안에 알맞은 용어는?

> ( )이라 함은 외국화폐를 의미하고 ( )는(은) 두 나라의 화폐 사이의 교환비율을 말한다.

① 환어음, 이자 ② 외국환, 환율
③ 국제채권, 환율 ④ 외환, 이자

28. 외국환어음의 시세를 결정하는 가장 큰 요인인 것은?

① 원자재의 가격 ② 국제운임
③ 해외부채의 양 ④ 국제무역

29. 1$=1,200원으로 표시된 방법을 무엇이라 하는가?

① 수취인환율표시방법 ② 외국화폐기준표시법
③ 자국화폐기준표시법 ④ 혼합표시방법

30. 환율이 떨어지면 어떤 효과가 나타나는가?

① 수입이 용이해지고 수출은 어려워진다.
② 수출입 모두 용이해진다.
③ 수출입 모두 어려워진다.
④ 수입은 어려워지고 수출은 쉬워진다.

31. 환율의 시세가 떨어지면 어떻게 되나?

① 무역역조 ② 수출증가
③ 외국차입금의 부담 증가 ④ 수입증가

32. 다음 중 고정환율제도의 장점이 아닌 것은?

① 리스크 거래가 없다.

② 채산성 확보에 안정적이다.
③ 국제수지 불균형을 자동적으로 조정한다.
④ 외환투기가 이루어지지 않아 안정적으로 외환을 관리할 수 있다.

33. 다음 중 기초수지개선 항목에 포함되지 않는 것은?

① 장기차관의 도입 ② 단기차관의 도입
③ 수입축소 ④ 관광수입의 확대

34. 다음은 국제수지를 표현한 내용이다. 틀린 것은?

① 경상수지는 무역수지와 무역외수지를 합한 것이다.
② 경상수지와 장기자본수지의 합계를 기초수지라 하고 기초수지의 불균형이 곧 국제수지의 불균형이다.
③ 기초수지는 경상수지와 단기자본수지의 합계이다.
④ 기초수지와 비금융부분의 단기자본의 거래를 합하여 종합수지라 한다.

35. 국제수지표에서 국제수지의 균형을 이루게 하는 조정항목에 해당하는 것은?

① 장기자본수지
② 화폐로 사용하는 금의 보유와 외환보유액증감분
③ 이전수지
④ 단기자본수지

36. 다음 중 이전수지에 속하는 것은?

① 차관의 원금상환 ② 외국여행자의 서비스구매
③ 유학생에게 보내는 송금 ④ 해외투자에 따른 배당금수입

37. 다음 중 환율이 인하되면 유리한 사람은?

① 수입업자 ② 수출업자
③ 외화보유자 ④ 차관제공자

38. 국제수지의 균형이 의미하는 것은?

① 수출입균형이 이루어짐을 의미
② 회계적 잔고가 균형임을 의미
③ 기초수지가 균형을 의미
④ 자본수지가 균형임을 의미

39. 국제수지와 국제대차의 차이점은 무엇인가?

① 국제수지는 항상 균형인 반면 국제대차는 불균형이다.
② 국제수지는 불균형이지만 국제대차는 항상 균형이다.
③ 국제수지는 유량의 개념이고 국제대차는 저량의 개념이다.
④ 국제수지는 저량이지만 국제수지는 유량이다.

40. 고정환율제도하에서 외환과 외화의 유입을 증대시키기 위한 정책은?

① 통화량은 감소시키고 이자율은 인상시킨다.
② 통화량만 감소시키면 된다.
③ 이자율만 인상시키면 된다.
④ 통화량은 증가시키고 이자율은 하락시킨다.

41. 완전고용상태에서 물가가 안정적인 상태에서 국제수지의 개선을 위하여 어떤 조치를 취하면 좋겠는가?

① 환율만 인상하면 된다.
② 환율만 하락시키면 된다.
③ 환율인상과 이자율인상이 동시에 일어나야 한다.
④ 환율인하와 이자율인하가 동시에 일어나야 한다.

42. 변동환율제도의 장점이 아닌 것은?

① 국제수지의 자율적 균형화
② 국내경제정책의 독립성 유지
③ 국제수지 조정작용의 계속성 확보
④ 경쟁적 환율인상의 방지

43. 변동환율제도하에서 수출이 감소하면 외환의 상황은 어떻게 되나?

① 환율의 변동이 없다.
② 환율이 하락한다.
③ 환율이 상승한다.
④ 환율이 일시적으로 하락하다가 상승한다.

44. 다음 중 유형무역의 거래에 해당하는 것은?

① 원료 ② 기술
③ 운임 ④ 자본

45. 홍콩의 무역회사가 우리나라의 무역회사로부터 컴퓨터를 1대당 9,000달러에 수입한 후 말레이시아의 무역회사에 10,000달러에 다시 수출하는 무역의 형태를 의미 하는 것은?

① 중계무역 ② 구상무역
③ 통과무역 ④ 스위치무역

46. 다음 중 수출하는 기업의 입장에서는 수출증대와 기술확보의 계기가 되는 장점은 있지만 수출기업 상품에 대한 이미지 제고나 독자적 수출시장의 확보가 어렵다는 수출방식에 해당하는 형태는?

① 녹다운방식수출 ② OEM방식수출
③ 플랜트수출 ④ 연계무역

47. 다음 중 턴키(turn – key)방식수출의 대상에 해당하는 것은?

① 의복, 가방, 인형 ② 생산설비, 철도, 선박
③ 컴퓨터, TV, 휴대폰 ④ 책, 문구류, 축구공

48. 다음 중 A국의 환율이 올라갔을 때 일반적으로 A국에 미치는 영향 중 틀린 것은?

① A국의 제품수출 증가 ② A국의 제품수입 감소
③ A국의 물가상승 현상 ④ A국의 해외관광객수 감소

49. 한 나라의 경상수지 중 외국과의 배당, 이자, 임금 등의 수취 및 지급을 기록하는 수지를 무엇이라 하는가?

① 서비스수지 ② 상품수지
③ 경상이전수지 ④ 소득수지

50. 한 나라의 경상수지 중 운수, 여행, 통신, 보험, 특허권사용료 등의 거래를 기록하는 수지는?

① 서비스수지 ② 소득수지
③ 경상이전수지 ④ 상품수지

51. 한 나라의 경상수지 중 해외송금, 자선단체의 기부금, 정부 간 무상원조 등을 기록하는 수지는?

① 소득수지 ② 이전수지
③ 서비스수지 ④ 무역수지

52. 다음 중 환율에 대한 설명으로 바른 것은?

① 두 나라 사이에서의 도매물가수준의 비율
② 한 나라의 통화가치를 다른 나라의 통화로 표시한 비율
③ 수입품에 대한 수출품의 교환비율
④ 수출품에 대한 수입품의 교환비율

53. 한 나라에서 외국환의 공급이 이루어지는 근거는?

① 수출과 해외자본도입 ② 수입과 해외자본도입
③ 수입과 해외직접투자 ④ 수출과 해외직접투자

54. 한 나라에서 외국환의 수요가 이루어지는 근거는?

① 수출과 해외자본도입 ② 수입과 해외자본도입
③ 수입과 해외직접투자 ④ 수출과 해외직접투자

55. 한 나라에서 외국환의 수요가 급증하는 경우는?

① 수출품에 대한 해외수요가 급증할 경우

② 수입품인 원유의 가격이 급등할 경우
③ 해외자본도입이 급증할 경우
④ 해외직접투자가 급히 감소할 경우

56. 달러와 원화의 환율이 $1=₩1,000에서 $1=₩1,200으로 될 경우 옳지 않는 것은?

① 미국으로 한국자동차의 수출이 증가할 것이다.
② 한국으로 미국자동차의 수입이 증가할 것이다.
③ 미국인의 한국 여행이 증가할 것이다.
④ 한국인의 미국 유학비용이 증가하게 된다.

57. 달러와 원화의 환율이 $1=₩1,000에서 $1=₩1,200으로 될 경우 가장 유리한 사람은?

① 우리나라 소비자　　② 미국 유학생
③ 수출업자　　④ 해외차관도입기업

58. 다음 중 우리나라의 입장에서 환율을 상승시키는 요인들로 보기 어려운 것은?

① 국내경기가 호황이다.　　② 해외경기가 불황이다.
③ 국내이자율이 인상되었다.　　④ 국내물가가 상승하였다.

해설 해외경기가 좋으면 다른 나라들의 우리나라 상품에 대한 수입수요를 증가시켜 우리나라의 수출을 증대시키게 되어 외환이 공급되어 환율을 하락시키게 되고, 국내이자율이 인상되면 소비와 투자수요가 줄고 수입수요가 줄게 되어 외환에 대한 수요를 감소시키게 되어 환율하락에 영향을 미치게 된다.

59. 다음 중 국제수지에 대한 설명으로 옳지 않은 것은?

① 한 나라의 경제 상황을 표시하는 중요한 지표이다.
② 한 나라의 대외결제 능력의 주요 척도이다.
③ 적정 환율의 적절성의 주요 결정요인이다.
④ 한 나라의 단기적 및 장기적인 국제거래의 전망을 평가할 수 없다.

60. ( )는 상품의 수출로 인하여 획득한 화폐와 상품의 수입으로 인하여 그 대가를 지불한 화폐와의 차액을 나타내는 국제수지의 일종이다.

① 상품수지 ② 서비스수지
③ 직접투자수지 ④ 기타자본수지

61. ( )는 해외기업에 대한 경영참여 등과 같이 지속적인 이익을 취득하기 위한 대외투자수지를 나타내는 국제수지의 일종이다.

① 상품수지 ② 서비스수지
③ 직접투자수지 ④ 기타자본수지

62. ( )는 특허권, 상표권, 실용신안권 등을 매매할 때 발생하게 되는 비금융자산의 처분 및 취득 또한 해외이주비 등을 나타내는 국제수지의 일종이다.

① 상품수지 ② 서비스수지
③ 직접투자수지 ④ 기타자본수지

63. 국제수지 중 서비스수지에 해당하지 않는 것은?

① 운수 및 보험 ② 통신서비스
③ 이자수익 ④ 관광수지

64. 다음 중에서 경상수지에 속하지 않는 것은?

① 상품 ② 운임보험료
③ 증여 ④ 대외투자 중 주식과 채권구입

65. 다음 중 국제수지의 항목이 될 수 없는 것은?

① 특허 ② 보험서비스
③ 증권투자 ④ 관세

66. 다음 중 경상수지란 무엇을 말하는 가?

① 무역수지 + 자본수지
② 투자수지 + 소득수지

③ 무역수지＋서비스수지＋소득수지

④ 상품수지＋서비스수지＋소득수지＋경상이전수지

해설 ① 경상수지는 무역수지＋무역외수지이다. 무역수지는 상품수지라고 하며 무역외수지＝서비스수지＋소득수지＋이전수지이다. 무역수지는 일반상품＋가공용 재화＋운수조달 재화＋재화수리＋비화폐용 금이다. 서비스수지는 여행＋통신서비스＋운수＋보험서비스＋특허권 사용비용＋정부서비스＋사업서비스＋기타서비스 등이다. 소득수지는 내외국인 근로자의 급료 및 임금항목＋이들의 투자소득수지이다. 이전수지는 증여＋원조 등이 주 내용으로 송금＋의약품 등의 무상원조＋구호를 위한 식량＋국제기구 출연금 등이다.
② 자본수지는 투자수지＋기타자본수지이다. 투자수지는 직접투자＋증권투자＋기타투자이다. 기타자본수지는 자본이전＋기타자산 거래이다. 자본이전은 해외이주비＋투자보조금 등 이다. 기타자산은 지적재산권 등 비생산무형자산＋토지, 지하자원 등의 비생산유형자산의 거래이다.
③ 기초수지는 경상수지＋장기자본수지이다. 일반적으로 기초수지의 불균형을 바로 국제수지의 불균형으로 본다. 즉 장기자본이 경제발전에 기여하고 대외결제능력도 향상시킬 수 있기 때문에 장기자본의 도입은 국제거래에서 불건전하지 않다고 본다.
④ 종합수지는 기초수지＋단기자본 거래이다. 이 종합수지의 균형과 불균형에서 국제수지조정의 건전성 여부를 판단하며 이를 유동성수지라고 한다.

67. 다음 중 국외에 거주하는 동포가 국내의 형제에게 보내오는 송금, 자선단체의 기부금과 구호식량, 국제기구에 출연금, 해외 무상원조 등이 기록되는 것과 관계있는 것은?

① 무역수지 ② 자본수지
③ 서비스수지 ④ 경상이전수지

68. 다음 중 기업에 대한 영속적인 이해관계보다는 투자수익을 목적으로 하는 대외투자로서 주식 및 채권에 대한 투자를 포함하는 국제수지는?

① 직접투자수지 ② 증권투자수지
③ 기타투자수지 ④ 해외이주비수지

69. 다음 중 경상수지 안정화 정책 중 수출촉진정책에 해당하는 것은?

① 해외로부터의 관광객 유치 ② 해운수지 개선
③ 해외에 대한 증여 삭감 ④ 해외시장개척 촉진

70. 다음 중 무역수지 개선을 위한 수단으로 보기 어려운 것은?

① 비관세장벽 ② 수입규제
③ 수출보조금 지급 ④ 통신서비스 개선

71. 다음 중 국제수지의 적자를 개선하기 위한 정책에 합당하지 않은 것은?

① 국제무상원조장려 ② 해외여행규제
③ 수입규제 ④ 해외증여삭감

72. 다음 중 무역통계로 잡히는 것은?

① 보험료 ② 운임
③ 유형무역 ④ 여행비용

73. 홍콩, 싱가포르, 함부르크 등의 항구에서 일어나는 무역의 형태는?

① 간접무역 ② 중계무역
③ 통과무역 ④ 중개무역

74. 다음 중 대외무역법상 연계무역으로 보기 힘든 무역은?

① 대응구매 ② 구상무역
③ 통과무역 ④ 제품환매

75. 수출업자가 기계, 기술, 플랜트 등을 수출하고 이에 상응하여 같은 기계, 기술, 플랜트 등에 의하여 생산된 물품을 다시 수입해 가는 무역의 형태는?

① 대응구매 ② 구상무역
③ 통과무역 ④ 제품환매

76. 소비자가 해외사이트에서 직접 구입하는 무역형태는?

① OEM방식수입 ② 전자무역
③ 플랜트 수입 ④ 녹다운방식수입

77. 수출국은 부품이나 반제품 형태의 수출로 인해, 수입국이 조립한 완제품은 무역장벽을 피해서 완제품 수입시장에 수출할 수 있는 이점을 가진 수출방식은?

① OEM방식수출 ② 전자무역
③ 플랜트 수출 ④ 녹다운방식수출

78. 나라간 무역거래대금결제, 금융거래대금결제 그리고 대다수 나라의 준비자산을 위하여 일반적으로 사용되는 통화를 무엇이라 하는가?

① SDR ② 외환통화
③ 기축통화 ④ 국제통화

79. 다음 중 추심환과 가장 연관이 있는 환은?

① 송금환 ② 순환
③ 역환 ④ 매입환

80. 외환의 매도율과 매입율의 차이를 무엇이라 하는가?

① 스프레드 ② 오퍼 레이트
③ 현물환거래 ④ 선물환거래

81. 우리나라 원화가 미국 달러화 이외 다른 국가통화와 비교하는 환율은?

① 기준환율 ② 교차환율
③ 매도환율 ④ 재정환율

82. 재정환율을 산정하기 위하여 이용된 제3국 통화의 대미국달러환율을 무엇이라 하는가?

① 기준환율 ② 교차환율
③ 매도환율 ④ 재정환율

83. 다음 중 유량(flow)에 해당하는 것이 아닌 것은?

① 국제수지 ② 저축
③ 수요 ④ 자본

84. 다음 중 저량(stock)에 해당하는 것이 아닌 것은?

① 국제대차 ② 국제수지

③ 저축 ④ 국부

제 6 장
국제경영의 의의와 기업의 국제화

제1절 국제경영의 정의와 연구대상의 범위

1. 국제경영의 정의

국제경영은 대체로 1960년대 이후 무역이 세계적 차원에서 확대되면서 논의의 대상이 되고 있다. 무역이 세계적 규모로 확대되면서 각 나라의 기업들은 해외시장을 경쟁적으로 개척하여야 했으므로 새로운 경영기법 도입의 필요성이 제기되었다. 기업의 활발한 국제화로 인해 연관기업과 정부는 기존의 양상과 다른 문제들에 부딪치게 되었다.

그 결과 국제경영에 대한 연구도 활발히 이루어졌지만 현재까지 국제경영에 대한 명확한 정의를 내리지 못하고 있다. 이 책에서는 일반화된 내용을 중심으로 국제경영의 개념을 정의하면 다음과 같다. 즉 국제경영학은 국경을 초월하거나 2개국 이상에서 동시에 이루어지는 경영활동을 교육 및 학문적 연구의 대상으로 하는 학문분야이다. 그리고 국제경영이란 기업이 이윤창출을 목적으로 2개국 이상 국가에서 동시에 이루어지는 기업의 총체적 경영활동이다. 경영활동의 대상에는 재화, 서비스, 자본, 인력교류 및 관리, 산업기술이전 그리고 경영기법 등이 포함된다. 국제경영활동분야는 대체로 수출입활동과 해외현지생산활동으로 분류할 수 있고 또한 여기에서 파생된 기업경영활동의 다양성은 기업의 국제화 중 기업에 따라 다양한 형태로 변화를 시도하고 있다.

2. 국제경영연구대상의 범위

현재 국제경영연구대상범위는 연구학자들마다 서로 다르며 각자의 주장도 다양하다. 그 이유는 국제경영의 학문적 역사가 일천하여 독립적 학문영역을 확실히 확보하지 못하고 있을 뿐만 아니라 국제경영의 연구영역이 너무 광범위하기 때문이라고 볼 수 있다. 현재의 연구들을 종합하여 국제경영의 연구대상을 개괄적으로 정리하면 대체로 다음과 같다.

첫째, 국제경영활동은 다국적 기업 또는 국제기업을 연구대상으로 하고 있다.

둘째, 국제경영환경을 연구하는 연구범위에는 기업의 수출입국의 국제금융시장, 국제경제기구 그리고 그들과의 관계 등을 포함한다.

셋째, 국제경영의 유형은 수출입, 계약방식, 해외직접투자 등으로 나누어지는데 이에 대한 전략대안이 연구의 범위에 포함된다.

넷째, 국제경영의 기능적 연구범위로 국제회계, 국제마케팅, 국제재무 등이 포함된다.

기타 국제교류가 왕성한 재화 및 서비스 등에 대해 별도로 연구되기도 하고 향후에는 국제경영과 관련된 각국의 역사적 연구 등도 분석의 대상이 될 것이다.

국제경영을 폭넓게 이해하기 위해서는 위의 범위를 모두 습득하여야 하지만 교양서인 본서에서 이러한 내용들을 모두 다루기는 어려울 것이다. 이에 본서에서는 국제경영의 기본에 해당하는 첫째, 둘째, 셋째 내용 중 일부만 간략히 언급할 예정이다.

제2절 기업의 국제화

1. 기업의 국제화의 의의

(1) 기업의 국제화 정의

기업의 국제화(internatioalization)란 한 나라 혹은 특정 나라에 본사를 두고 있는 기업이 물품의 판매시장 혹은 그 경영 및 영업의 활동범위를 해외로 확장시켜 나가는 과정으로 정의하고 있다. 여기서 특히 중요한 것은 이윤기회의 획득 및 이윤잠재력의 확충과 연관된 기업활동영역의 해외지향성이라 할 수 있다.

그리고 기업의 글로벌화 또는 세계화(globalization)라는 용어가 기업의 국제화와 더불어 사용되고 있다. 우리는 국제경영에서 일반적으로 사용하고 있는 용어인 기업의 국제화를 중심개념으로 사용하고자 하고, 교양서인 본서에서는 국제화와 글로벌화를 구분하여 사용하지 않고 동일한 뜻으로 사용하기로 한다.

기업의 복잡 다기화된 현상을 단정적으로 정리하기는 힘들지만 기업의 국제화라는 용어에는 대체로 다음과 같은 내용들을 포함하고 있다.

먼저 기업의 국제화는 기업보유의 내부자원을 국외로 점차적으로 이전시킨 후 국외시장에 참여하여 기업성장의 기회를 국내와 해외에서 동시에 이룩하기 위한 기업경영전략의 변화과정으로 볼 수 있다.

둘째, 기업의 국제화는 기업활동영역이 해외로 경영활동영역을 확대하여 가는 것을 뜻하므로 기업은 새로운 이윤을 창출하기 위하여 시장다양화전략, 상품다각화전략 그리고 기업경영활동영역의 다각화전략 등의 필요성이 제기된다.

셋째, 기업의 국제화에 처음으로 참여하는 기업은 대체로 경쟁력이 가장 큰 사업부문이나 제품을 국외시장에 투입하여 강한 경쟁력을 가진 이미지를 부각시킨 후 사업범위를 새로운 사업영역이나 물품부문으로 확대시켜 나간다.

넷째, 기업의 국제화의 이유는 줄어들고 있는 국내시장의 부가가치를 점차적으로 해외시장에서 부가가치를 높이는 것이다. 즉 기업의 국제화 초기에는 해외시장에서 단지 마케팅활동부문에서만 부가가치를 국한하지만 점차 해외시장에서 제품의 조립, 신상품의 연구개발, 재화의 생산 등으로 부가가치영역을 확충하게 된다.

(2) 기업의 국제화는 필수적인가?

기업의 국제화는 일반적으로 기업이 확장을 위해서 추구하여야 할 필수적 과정이라고 한다. 특히 우리나라 기업의 국제화는 국내시장의 협소성과 부존자원의 부족으로 인하여 해외의존도가 높기 때문에 필연적 흐름으로 받아들여야 할 것이다. 즉 우리나라 기업의 국제화전략은 선택의 문제가 아니라 대부분의 기업이 거부할 수 없는 필수적이라는 것을 뜻한다.

결국 기업의 국제화에 적극적으로 대응한 기업은 국제화를 통하여 지속적 성장이 가능하며, 이에 능동적으로 대처하지 못한 기업은 시장에서 도태될 수밖에 없음을 뜻한다. 1980년대 이후 우리나라 기업의 해외진출은 급속히 증가하였을 뿐만 아니라 기업의 국제경쟁에서도 성공하였다고 볼 수 있다.

기업이 계속 존재하기 위해서는 지속적으로 성장(growth)하거나 현상 유지하는 생존(survival)일 것이다. 기업이 성장을 실현하기 위해서는 더 많은 이익과 더 많은 매출을 실현하여야 하므로, 이를 위하여 시장의 확장이 필요하다. 이것은 결국 국제화를 기업의 성장과정이라고 정의한 것과 그 맥락을 같이 한다.

그럼 생존을 목표로 하는 기업은 시장에 어떻게 대응해야 할까? 특정 기업제품의 시장 확장이 한계에 도달한 경우와 이 제품에 대한 새로운 경쟁기업 등장으로 특정기업이 더 이상의 성장이 불가능한 경우, 만약 특정기업이 생존을 위해서 기존시장을 고수하는 전략만을 추구한다면 어떤 기업이든 이 생존 목표를 달성할 수 어렵다는 것을 누구나 잘 알고 있을 것이다. 대체로 소극적이고 방어적인 기업들은 적극적이고 국제적인 의식을 가지고 새로운 이윤을 확보할 시장을 찾는 기업들에게 퇴출될 것이다. 즉 기업의 생존을 위해서는 성장을 위한 적극적 전략인 기업의 국제화가 필수적일 것이다.

3. 기업의 국제화과정

앞에서 보았듯이 기업의 국제화란 한 나라 혹은 특정 나라에 본사를 두고 있는 기업이 물품의 판매시장 혹은 그 경영 및 영업의 활동범위를 해외로 확장시켜 나가는 과정으로 정의할 수 있다. 기업의 국제화과정은 나라마다 처해있는 환경이 다르기 때문에 모든 나라에 동시에 동일한 모형을 적용하기는 어렵다. 즉 선진국의 경우는 기업의 국제화가 상대적으로 쉽지만 개발도상국은 오히려 기업의 국제화가 어렵다. 그러므로 선진국과 개발도상국간에 기업의 국제화단계가 다를 수밖에 없지만 여기에서는 기업의 국제화과정에 대해 보편적인 개념을 중심으로 살펴보고자 한다.

(1) 국내지향기업

국내지향기업이란 대다수의 기업들이 설립 초기 국내시장을 대상으로 생산 및 마케팅활동을 하고 있는 기업을 의미한다. 설립 초기 기업들이 사업을 시작할 때 해외시장에 대한 경험과 정보가 충분하지 못하므로 국내시장에서의 생산 및 판매활동은 해외시장개척을 위한 중요한 역할과 기능을 할 것이다. 즉 대부분의 기업들은 국내시장에서 판매점유율을 높여 수익을 극대화한 후 해외시장진출의 기회를 모색하여야 할 것이다.

국내시장규모가 방대한 미국과 일본 등은 내수중심기업이 풍부한 나라이다. 반면 국내시장이 협소한 우리나라, 스위스, 네덜란드, 스웨덴 등은 해외시장지향기업을 중심으로 성장을 추구하지 않을 수 없다. 특히 지속적 경제성장추세를 보이고 있는 스위스, 벨기에, 네덜란드, 스웨덴, 핀란드 등은 다국적기업을 중심으로 성공한 나라들의 예라고 할 수 있다.

(2) 해외지향기업

기업 설립 후 일정 시간 경과한 후 기업의 생산규모 증가와 새로운 경쟁기업 참여로 국내시장이 한계에 도달되거나 경쟁이 심화될 경우, 기업들은 국내시장보다 상대적으로 시장 확대나 경쟁 등에서 우위를 찾을 수 있는 해외시장으로 그 진출 가능성을 타진하게 된다. 국내시장의 여러 요인뿐만 아니라 해외시장의 수요 증가 요인 등으로부터 국내시장 중심의 기업들은 서서히 해외시장에 많은 관심을 가지게 된다. 기업들은 실험적인 해외진출을 거쳐 기업의 국제화과정의 시작인 해외지향기업으로 바뀌어 간다.

기업은 처음 해외로 진출할 때 위험의 최소화 전략으로서 수출을 많이 활용한다. 초기단계의 해외지향기업들은 수출관련 중요한 기초정보들을 충분히 가지고 있지 않기 때문에 지리적이나 문화적으로 가까운 나라들을 주요 대상으로 수출을 시작한다. 그 후 수출노하우(know-how)를 바탕으로 점차적으로 수출대상국을 확대한다. 이러한 해외지향기업의 수익증대는 수출을 통한 해외시장개척과 규모의 경제[1])를 통하여 이루어진다.

(3) 현지지향기업

제품수입국이 지속적인 무역적자로 자국기업을 보호하기 위하여 관세 혹은 비관세장벽을 통해서 해외로부터 수입에 대한 규제를 강화하거나, 또는 인건비인상, 국내물가 상승 등 생산비가 상승하게 되면 수출을 지향하는 기업은 많은 어려움에 봉착하게 된다. 즉 해외지향기업은 수출에 많은 어려움을 겪게 된다.

---

1) 규모의 경제(economy of scale)란 생산요소의 투입량 증대에 따라서 생산비절약 또는 수익이 향상되는 현상이다. 즉 대량생산을 함으로써 생산단위당 투입되는 비용절감으로 기업이익을 늘리는 것을 목적으로 하는데, 최근에는 기업들은 설비 확충을 통하여 생산비를 절감하는 것에 그 목적을 두고 있다.

이 경우가 되면 해외지향기업은 관세 및 비관세장벽 등의 무역규제를 피하거나 그리고 현지의 유리한 입지상황을 이용한 현지생산을 한 후 이를 현지에 판매하거나 수출하는 해외직접투자의 방법을 이용한다. 이러한 기업이 현지지향기업이고 이 단계의 기업은 대규모의 생산설비, 인력 그리고 경영 등이 현지생산에 투입되므로 기업의 위험도 증가한다. 이러한 기업들이 바로 국제화된 기업이다.

우리나라 기업 중 중국이나 동남아에 진출한 이유는 현지국의 저렴한 노동력을 이용한 경우이다. 또한 현대자동차, 삼성전자, LG 등 대기업이 현지에 공장을 설립한 것은 각 나라의 무역장벽을 피하기 위한 방법인 것이다.

(4) 세계지향기업

현지지향기업은 해외투자에 성공한 경험을 토대로 새롭게 투자할 나라와 투자해 성공한 나라에 투자확대 등을 모색할 것이다. 그러나 세계는 성공한 현지지향기업간의 지나친 경쟁으로 하나의 거대하고 처절한 경쟁시장이 될 것이다. 그 결과 생존할 수 있는 거대기업은 존재하기 어려운 세상이 된다.

이런 문제점을 극복하기 위하여 기업인들은 세계적 차원의 경영 합리화 방법으로 다국적기업들의 경영성과 극대화를 위한 세계적 경영전략(global business strategy)을 통하여 기업의 마지막 단계인 세계지향기업을 추구하게 된다.

제6장 연습문제

1. 한 나라 혹은 특정 나라에 본사를 두고 있는 기업이 물품의 판매시장 혹은 그 경영 및 영업의 활동범위를 해외로 확장시켜 나가는 과정을 무엇이라 하는가?

① 기업의 국제화　② 마케팅의 국제화
③ 연구의 국제화　④ 구매의 국제화

2. 다음 중 기업의 국제화란 용어에 포함되지 않는 것은?

① 기업성장의 기회를 해외시장에서만 이룩하기 위한 기업경영전략의 변화과정
② 기업은 새로운 이윤을 창출하기 위하여 시장다양화전략, 상품다각화전략 그리고 기업경영활동영역의 다각화전략 등의 필요성이 제기
③ 처음으로 참여하는 기업은 대체로 경쟁력이 가장 큰 사업부문이나 제품을 국외시장에 투입하여 강한 경쟁력을 가진 이미지를 부각시켜야 함
④ 국제화의 이유는 줄어들고 있는 국내시장의 부가가치를 점차적으로 해외시장에서 부가가치를 높이는 것임

3. 해외시장지향기업을 중심으로 성장을 추구하는 나라가 아닌 경우는?

① 네덜란드　② 일본
③ 스위스　④ 스웨덴

4. 다음 중 내수중심기업이 풍부한 나라는?

① 미국　② 벨기에
③ 한국　④ 스웨덴

5. 수출을 통한 해외시장개척과 규모의 경제를 통하여 이루어지는 경우는?

① 국내지향기업　② 해외지향기업
③ 현지지향기업　④ 세계지향기업

6. 최근에는 기업이 설비 확충을 통하여 생산비를 절감하는 것에 그 목적을 두는 현상은?

① 범위의 경제 ② 규모에 대한 보수증가 현상
③ 규모에 대한 보수감소 현상 ④ 규모의 경제

7. 관세 및 비관세장벽 등의 무역규제를 피하기 위하여 해외직접투자의 방법을 선택하는 기업형태는?

① 국내지향기업 ② 해외지향기업
③ 현지지향기업 ④ 세계지향기업

8. 우리나라의 현대자동차, 삼성전자, LG 등 대기업이 중국이나 동남아 현지에 공장을 설립하는 이유가 아닌 것은?

① 국내인건비의 상승 ② 국내물가의 상승
③ 현지 무역규제 ④ 원재료가격의 하락

9. 성공한 현지지향기업간의 지나친 경쟁으로 거대기업은 지속적으로 존재하기 어려운 문제점을 극복하기 위하여 기업인들은 세계적 차원의 경영 합리화 방법을 추구한다. 다음 중 다국적기업들의 경영성과 극대화를 위한 기업의 마지막 단계는?

① 국내지향기업 ② 해외지향기업
③ 현지지향기업 ④ 세계지향기업

10. 다음은 기업의 국제화과정을 설명하는 내용 중 틀린 것은?

① 미국과 일본 등은 해외지향기업이 풍부한 나라인 반면 우리나라, 스위스, 네덜란드, 스웨덴 등은 국내시장지향기업을 중심으로 성장을 추구하고 있다.
② 해외지향기업의 수익증대는 수출을 통한 해외시장개척과 규모의 경제를 통하여 이루어진다.
③ 현지지향기업은 대규모의 생산설비, 인력 그리고 경영 등이 현지생산에 투입되므로 기업의 위험이 증가할 수 있다.
④ 세계지향기업이란 세계적 차원의 경영 합리화 방법으로 다국적기

업들의 경영성과 극대화를 위한 세계적 경영전략(global business strategy)을 추구하는 기업의 마지막 단계를 의미한다.

11. 다음 중 무역활동을 추구하는 기업의 동기에 대한 설명으로 옳지 않은 것은?

① 상품판매시장을 해외로 확장시켜 생산량을 증대시키면 범위의 비경제를 가능하게 되므로 원가를 감소시킬 수 있다.

② 특수 생산설비로 생산되는 상품의 경우 국내시장 규모가 협소할 경우 유휴시설 문제가 발생하므로 유휴설비의 활용의 활성화를 위해 기업체들은 수출을 시도하게 된다.

③ 국내경영환경과 국제경영환경이 차별화되기 때문에 기업들은 동일한 상품을 국내 판매보다 해외 판매가 더 큰 이익을 발생시킬 수 있다.

④ 기업들은 국내에서 사용될 원재료, 원료, 완제품 등을 상대적으로 안정적이고 저렴하게 수입하거나 구매하고자 한다.

제 7 장

기업의 해외시장진출전략

국제경영은 대체로 1960년대 이후 국제교역이 세계적 차원에서 확대되면서 논의의 대상이 되었다. 그리고 국제교류는 1990년대 이후 폭발적 증가추세를 보이고 있고 그에 따라 기업들은 국제경영을 통한 기업경영활동도 다양화되고 적극적 입장을 보이고 있다. 대다수의 기업들은 처음부터 해외시장을 지향하지는 않으며 국내지향기업으로 출발하여 국내시장을 주된 무대로 시작한다. 그러나 기업들은 국내시장의 한계로 인해 시장확대가 어려워지면 해외지향기업으로 성장전략을 선회하게 된다. 그리고 해외지향기업은 다시 국제경제환경의 변화에 따라 현지지향기업을 거쳐 세계지향기업 지속적 성장전략을 변경하게 된다. 즉 기업들은 기업목표를 보다 효율적으로 달성할 수 있도록 기업의 국제화를 추구하는 과정에서 각 기업이 처한 상황에 적절한 전략을 구사하게 된다.

따라서 여기에서는 기업의 국제화에 따른 해외시장진출전략을 수출에 의한 진출방식, 계약에 의한 진출방식 그리고 해외직접투자에 의한 진출방식으로 나누어 살펴보기로 한다.

제1절 수출에 의한 진출방식

1. 수출의 의의

국제교역에서 물품 및 서비스의 이동방향에 따라 수출과 수입으로 구분된다. 수출은 자국 또는 제3국에서 물품을 생산 또는 가공하여 해외의 다른 나라에 판매하는 것을 의미하며 수입은 역으로 해외에서 국내시장으로 매입되는 경우를 뜻한다. 수출은 물품의 생산 또는 가공업체가 해외시장진출을 위한 가장 기본적인 전략이다. 그리고 기존의 수출은 해외기업에 물품을 판매하는 것이 일반적이다. 최근 원자재, 부품 등의 가공 또는 조립을 위하여 해외의 자회사와 거래하는 형태의 무역도 많이 증가하고 있는 실정이다. 서비스를 수출하는 업체는 해외에 공급할 서비스와 관련된 기술·자본·인력·기업 자체 등의 자원을 해외로 효율적으로 이전할 수 있는 방법을 연구하여야 한다. 국제경영에 있어 수출입을 동시에 살펴보아야 하지만 기업의 국제화 과정 중 분석의 중심을 수출활동으로 보고 있다. 즉 수출은 기업의 국제경영활동 중 가장 기본적인 활동으로 볼 수 있다. 여기에서는 수입에 대한 분석은 제외하고 수출에 대해서만 살펴보기로 한다.

특히 수출이 기업의 해외진출의 기본전략으로 폭넓게 이용되는 이유는 다음과 같다. 먼저, 국제교역에 처음 참여하는 기업일지라도 특별히 많은 자본 투자없이도 수익을 획득할 수 있고, 해외시장에서 많은 경험을 얻을 수 있기 때문이다. 둘째, 수출은 상대적으로 위험이 적어 해외진출의 다른 방법과 동시에 활용할 수 있기 때문이다.

2. 수출진출방식의 유형

(1) 간접수출방식

간접수출방식은 자국 또는 제3국에서 제품을 생산 또는 가공하여 제3자인 중개상인을 거쳐서 해외에 수출하는 방식을 의미한다. 간접수출은 제조업체가 중개상인을 거쳐서 물품을 국외시장에 매각하는 것이므로 생산제품의 소비가 국내에서 이루어지는 것이 아니라 해외에서 소비가 이루어지는 점을 제외하고 기본적으로 국내거래와 동일하다. 이러한 간접수출은 새로운 인력추가와 자본 투입없이도 판매이익을 발생시킬 수 있는 좋은 점이 있다. 간접경로를 이용한 수출은 생산이나 재정적인 면에서 취약한 중소기업에서 주로 이용한다.

간접수출방식은 중간수출상을 통해 경쟁기업보다 먼저 해외시장을 개척할 수 있는 장점이 있어 수출증가, 수출품목 추가선정 그리고 직접 수출방식으로 이행이 용이하다. 그러므로 믿을 수 있는 중개상인의 선정이 중요하고 기업과 중개상인은 상호 보완관계가 되어야 할 것이다. 반면 중개상인을 통한 수출품은 해외마케팅의 통제권을 상실하게 되어 제품생산기업의 활동이 제한적 일 수밖에 없다. 또한 제품생산업체와 해외구매자간 직접적으로 접촉할 수 없으므로 독자적인 해외시장정보를 확보할 수 없고 경험확보에 문제점을 지니고 있다. 또한 중간상인의 수출의 존도가 높아 중개인의 불리한 조건을 수용할 수밖에 없고 생산업체의 독립적 해외시장기반구축이 힘들다.

(2) 직접수출방식

직접수출방식은 자국 또는 제3국에서 제품을 생산 또는 가공하여 제3자인 중개상인을 거치지 않고 생산한 회사가 수출담당부서나 관련무역회사를 통해서 해외에 직접 수출하는 방식이다. 직접수출방식은 제조업체가 간접수출방식으로 수출을 경험한 후 이전되는 단계이다. 직접수출은 수출에 직접개입하기 때문에 간접수출보다 직접시장개입의 범위가 크므로, 일반적으로 직접수출방식은 대규모 시장진입을 위한 방안으로 이용되고 있다. 직접수출은 수출전담부서나 계열무역회사를 통해 해외시장조사뿐만 아니라 해외마케팅과 유통경로에 직접개입할 수 있기 때문에 제품경쟁력 강화와 시장확대를 최대화할 수 있다. 그리고 직접수출은 해외마케팅에 대한 관련 전문적인 경험을 축적하기 용이한 장점이 있다.

반면 직접수출방식은 해외진출을 위해서 전담부서나 관련무역회사 설치에 따른 인력확보와 현지지점이나 국외자회사를 통한 마케팅전담으로 많은 초기경비가 필요하고 무역관련 많은 현지 지식이 요구된다. 그리고 직접수출은 수출기업이 해외시장에 진입할 경우 현지 적응 때까지 국외기업의 불리함을 인식하여야 한다. 또한 직접수출시 수출과 관련한

의사결정을 할 때 시장의 변화와 요구에 일반적으로 신속하게 대응하여야 함에도 불구하고 신중할 수밖에 없는 한계성이 있다.

결국 제조업체가 직접 수출경로를 선택할 때 자기기업 및 수출상품의 특성, 수출할 시장의 규모 그리고 교역환경 등을 신중히 생각하여야 하며 기업내부 인력구성을 효율적으로 재편성해야 한다.

제2절 계약에 의한 진출방식

기존의 무역은 자동차·가전제품·화학제품·섬유 등 유형의 재화를 주거래 대상으로 하였다. 최근에는 지적재산권, 기술노하우(know-how), 경영노하우 등의 무형자산도 수출을 하고 있는데 이는 해외의 현지기업과 일정한 계약에 의해 판매하는 방식을 취하므로 계약에 의한 진출방식이라고 한다. 계약에 의한 해외진출방식은 비중은 향후 더욱 급속히 증가할 것으로 예상된다. 이의 대표적 예는 라이센싱, 프랜차이징 그리고 계약생산방식이 대표적이다.

1. 라이센싱

라이센싱(licensing)은 기술보유자(licensor)가 소유하고 있는 무형자산이나 권리인 특허, 상표, 상호, 각종 노하우(know-how), 기술 등을 외국의 기술사용자(licensee)에게 판매 또는 임대계약에 대해 로열티 혹은 기타 형태로 그 대가를 지급받기로 하고 기술보유자와 기술사용자 사이에 체결하는 계약형태를 의미한다.

라이센싱 계약을 체결하는 이유는 다음과 같다. 먼저, 해외시장에서 무형자산을 보호하는 역할을 한다. 둘째, 자국에서 이미 사용된 무형자산을 해외에 판매하거나 임대함으로써 추가이윤을 확보할 수 있다. 셋째, 무형자산 기술보유자(licensor)가 국외시장에 보다 적극적으로 개입하기 위한 교두보를 확보하기 위하여 라이센싱을 활용한다.

2. 프랜차이징

프랜차이징(franchising)은 특정 기업체가 보유하고 있는 기업체명이나 상표명의 사용권을 다른 기업체나 개인에게 허가한 후 품질관리를 포함한 마케팅지원 및 일반관리지원시스템 등 모든 서비스의 내용까지 제공자가 사용자를 직간접적으로 관리하는 방식이다. 이러한 프랜차이징은 라이센싱의 한 형태이지만 통제력은 훨씬 강하다. 프랜차이징은 호텔, 식품, 음식점 등과 같은 서비스 업종에서 상당수 이루어지며, 대표적 예는 메리어트 호텔, 힐턴호텔, 코카콜라, 맥도널드 햄버거, 스타벅스 커피숍, 켄터키 치킨 등은 세계 어디서나 볼 수 있는 유명브랜드이다. 프랜차이징은 일반적으로 제품의 품질이 표준화되어 있어 모회사의 상표관리에 효율적이라고 평가받고 있다.

프랜차이징의 유리한 점은 다음과 같다. 첫째, 표준화된 판매기법을 사용하여 규모의 경제실현이 가능할 수 있다. 둘째, 프랜차이징 기업체는 기업체명이나 상표명의 사용료로 지불하는 비용 이외는 모두 수익으로 되기 때문에 각 업체별로 매출을 극대화하기 위하여 자발적으로 노력한다. 셋째, 프랜차이징을 통하여 시장확장을 추진하면 해외에서 직접 업체를 관리·운영하는 것보다 비용절감효과를 누릴 수 있다.

다만 프랜차이징 사용권에 대한 통제가 어렵고 힘들다는 점과 잠재적인 경쟁자가 항상 잔존하고 있다는 점은 문제점이다.

3. 계약생산방식

계약생산(contract manufacturing)방식은 라이센싱과 해외직접투자의 중간적 성격을 띠고 있는 생산방식이다. 계약생산은 지분 참여가 없기 때문에 해외직접투자방식과는 완전히 구분된다. 이 방식은 국제화된 기업이 특정 생산업체와 일정한 조건으로 계약을 맺고 그 조건에 맞추어 제품을 생산한 후 상품을 생산한 나라나 다른 나라에 판매하는 생산방식을 말한다. 이에는 주문자상표부착방식, 플랜트 수출, 관리계약 그리고 서비스계약 등이 있다.

(1) 주문자상표부착방식

주문자상표부착(original equipment manufacturing: OEM)방식도 일종의 생산계약방식인데 OEM방식이란 수출물품의 생산을 주문하는 수입업자가 생산된 물품에 수입업자가 요구하는 상표를 부착하여 생산한 나라나 제3국으로 수출하는 방식을 말한다.

계약생산방식은 계약을 맺은 생산업자에게 라이센싱으로 생산, 품질관리, 마케팅 방법 등을 제공은 하지만 설비 투자를 하지 않아도 쉽게 해외시장에 진입을 할 수 있는 이점을 누릴 수 있다. 다만 이 방식은 일정수준의 품질과 판매수준을 지키기 위해서 지속적인 기술지원이 요구되므로 품질의 지속적 관리의 어려움이 있어, 시장 자체에서 경쟁자를 쉽게 키울 가능성이 있다.

(2) 플랜트 수출

플랜트수출(plant export)은 선박, 철도, 차량, 공장설비, 기계 및 부품 등의 자본재 수출을 의미한다. 플랜트수출은 대규모의 자본, 장기화된 시공기간 그리고 높은 수준의 기술 요구함에 따라서 대체로 기술, 설비 그리고 공장수출이 동시에 이루어진다.

플랜트수출은 대체로 턴키(turn-key)방식 또는 일괄수주방식으로 수출된다. 턴키방식수출이란 플랜트의 설계, 제작, 완성 등과 더불어 공장부지의 조성, 공장 완성, 현지인의 공장가동 기술교육, 제품생산, 공장의 시운전, 공장운전에 따른 테스트 등의 모든 생산과정에 요구되는 각종 기술, 원재료, 물자 등을 일괄하여 수출하는 방식을 의미한다. 즉 수입업자가 플랜트를 완성하여 플랜트에 열쇠(key)만 넣어서 켜기만 하면 설비가 가동하여 물품생산을 할 수 있도록 수출업자가 플랜트의 건설을 완성하여 주는 수출방식이다.

국내외의 중공업관련 업체들은 해외의 발주를 통하여 각종 발전소·석유시추설비·생산공장 등을 건설하거나 시공한 후 이러한 시설을 가동하기 직전의 단계에서 작동키만 넘겨주는 턴키방식을 많이 활용하는 대표적 예이다.

(3) 관리계약

현대 사회에서는 기업의 대규모화로 경영문제는 더욱 복잡화된다. 이에 따라 기업 관리도 전문화가 요구되어 고도의 지식을 가진 경영인이 필요해진다. 결과적으로 경영관리가 전문경영인에게 맡겨지게 되는데 이것이 소유와 경영의 분리이다. 관리계약(management contract)이란 전문경영인에게 기업경영을 맡기는 것이라고 할 수 있다. 국제관리계약(international management contract)은 현재의 세계적 경영현실을 국제경영에 적합한 전문경영인에게 기업경영을 위임하는 것을 의미한다. 즉 국제관리계약이란 국제적 계약을 통해서 특정국 기업체의 일반적인 기업활동을 관리할 권한을 위임받고 이에 대응한 경영관리능력을 제공하므로 합당한 대가를 획득하는 방식이다.

(4) 서비스계약

서비스계약(service contract)은 항공회사의 경우 기내 음식물의 공급과 항공기 정비를 자사가 직접 운영하지 않고 계약을 통해 특정국에서 서비스를 제공받는 경우의 계약을 의미한다.

제3절 해외직접투자에 의한 진출방식

1. 해외직접투자의 개념

기업의 세계화가 확산되면서 해외에서 국내로 그리고 국내에서 해외로 각종 투자가 빠르게 증가하고 있다. 해외직접투자(foreign direct investment: FDI)[1]는 해외투자자가 경영참가 및 기술제휴를 통한 제품 및 서비스 생산을 목적으로 자본, 기술, 인력, 경영기법 등의 투자를 의미한다. 반면 해외간접투자(foreign indirect investment)는 기업의 수익을 증대시키고 위험을 분산시키기 위하여 국외기업의 주식이나 채권 등을 매입하는 포트폴리오 투자(portfolio investment)를 뜻한다. 그러나 해외기업에 간접투자를 한다고 하여도 주식 지분의 소유비율이 어느 수준을 넘으면 일반적으로 경영권을 행사할 수도 있을 것이다. 경영참여를 위한 투자와 단순한 자산투자의 구분방법은 나라별로 다소 차이가 있지만 대략 기업체 의사결정에 참여할 수 있는 주식을 약 10% 이상 취득하는 경우를 직접투자로 본다. 결과적으로 기업의 인수합병(merger and acquisition:

1) 어떤 책에서는 FDI를 해외직접투자라고 하고 어떤 책에서는 외국인직접투자라고도 한다. 이는 외국인직접투자와 해외직접투자는 직접투자를 어느 쪽의 시각에서 정의하느냐에 따라 차이가 있을 뿐 그 본질은 동일하다. 본서에서는 FDI와 ODI(overseas direct investment) 모두 해외직접투자로 동일하게 사용하기로 한다.

M&A)이 자유로운 나라에서는 직접투자와 간접투자간의 구분이 급속히 허물어지고 있다.

2. 해외직접투자의 동기

(1) 시장지향형 직접투자

시장지향형 직접투자(market-oriented FDI)는 관세 및 비관세장벽 등 무역규제를 회피하여 현지국의 수출시장을 개척, 확보, 유지하기 위한 목적으로 현지생산 및 현지판매에 대해 직접투자하는 것을 의미한다. 나누어 설명하면 다음과 같다. 먼저, 일반적으로 현지국의 수요를 확충하거나 새로운 시장개척을 위하여 직접투자를 하게 된다. 또 직접투자를 EU나 NAFTA지역에 하는 것은 더 큰 시장에 제품공급의 전진기지를 확보하기 위하여 현지국에 투자하는 경우이다. 그리고 제품이 수출을 통해 공급되는 중 현지국이 관세 및 비관세장벽 등의 무역장벽구축 또는 현지국의 경쟁기업과 경쟁환경이 악화될 경우 현지제품시장의 안정적 확보를 위하여 현지생산공장을 설립하게 된다.

예를 들면 현대자동차의 미국, 중국 등 지역해외 생산공장 설립과 삼성전자·LG전자 등의 미국, 중국에 현지제조공장 설립 등이 가장 대표적인 예이다. 현지시장에서 자동차, TV, 전자레인지, 휴대폰 등을 적극적으로 판매하기 위한 투자라고 볼 수 있다.

(2) 생산요소지향형 직접투자

생산요소지향형 직접투자(factor-oriented FDI)는 상대적으로 저렴하거나 양질의 생산요소를 획득하기 위하여 해외직접투자를 하는 경우이다. 이 유형의 해외직접투자는 생산효율지향형 직접투자, 자원지향형 직접투자 그리고 기술지향형 직접투자로 분류할 수 있다.

1) 생산효율지향형 직접투자

생산효율지향형 직접투자(production efficiency-oriented FDI)유형은 생산요소의 가격이 상대적으로 저렴한 지역에 투자하여 높은 생산성을 획득하기 위한 투자유형이다. 즉 대표적인 것은 저렴한 노동력을 공급할 수 있는 현지국을 이용하는 투자의 경우와 가격이 싼 국가의 토지를 이용하여 공장을 설립하기 위하여 직접투자가 이루어지는 경우이다.

예를 들면 선진국인 미국, 독일, 일본 등이 아시아, 아프리카 등의 저렴한 임금 또는 싼 가격의 토지를 공급하는 나라에 대한 직접투자가 대표적인 경우이다. 우리나라도 중국, 동남아시아 등에 생산시설을 이전하여 제품을 생산한 후 현지에서 바로 수출하거나 역수입하고 있는데 이 경우가 전형적인 예이다.

2) 자원지향형 직접투자

자원지향형 직접투자(resource-oriented FDI)는 부존자원이 풍부한 현지국에서 자원을 안정적으로 확보한 후 본국으로 수입하거나 제3국에 수출하기 위하여 해외직접투자가 이루어지는 경우의 투자를 말한다. 자원지향형 직접투자는 대규모 자본 투입, 고위험 부담 그리고 장기 투자 등을 특징으로 하고 있다. 이 투자의 대표적인 품목은 석유, 광물, 농산물, 임업 등의 분야이다.

이 경우의 예는 미국의 중동지역 석유투자개발과 특히 부존자원이 부족한 우리나라나 일본의 해외자원개발투자 등 이다. 또한 우리나라는 대기업 차원에서도 중앙아시아, 아프리카 등에 해외자원개발에 최근 투자하고 있는 실정이다.

3) 기술 또는 지식지향형 직접투자

기술 또는 지식지향형 직접투자(technology-oriented FDI 또는 knowledge-oriented FDI)는 선진기술이나 경영관리지식을 보다 빠르게 습득하기 위하여 하는 직접투자로 기술의 중심지에 기존 설립된 기업체를 인수하거나 해외자회사를 설립하는 방법으로 그 목적을 이룰 수 있다. 삼성전자나 LG전자 등이 선진기술부문의 정보와 최신 연구동향을 습득하기 위하여 미국의 실리콘밸리에 현지해외법인을 설립하거나 현지법인을 인수하는 것이 그 대표적인 예이다.

(3) 안전지향형 직접투자

안전지향형 직접투자(security-oriented FDI)는 생산단계를 국제적으로 분산시키는 방법으로 안정적인 생산활동을 가능하게 하거나, 정치적 위험을 축소시키기 위해서 여러 나라에 분산하여 투자하는 경우를 의미한다.

3. 해외직접투자의 형태

(1) 합작투자와 단독투자

해외합작투자(international joint venture)는 한 기업이 해외직접투자를 통하여 현지국 기업의 경영 등에 참가할 목적으로 현지국 기업의 지분을 100%미만 보유하는 것을 의미한다. 즉 해외합작투자란 일반적으로 서로 상이한 국적을 가진 2개 혹은 그 이상의 기업체가 경영, 지식, 기술 등의 기반 위에 특정의 기업체를 설립한 후 공동의 목적을 달성하기 위하여 그 업체를 함께 운영하는 해외투자사업활동의 한 형태라고 할 수 있다. 합작투자는 지분 소유비율에 따라 50%가 넘는 다수지분형, 50%씩 같은 지분을 가지는 동일지분형 그리고 50%미만인 소수지분형으로 나눌 수 있다.

단독투자(sole investment)는 한 기업이 해외직접투자를 통하여 현지국 기업의 경영 등에 참가할 목적으로 현지국 기업의 지분을 100% 보유하는 것을 의미한다. 즉 해외투자기업이 현지국 기업의 참여없이 독자적으로 현지국 기업에 투자하는 경우를 말한다.

(2) 신규투자와 인수합병형 투자

신규투자(greenfield investment)형태는 해외투자시 기업체가 자체적으로 토지를 매입한 후 공장 또는 업장을 설립하여 현지인 중심으로 고용하는 방식의 해외직접투자를 말한다.

인수합병형 투자(merger and acquisition: M&A type investment 또는 brownfield investment)란 해외투자시 이미 설립된 기업체의 주식을 매입하는 방법으로 경영에 참여하는 형태를 취할 수 있다. M&A는 특정 기업의 주식을 매입함으로써 기업 소유권을 획득하는 경영전략이다. 즉 어떤 기업이 특정기업의 인적, 물적, 자본 등을 결합하여 동일한 경영 및 관리 체제로 기업활동을 할 수 있도록 조직화하는 기업결합의 한 유형이다.

일반적으로 M&A는 수평적 M&A[2], 수직적 M&A[3] 그리고 복합적 M&A[4]로 나눌 수 있다. 그리고 M&A는 그 방식에 따라 두 회사가 합병한 후 새로운 회사를 설립하는 신설M&A와 한 회사가 다른 회사에 흡수되는 흡수M&A로 구분할 수 있다. 또한 상대기업이 동의한 상태에서 기업을 결합하는 형태를 우호적 M&A라고 하는 반면 상대기업의 주식을 공개적 매입방법으로 기업지분을 확보한 후 경영진을 사퇴시키고 경영권을 차지하는 기업을 결합하는 형태를 적대적 M&A라고 한다.

---

2) 동일한 산업 내 동일한 생산단계의 기업 즉 경쟁기업과의 결합
3) 동일한 산업 내 생산단계가 다른 기업과의 결합
4) 다른 산업에 있는 기업과의 결합

제4절 다국적기업

1. 다국적기업의 개념

제2차 세계대전 이후 지속된 정보·통신수단, 과학기술, 교통 등의 빠른 변화로 전세계가 단일경제권으로 바뀌었다. 이러한 변화는 이른바 다국적기업의 급속한 성장 및 발전을 가져오게 했다. 그런데 다국적기업이란 용어는 근래에 사용된 용어로써 학자들 사이에서도 일치된 정의를 제시하지 못하고 있다. 본서는 교양중심의 도서이기 때문에 용어의 개념을 다양하게 정리하기보다는 일반목적으로 정의하면 다음과 같다. 다국적기업의 개념은 다국적기업을 연구하는 학자들의 관점에 따라 여러 가지 의견이 제시되었다. 이 견해들에 따르면 구조적 형태, 성과기준, 형태적 특색 등 다양한 측면의 결합에 따라서 규정되고 있음을 알 수 있다.

즉 다국적기업(multinational corporation: MNC)[5]을 포괄적으로 정의하면 국내외활동의 구별이 없고 이익획득을 위한 동기만 부여되면 세계 어디든 진출하여 2개 이상의 나라에서 제품의 마케팅활동장소 및 생산지를 보유하면서 국제경영활동을 수행하는 세계적 규모와 범위의 기업을 의미한다.

5) 학자들 사이에는 다국적기업과 기업의 국제화 과정을 설명하는 데 다음의 용어들을 구분하여 사용하기도 한다. 즉 세계기업(world enterprise)·국제기업(international corporation)·범국적기업(transnational corporation)·초국적기업(supranational corporation), 글로벌기업(global enterprise, global corporation), 우주기업(cosmo corporation) 등 다양한 용어인데 본서에서는 다국적기업이라는 용어를 그대로 사용하고 개념 정의하기로 한다.

2. 다국적기업의 특징

1970년대 이후 다국적기업의 수는 급속히 증가하였고 또한 다국적기업의 세계시장 진출을 위한 적극적인 전략과 노력은 세계경제의 글로벌화를 위한 추동력이 되었다. 다국적기업의 업종수는 대체로 제조업, 석유산업, 금융업, 광업, 농업 등의 순서로 되어있다. 특히 제조업 중 자동차, 의약품, 전자제품, 가공식품 등의 업종은 다국적기업들이 규모의 경제·범위의 경제·마케팅능력·기술 등을 바탕으로 상대적으로 점유율이 높은 편이다. 이러한 다국적기업의 특징은 다음과 같다.

첫 번째 특징으로는 대형화된 기업규모를 들 수 있다. 세계적 대기업집단은 다국적기업의 유형이고 그 기업의 매출과 자산규모는 초대형화되어있다는 연구결과가 있다.

둘째는 기업자산에 해당하는 브랜드·특허·자금·신용도·정보·시스템을 국내외 공동으로 사용할 뿐만 아니라 전략도 공동으로 구사하고 있다.

셋째는 다국적기업은 소싱(sourcing)[6]전략을 인소싱(insourcing)전략과 아웃소싱(outsourcing)전략으로 나누어 동시에 수행하는 특성을 가지고 있다. 다국적기업은 가능한 국제경영활동의 인소싱전략을 통하여 필요한 자원을 최대한 기업내부에서 조달하여 내부수익을 극대화하기 위해 노력하고 그 외는 적절한 방법을 통한 아웃소싱전략을 사용하는 경영전략을 구사하고 있다.

넷째는 해외직접투자와 기술개발에 적극적이다.

다섯째, 다국적기업은 경쟁우위가 있다고 생각하는 분야에 자본을

---

6) 소싱(sourcing)은 인소싱(insourcing)과 아웃소싱(outsourcing)으로 분류된다. 즉 인소싱은 전통적인 방법으로 기업업무의 기능과 서비스를 조직 내부에서 총괄적으로 제공 및 조달하는 경제활동 방식을 말하며, 아웃소싱은 기업 업무의 일부 과정의 경영효율과 효과를 극대화하기 위한 일 방안으로 기업외부의 제3자에게 위탁하여 관리하는 것을 의미한다.

선택과 집중시켜 기업가치를 극대화하기 위하여 최선을 다하고 있다.

여섯째, 모기업을 중심으로하여 해외연관자회사들은 공동소유권으로 연계되어 있다.

제7장 연습문제

1. 다음 중 철도·선박·발전기 등의 중공업기계, 공장건설 그리고 기계·통신·철도·항만 등의 설비와 함께 그와 관련된 기술지도까지 포함해서 전부 수출하는 것을?
① 가공수출 ② 주문자 상표부착방식 수출
③ 녹다운방식수출 ④ 플랜트수출

2. 다음 중 기업의 해외시장 진출방식에 있어서 계약형태의 방법에 의한 것은?
① 해외직접투자 ② 프랜차이징
③ 합작투자 ④ 인수합병

3. 다음은 해외직접투자를 추구하는 동기에 해당하지 않는 것은?
① 시장지향형 직접투자 ② 생산비효율지향형 직접투자
③ 자원지향형 직접투자 ④ 기술지향형 직접투자

4. 다음 해외직접투자 중 생산요소지향형 직접투자에 해당하지 않는 것은?
① 시장지향형 직접투자 ② 생산효율지향형 직접투자
③ 자원지향형 직접투자 ④ 기술지향형 직접투자

5. 다음 중 직접수출의 장점이 아닌 것은?
① 해외경쟁기업의 생산능력과 판매활동 분석도 가능하다.
② 직접마케팅을 통한 장기이익 실현이 가능하다.
③ 수출분쟁발생으로 위험비용의 부담이 증가할 수 있다.
④ 해외시장의 정보를 직접 수집하거나 파악이 가능하다.

6. 다음 중 OEM방식수출의 장점으로 보기 어려운 것은?
① 수출확대와 기술축적의 계기가 될 수 있다.

② 현지에서 제품판매에 따른 경비 및 위험부담을 벗어날 수 있다.
③ 현지국의 상표를 부착하여 판매함으로써 현지인의 거부반응을 회피할 수 있다.
④ 새모델을 개발하는 등의 독자적인 경영에 한계가 있을 수 있다.

7. 제품이 수출을 통해 공급되는 중 현지국이 관세 및 비관세장벽 등의 무역장벽구축 또는 현지국의 경쟁기업과 경쟁환경이 악화될 경우 현지제품시장의 안정적 확보를 위하여 현지생산공장을 설립하게 되는 해외직접투자는?

① 시장지향형 ② 생산효율지향형
③ 자원지향형 ④ 정치적 안정지향형

8. 부존자원이 풍부한 현지국에서 자원을 안정적으로 확보한 후 본국으로 수입하거나 제3국에 수출하기 위한 해외직접투자는?

① 생산효율지향형 ② 자원지향형
③ 정치적 안정지향형 ④ 시장지향형

9. 다음 중 다국적기업의 성격으로 보기 힘든 것은?

① 신제품과 신기술의 보급 확대
② 특정산업에 집중 진출
③ 경쟁우위분야를 중심으로 자본의 선택과 집중을 통해 기업가치의 극대화 추진
④ 모기업을 중심으로 하여 해외연관자회사들은 공동소유권으로 연계

10. 다음 중 다국적기업의 특징으로 보기 힘든 것은?

① 대형화된 기업규모
② 브랜드·특허·자금·신용도·정보·시스템을 국내외 공동사용
③ 소싱(sourcing)전략을 인소싱(insourcing)전략을 중심으로 수행
④ 해외직접투자와 기술개발에 적극성

11. 다음 중 다국적기업의 긍정적 영향인 것은?

① 경쟁의 심화로 자유경쟁 유발
② 특정분야에 선택적으로 집중화하는 경향
③ 진출국의 경영사고와 혼란심화
④ 진출국과 기술격차의 심화로 기술식민지화 현상

12. 자국 또는 제3국에서 제품을 생산 또는 가공하여 제3자인 중개상인을 거치지 않고 생산한 회사가 수출담당부서나 관련무역회사를 통해서 해외시장에 진출하는 방식은?

① 해외직접투자 ② 해외간접투자
③ 직접수출방식 ④ 간접수출방식

13. 기술보유자가 소유하고 있는 무형자산이나 권리인 특허, 상표, 상호, 각종 노하우, 기술 등을 외국의 기술사용자에게 판매 또는 임대계약에 대해 로열티 또는 기타 형태로 그 대가를 지급받기로 하고 기술보유자와 기술사용자 사이의 체결하는 계약형태는?

① 라이센싱 ② 프랜차이징
③ OEM방식 ④ 플랜트수출

14. 프랜차이징에 해당하는 대표적 업종이 아닌 것은?

① 호텔업종 ② 식품업종
③ 음식업종 ④ 스포츠 의류업종

15. 프랜차이징의 장점으로 보기 힘든 것은?

① 표준화된 판매기법으로 규모의 경제의 실현이 가능
② 각 업체별로 매출을 극대화하기 위한 자발적 노력이 가능
③ 해외에서 직접 업체를 관리·운영하는 것보다 비용절감효과
④ 사용권에 대한 통제가 어렵고 힘든 점

16. 다음 중 간접수출의 장점으로 보기 어려운 것은?

① 경쟁기업보다 먼저 해외시장을 개척

② 수출품목 추가선정이 용이함
③ 해외마케팅의 통제권 상실
④ 자금 부담 완화

17. 다음 중 계약생산방식이 아닌 것은?

① 합작투자 ② 주문자상표부착방식
③ 플랜트수출 ④ 국제관리계약방식

18. 국제화된 기업이 특정 생산업체와 일정한 조건으로 계약을 맺고 그 조건에 맞추어 제품을 생산한 후 이 상품을 생산한 나라나 다른 나라에 판매하는 생산방식은?

① 프랜차이징 ② 계약생산방식
③ 라이센싱 ④ 해외직접투자

19. 계약생산방식의 단점으로 보기 어려운 것은?

① 현지국의 제조업체를 찾았다 해도 품질 수준과 생산규모를 충족시키는데도 많은 문제가 존재한다.
② 계약이 성사하면 기업을 직접 운영하지 않고서도 시장진입이 용이하다.
③ 일정 수준의 품질과 판매수준을 유지하기 위해서 지속적인 기술지원이 요구되므로 품질의 안정 관리의 어려움이 있다.
④ 현지국의 기업이 잠재적인 경쟁자로 성장할 가능성이 항상 존재한다.

20. 프랜차이징의 특성에서 진입방법상의 유리한 점으로 보기 어려운 것은?

① 소자본으로 창업이 가능하며 해외에서 직접 업체를 운영하는 것보다 비용절감효과
② 표준화된 마케팅 가능
③ 표준화된 판매기법으로 규모의 경제의 실현가능
④ 경쟁사의 양성 가능성

21. 직접수출에 비해서 간접수출이 지니고 있는 장점이 아닌 것은?

① 위험과 분쟁을 회피할 수 있다.
② 안정적 수출이 가능하다.
③ 해외마케팅의 통제권을 상실하기 쉽다.
④ 기업내 인원 및 조직재편성 불필요하다.

22. 간접수출에 비해서 직접수출이 지니고 있는 장점이 아닌 것은?

① 수출분쟁발생으로 위험비용부담의 증가가능성이 있다.
② 자사수출상품관리를 강화시킬 수 있다.
③ 직접마케팅을 통한 장기이익의 실현추구가 용이하다.
④ 해외고객을 직접관리하기가 용이하다.

23. 기업의 국제화에 따른 해외시장진출 방식에 속하지 않는 것은?

① 수출에 의한 진출방식
② 계약에 의한 진출방식
③ 해외직접투자에 의한 진출방식
④ 무역규제 활성화에 따른 진출방식

24. 라이센싱 계약을 체결하는 이유가 아닌 것은?

① 해외시장에서 무형자산을 보호하는 역할을 한다.
② 자국에서 기사용된 무형자산을 해외에 판매하거나 임대하여 추가 이윤을 확보할 수 있다.
③ 표준화된 판매기법을 사용하여 규모의 경제의 실현이 가능할 수 있다.
④ 기술보유자가 국외시장 진출의 교두보를 확보하기 위하여 라이센싱을 활용한다.

25. 라이센싱과 해외직접투자의 중간적 성격을 띠고 있는 생산방식이 아닌 것은?

① OEM방식 수출　　② 프랜차이징
③ 플랜트수출　　④ 서비스계약방식

26. 다음 중 턴키(turn-key)방식의 수출의 예가 될 수 없는 것은?

① 발전소 ② 석유시추설비
③ 자동차 ④ 선박

27. 경영관리가 전문경영인에게 맡겨지는 것이 소유와 경영의 분리이다.이와 같이 전문경영인에게 기업경영을 맡기는 방법을 무엇이라 하는가?

① 관리계약 ② 서비스계약
③ 라이센싱 ④ 프랜차이징

28. 항공회사의 경우 기내 음식물의 공급과 항공기 정비를 자사가 직접운영하지 않고 제공받는 방식은?

① 관리계약 ② 서비스계약
③ 라이센싱 ④ 프랜차이징

29. 경영참여를 위한 투자와 단순한 자산투자의 구분방법은 나라별로 다소 차이가 있지만 대략 기업체 의사결정에 참여할 수 있는 주식을 약 ( )% 이상 취득하는 경우를 직접투자로 본다. 이 때 ( )안에 적절한 것은?

① 50 ② 40
③ 20 ④ 10

30. 한 기업이 투자를 통하여 현지국 기업의 경영 등에 참가할 목적으로 현지국 기업의 지분을 100%미만 보유하는 것을 의미하는 것은?

① 해외단독투자 ② 해외합작투자
③ 해외간접투자 ④ 해외신규투자

31. 해외투자기업이 현지국 기업의 참여없이 독자적으로 현지국 기업에 지분 100%를 투자하는 경우는?

① 해외단독투자 ② 해외합작투자
③ 해외간접투자 ④ 해외신규투자

32. 해외투자시 이미 설립된 기업체의 주식을 매입하는 방법으로 경영에 참여하는 형태는?

① 해외인수합병형 투자 ② 해외합작투자
③ 해외간접투자 ④ 해외신규투자

33. M&A 중 동일한 산업 내 동일한 생산단계의 기업 즉 경쟁기업과의 결합하는 것은?

① 수평적 M&A ② 수직적 M&A
③ 복합적 M&A ④ 우호적 M&A

34. M&A 중 동일한 산업 내 생산단계가 다른 기업과의 결합하는 것은?

① 수평적 M&A ② 수직적 M&A
③ 복합적 M&A ④ 우호적 M&A

35. M&A 중 다른 산업에 있는 기업과의 결합하는 것은?

① 수평적 M&A ② 수직적 M&A
③ 복합적 M&A ④ 우호적 M&A

36. M&A 중 상대기업이 동의한 상태에서 기업과 결합하는 것은?

① 수평적 M&A ② 수직적 M&A
③ 적대적 M&A ④ 우호적 M&A

37. M&A 중 상대기업의 주식을 공개적 매입방법으로 기업지분을 확보한 후 경영진을 사퇴시키고 경영권을 차지하는 기업과 결합하는 것은?

① 수평적 M&A ② 수직적 M&A
③ 적대적 M&A ④ 우호적 M&A

제8장

글로벌경영전략과 글로벌 전략적 제휴

제1절 글로벌경영전략

1. 글로벌경영전략의 정의

1970년대 이후 다국적기업의 수는 급속히 증가하였고 또한 다국적기업의 세계시장 진출을 위한 적극적인 전략과 노력은 세계경제의 글로벌화를 위한 추동력이 되었다. 한 걸음 더 나아가 1980년대 이 후 세계화의 가속화로 다국적기업들 중심으로 글로벌경영전략(global management strategy)의 개념이 본격적으로 도입되기 시작하였다. 글로벌경영전략은 세계적 판매 및 생산시장, 수요자, 경쟁기업 등 탈국적 시대에서 통합적이고 상호연계적인 경영전략화하는 가운데 주로 활용된 것으로 볼 수 있다. 그 결과 기업들 사이의 경쟁양상은 무한경쟁화로 바뀌었으며 글로벌화 상황에서 다국적기업들은 경쟁력 강화와 마케팅 및 생산시장의 유리한 위치를 점유하기 위한 노력을 집중화하였다.

글로벌경영전략에 대한 개념정의 역시 통일된 것은 없다. 그러므로 본서의 목적에 따라 간략히 정리하면 다음과 같다. 먼저, 글로벌경영전략은 경험과 입지로부터 발생하는 비용절감을 통해 이익증대를 도모하는 전략으로 정의할 수 있다. 다른 한편 글로벌경영전략은 기업활동의 집중배열, 분산된 기업활동의 조정 그리고 배열과 조정을 동시에 추구하는 방식으로 다국적기업을 통해 경쟁우위를 얻고자 하는 전략으로 정의된다.

글로벌경영전략의 정의로부터 몇 가지 공통점을 찾으면 다음과 같다. 첫째, 경쟁우위로는 원가우위전략과 차별화우위전략로 나눌 수 있다. 원가우위전략은 기업활동에 따른 비용절감을 통해 타기업보다 저가로 상품공급하는 능력을 의미한다. 그리고 차별화우위전략은 수요자의 요구에 따른 상품공급을 통해 기업가치를 상향시키고, 이런 기업활동을 통해 제품차별화에 대한 결과로서 높은 가격을 확보할 수 있는 능력을 의미한다. 둘째, 진입국가별, 지역별, 문화별로 분산되어 있는 기업활동을 통합과 조정을 다시 하여 경쟁우위를 획득하고자 하는 전략을 의미한다.

2. 글로벌경영의 확대 이유

(1) 국제경제질서의 변화

국제경제질서의 첫번째 특징은 자본주의의 세계화이다. 세계화는 보다 진전되고 복잡한 국제화의 형태로서 경제활동이 지역적으로 확산될 뿐만 아니라 기능적으로도 서로 연결되고 통합되는 현상을 의미한다.

자본주의의 세계화를 촉진시킨 핵심요인은 과학기술혁명과 초국적 자본의 등장이다. 과학기술발달과 자본을 바탕으로 한 경제의 세계화는 국가의 상대적 자율성을 감소시켰고, 국가는 세계화되는 자본에 대한 통제력과 영향력을 상실하게 되는 경향이 있다. 또한 경제의 세계화는 각국의 경제제도와 사회관계의 변화를 촉진시키고 있다. 즉 경제의 세계화와 개방화의 추세가 분명하게 나타난 것이 WTO의 출범이다. WTO의 출범인 공산품뿐만 아니라 농산물, 서비스, 기술 등 모든 교역대상물의 자유화를 추진함으로써 새로운 세계경제의 변화에 대응하는 선진국 지배자본과 국가의 요구에 따라 새로운 국제무역의 규범과 틀을 제공하였다. 결국 WTO를 중심으로 자유무역의 확장의 속도는 더욱 빨라져서 글로벌경영의 중요성은 더욱 강조하게 되었다.

(2) 다극체제의 형성과 경쟁의 심화

제2차 세계대전 이후 미국의 주도하에 형성되었던 패권적이면서 안정적이었던 경제질서는 사회주의체제의 붕괴와 더불어 그 구조적 변화를 보이고 있다. 그 결과 탈냉전의 신경제질서는 미국·EU·일본·중국 등이 경쟁하는 다극관리체계의 특징을 보여주고 있다.

주권국가의 자율성과 국제질서의 안정 사이에는 근본적 갈등이 존재하게 된다. 이러한 국가자율성과 국제질서 사이의 갈등관계가 조정될 수 있는 방안 중의 하나가 제2차 세계대전 이후 80년대 말까지의 양극화체제였다.

그러나 오늘날 양극화체제는 종식되고 미국의 상대적 쇠퇴와 유럽, 일본 그리고 중국의 상승으로 힘의 집중이 완화되었다. 이것이 국제질서의 재편과 새로운 질서에 대한 모색을 활발히 논의하게 되는 중요한 이유이다.

세계화와 다극화된 국제질서는 국가간 대립을 줄이고 평화로운 국제정치적 질서에 기여하기보다는 오히려 이들간의 경쟁과 대립을 심화시키고 있다. 냉전시대에 서방세계는 공동의 적인 사회주의의 위협하에서 군사안보적인 협조체제를 이루어왔고 경제적 이해관계를 조정해 왔다. 그러나 공동의 적이 없어진 탈냉전시대에 강대국은 각국의 경제적 이익을 챙기기 위해 무한경쟁에 돌입한 상태이다. 이러한 다극화체제에서는 글로벌경영전략의 중요성이 강조되지 않을 수 없었다.

(3) 정보통신기술의 발달

전세계적 경영활동에 대한 조직관리와 통제를 위해서 연관기업들 사이에 활발한 의사소통이 이루어지고 있다. 정보통신기술의 발달은 세계 각 곳의 연관기업들 사이의 의사교환을 더욱 쉽게 해주었고 또한 비용절감도 가능하게 하였다. 이러한 기술의 발달은 기업들의 사업능력을 글로벌화하는데 크게 기여하게 된다. 정보통신기술의 발달이 더욱 긍정적인 것은 소비자들에게 더 많은 정보를 전달하여 구매력을 확산시키는데 큰 역할을 하게 된다.

(4) 규모의 경제

여러 나라가 시장에 참여한 통합된 시장은 규모의 경제를 달성할 수 있게 했다. 규모의 경제의 실현으로 대량생산을 가능하게 하였고 고정비용을 분산시켰다. 이와 같은 고정비용을 분산시키는 방법은 제품의 글로벌판매를 통하여 대량생산을 유도하는 것이었다.

(5) 동질화된 수요자의 기호

세계 각 나라의 구매자들의 기호는 점점 비슷해지고 있는 상황이다. 그 이유는 위성방송의 활성화, 정보통신기술의 발전, 스포츠중계의 세계화, 국제광고의 다변화, 세계여행의 자유화 등은 세계 각 지역의 소비자들이 이용하는 정보의 동질화와 공유화를 확충시키고 있다. 제2차 세계대전 후 유럽과 일본의 상승뿐만 아니라 우리나라를 중심으로 한 NICs의 전진으로 국가간의 소득격차도 점차 줄어들게 된다. 그 결과 세계 어떤 곳에서든 살 수 있는 제품과 브랜드의 유사성이 확대되고 판매지역의 범위도 점차 넓어지게 된다.

그 결과 표준화된 형태의 제품이나 서비스의 판매 기회가 더욱 확대된다. 소비자가 동질적인 기호를 가질 때 국제적 기업의 세계 각국 진출은 더욱 쉬워진다. 왜냐하면 세계시장에 있어 각 나라의 시장에 필요한 제품을 개발하여야 한다고 해도 그 제품의 수가 감소할 수밖에 없기 때문이다.

3. 글로벌경영전략의 필요성

(1) 규모의 경제

국제화된 기업은 범세계적으로 시장을 확대함으로써 생산, 판매, 재무, R&D 활성화, 운송 및 원료구매 등의 기업활동 전반에 걸쳐서 규모의 경제(economy of scale)를 달성이 가능할 수 있다.

즉 각 기업들은 가치활동에 따라서 싼 가격의 생산요소의 집약적 사용이 가능하므로 비용절감의 효과와 공급체계를 형성함으로써 제품의 교환가치를 효율화하고 규모의 경제를 가능하게 한다는 점이다.

(2) 범위의 경제

범위의 경제(economy of scope)는 한 기업이 2개 이상의 제품을 연계하여 생산할 경우 각 제품을 다른 기업이 각각 따로 생산하는 경우보다 생산평균비용이 적게 소요되는 현상을 의미한다.

범위의 경제가 발생하는 이유는 다음과 같다. 첫째, 다변화된 기업은 기업에서 투자, 비용, 자산, 지식, 정보 등을 공동으로 분담하여 사용이 가능하다. 그리고 글로벌브랜드의 공동 활용은 기업이 보유한 자산을 여러 제품이나 시장에서 공유하고 있는 또 하나의 예이다. 결국은 범위의 경제를 실현하면 기업의 경쟁우위가 지속적으로 유지할 수 있다는 것을 알 수 있다.

둘째, 기업의 외부에서 관계를 공유에 기인하는 범위의 경제가 있을 수 있다. 즉 수요자, 공급자, 유통관련자, 정부 그리고 기업들간의 공유로 인한 범위의 경제가 존재할 수 있다. 여러 나라에 자회사를 둔 은행은 자국에서만 영업을 하는 은행과 비교하여 여러 나라에서 사업을 하는 고객에게 더 편리한 서비스를 제공할 것이다.

(3) 저렴한 생산요소 이용

저렴한 생산요소를 사용하는 것이 국가의 경쟁우위의 원천 중 하나이다. 생산요소는 일반적으로 국가간의 이동이 대체로 자유롭지 못하므로 국가간 요소부존의 차이가 존재하므로 생산요소비용의 격차를 가져온다. 기업이 수행하는 가치활동들은 생산요소의 사용량에 따라 각각 다르게 나타난다. 즉 각 기업의 가치활동은 저렴한 생산요소를 집약적으로 사용할 수 있는 나라에 기업의 가치활동을 배열하고 조정할 수 있는 경우 가격경쟁력의 우위를 유지할 수 있다.

4. 글로벌경영전략의 이점과 한계[1)]

글로벌경영전략을 주도하는 기업은 다음과 같은 이점을 갖는다.

첫째, 글로벌경영전략을 주도하는 기업은 비용을 절감할 수 있다. 글로벌경영전략은 비용을 절감할 수 있는 기회를 제공한다. 여러 나라의 시장에서 개별적으로 수행되는 가치활동을 조정함으로써 규모의 경제를 누릴 수 있다. 가치활동을 가장 저렴하게 수행할 수 있는 국가로 기업을 이전함으로써 생산요소비용을 절감할 수 있다. 생산요소비용의 절감은 유연성의 활용을 통해서도 가능하다. 여러 나라의 시장에 생산시설을 두고 있는 기업은 지역별로 가장 유리한 조건으로 생산이 가능한 지역에서 생산규모를 확대하고 생산 여건이 불리한 지역에서의 생산규모를 축소하는 방식으로 유연성을 가질 수 있다. 생산에 있어 유연성을 갖고 있는 기업은 공급업자, 노동자, 현지정부에 대한 협상력을 강화할 수 있어 이를 통한 비용절감도 가능하다.

둘째, 글로벌경영전략은 제품 및 프로그램의 질을 개선하는 데 도움을 준다. 국가전략을 수행하는 기업에 비해 글로벌경영전략을 수행하는 기업은 더 적은 수의 제품 및 프로그램에 자원을 집중시킨다. 자원의 집중적인 사용은 제품 및 프로그램의 품질을 개선 할 수 있게 한다.

셋째, 글로벌경영전략은 고객의 충성도를 제고하는 데 도움을 준다. 세계 어느 지역에서도 제품을 구입할 수 있고, 서비스를 지원받을 수 있다면 그 제품에 대한 고객의 선호도는 향상되기 마련이다. 청량음료나

---

1) 서근태 외4인, 국제통상론, 박영사, 1999, pp. 234~236.

패스트푸드회사들은 글로벌경영전략을 통해 고객의 충성도를 제고하고 있다. 컴퓨터 제조업체들도 글로벌경영전략은 경쟁압력에 대응하는 데 있어서 여러 가지 대안을 가질 수 있도록 하여 준다. 한 나라의 시장에서 경쟁지위를 개선하고자 하는 기업은 그 국가의 시장에서 경쟁기업을 공격하는 것과 아울러 제3국 시장에서 경쟁기업을 공격하는 것도 효과적일 수 있기 때문이다.

넷째, 글로벌경영전략은 경쟁압력에 대응하는 데 있어서 여러 가지 대안을 가질 수 있도록 하여 준다. 한 나라의 시장에서 경쟁지위를 개선하고자 하는 기업은 그 국가의 시장에서 경쟁기업을 공격하는 것과 아울러 제3국 시장에서 경쟁기업을 공격하는 것도 효과적일 수 있기 때문이다.

반면 글로벌경영전략은 추구하는 기업은 이점이 있지만 몇 가지 한계점도 가지고 있다.

첫째, 글로벌경영전략은 관리비용의 확대를 가져온다. 이는 여러 국가시장에서 전개되는 사업을 조정해야 될 필요성이 증가하고 전략의 수행을 위해 더 많은 관리요원이 충원되어야 하기 때문이다.

둘째, 글로벌경영전략은 각 나라의 시장에 위치한 사업의 효과성을 약화시킬 수 있다. 글로벌경영전략의 수행에 따라 나타나는 지나친 집권화는 현지자회사들의 동기유발을 억제하고 사기를 떨어뜨릴 수 있기 때문이다.

셋째, 글로벌경영전략은 표준화에 따른 문제를 야기한다. 표준화된 제품은 다른 국가시장의 소비자 요구에 부합하지 않을 수 있다. 특히 이런 문제는 국제화의 초기단계에 있는 기업들에서 자주 발견된다. 국내시장에서 판매되고 있는 표준화된 제품을 현지시장에서 그대로 판매하는 경우 시장확대에 어려움을 겪을 수 있다. 또한 전세계시장을 목표시장으로 하여 개발된 표준화된 제품은 어느 국가의 소비자도 만족시키지 못하는 제품이 될 위험을 내포하고 있다.

5. 글로벌경영전략의 모델

(1) 통합적응모델

통합적응모델(integration-responsiveness model)[2]은 국제적으로 경쟁하는 기업이 세계적 통합과 적응의 두 가지 압력에 의해 기업활동의 과제를 안고 있다고 가정하고 제시한 모델이다.

통합압력요인은 소비자 욕구의 동질화를 비롯하여 관세 및 비관세장벽 등의 무역규제완화, 정보통신기술발달, 세계적 경쟁자의 출현, 규모의 경제 및 기타 경제요인들을 통한 글로벌 효율성의 제고의 필요성을 말한다. 반면 현지적응요인은 소비자기호와 선호의 이질성 그리고 유통경로 등 시장 구조의 차이, 현지국정부의 정책과 법규정, 지역경제통합, 보호무역주의강화, 환율변동에 따른 위험을 말한다.

통합적응모델은 3가지의 위치를 설정하고 있다. 첫째, 범세계적 통합전략단계로서 경영자들의 높은 수준의 범세계적 통합압력과 낮은 수준의 현지화 필요성이 인식될 때 대응방안으로 기업자회사들은 본사로부터 직접적인 경영통제를 받는 중앙집권적 조직구조를 말한다.

둘째, 현지적응전략은 개별국가의 환경에 맞추어 현지국의 기업처럼 자율적으로 활동하는 전략을 말한다. 분권적 조직형태를 지지하고 있으며 자회사의 자율권을 충분히 보장하여 현지의 경쟁기업과 소비자의 요구에 신속히 대응할 수 있도록 전략화를 추구한다.

셋째, 절충형다초점전략이다. 기업경영자들이 통합압력과 현지화 필요성을 동시에 인식하고 있는 경우 현지 자회사들의 자율경영을 인정하면서 자회사들간 조정과 상호협력을 유도하는 절충적인 전략을 가지고 있으며 전략의 성격이 상황적응적이고 비일상적이라는 특징을 지니고 있다.

---

2) 박현희외 2인, 보명BOOKS, 2008, p. 151.

(2) 배치조정모형

글로벌경영전략을 설명한 모형으로 배치조정모형(configuration-coordination framework)은 가치사슬의 개념을 도입하여 글로벌경영전략을 설명한 이론이다. 여기서 배치의 의미는 가치사슬의 각 기업활동이 어디에서 이루어져야 하는가 또는 여러 기업활동을 나라들 사이에 어떻게 나누어 위치화할 것인가 하는 것이다. 즉 배치는 다시 집중(concentration)과 분산(dispersion)으로 구별하여 설명할 수 있다. 집중의 의미는 가치활동을 특정지역에 모두 모아서 업무를 수행한 후 전세계로 나누어 주는 것으로 그 대표적인 예로는 R&D활동이다. 분산의 뜻은 기업활동을 각각의 나라에서 업무를 수행하는 것을 의미하며, 특별한 경우는 가치사슬의 각각의 기업활동이 각 나라에서 독립적으로 이루어질 수 있다.

배치조정모형은 앞에서 설명한 통합적응모형을 부분적으로 수용하고 있다. 그 이유는 배치된 활동들의 통합조정의 정도에 따라서 기업활동이 글로벌화 및 현지화의 압력의 수용정도가 결정되기 때문이다.

즉 통합(integration)이란 개별 가치활동이 다른 가치활동과 어떤 방법으로 합하는가 하는 것이다. 그 방법은 통합의 정도에 0≤통합≤1로 나타낼 수 있다. 즉 통합은 무(0)통합에서 고도의 통합(1)으로 분류할 수 있다. 예를 들면 고도의 통합의 경우는 세계 각국의 기업 모두가 같은 운영시스템, 같은 공정 그리고 같은 원자재, 부품, 패턴 등을 사용하여 완전통합하는 것을 의미한다. 무통합의 경우는 개별기업이 완전 독립된 상태에서 업체를 독자적으로 운영하는 것을 의미한다.

배치조정모형에서는 주로 기업경쟁력은 R&D, 원료조달, 제품생산, 제품판매 등의 방법을 통하여 기업의 가치활동의 효율성을 평가하는데 있다. 이러한 내용을 글로벌 관점에서 기업이 가치사슬을 평가·분석한 후 기업경쟁력을 지속적으로 유지하기 위하여 기업을 최적상태로 배치하여야 한다는 것이다.

그림 8-1 배치조정모형

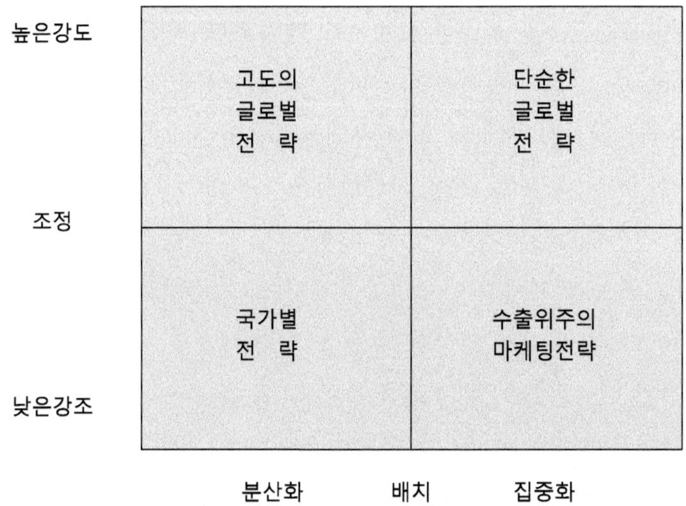

자료: 박현희외 2인, 보명BOOKS, 2008, p. 151재인용.

〈그림 8-1〉은 기업활동의 배치와 조정의 두 가지 측면에서 기업들이 추구하는 글로벌전략을 표시한 것이다. 수평축은 오른쪽으로 갈수록 기업활동의 배치가 지역적으로 한 곳에 집중되는 것을 의미하며 수직축은 기업이 전세계적인 활동을 얼마만큼 조정할 수 있는가를 나타낸 것이다. 수직축의 위로 상승할수록 조정의 강도가 높다는 것을 의미한다.[3)]

첫째, 고도의 글로벌전략은 세계 다양한 지역에 직접투자방식을 통한 자회사 운영을 실시하는 기업이 대부분이며 자회사의 통제와 조정을 직접수행하고 하나의 기업으로 통합하여 운영하는 형태를 말한다.

둘째, 단순한 글로벌전략은 특정지역에 기업활동을 집중화하고 소비자 욕구를 충족하기 위한 표준화작업을 실시하여 본사의 직접적인 통제기능을 설정하는 전략을 말한다.

3) 박현희외 2인 위의 책, pp.153~154.

셋째, 국가별전략은 유럽이나 미국의 전통적 다국적기업이 수행하는 전략으로 각국에 자회사를 운영하고 자회사의 운영독립을 유지하는 방식을 선호한다. 본사와 자회사간이 협조관계가 설정되지 못한 것이 특징으로 볼 수 있다.

넷째, 수출위주의 마케팅전략은 지역적으로 집중화되어있지만 기업활동의 조정이 약한 수출위주의 기업전략으로 설명된다. 이러한 전략은 수출위주의 국가기업들이 활용하고 있으며 과거 우리나라와 같은 OEM 방식으로 수출을 주력하던 기업 또는 국가들이 활용하던 전략방안이다.

제2절 글로벌 전략적 제휴

1. 글로벌 전략적 제휴의 의의

(1) 글로벌 전략적 제휴의 등장 배경과 개념

국제화된 기업의 수가 빠르게 증가함에 따라 기업간의 성장과 존립을 위한 경쟁도 범세계적 차원으로 확대되고 있다. 이러한 결과 거대기업일지라도 국제기업간에 이루어지는 글로벌 전략적 제휴는 기업경쟁력 강화의 중요한 전략방안으로 활용되고 있다. 즉 국제적 경쟁력을 가지고 있는 다국적기업들도 세계시장에서 생존 및 성장을 위하여 기업간 국제적 협력관계에 많은 노력을 기울이고 있다는 것이다. 기업간 국제적 협력관계는 제품생산, 원자재구매, 제품판매 등에 거치지 않고 기술확보와 R&D 등의 영역까지도 기업간의 제휴전략도 포함하고 있다.

아무리 거대 규모의 다국적기업이라고 해도 세계적인 경쟁시대에 독자적으로 세계 모든 시장을 안정적으로 확보하기는 어려울 것이다. 따라서 국제경영전략의 차원에서 다른 기업과의 제품생산, 원자재구매, 제품판매, 기술교류, R&D 그리고 기능의 결합 등 다양한 제휴관계가 필요하다. 최근 기업들간 경쟁력강화를 위한 국제화 변화의 가장 대표적인 것이 기업간 글로벌 전략적 제휴(global strategic alliances)이다.

전략적 제휴(strategic alliances)란 각 기업이 독립성을 유지하면서 기업간 상호협력을 바탕으로 다른 기업에 대한 경쟁적 우위를 확보하려는 경영전략을 의미한다. 즉 기업간 상호협력을 기본으로 기업경쟁력강화를 위하여 기술·생산·자본·구매·판매 등의 기업 기능을 2개 이상의 기업이 협조하는 것을 말한다. 전략적 제휴범위를 넓은 의미에서 보면 합작투자를 비롯한 기업간 합병의 범주까지 포함하기도 하고 좁은 측면에서는 기업간 특정목적을 이루기 위한 일시적 협조관계로 보기도 한다.

예를 들어 전자산업에서 세계적으로 유명한 네덜란드의 필립스는 중요한 제품라인에서 국제적 경쟁적 우위를 강화하기 위하여, 첨단전화시스템 분야에서는 미국의 AT&T와, 콤팩트디스크 분야에서는 일본의 소니와, 전자크레딧카드 분야에서는 프랑스의 샹파니 데 마싱 뷜(Campagnie des Machines Bull)과, 조명 및 전자부품에서는 일본의 마쓰시다, 홍콩의 일렉트로닉 디바이스(Electronic Devices)와, 미니컴퓨터 소프트웨어 부문에서는 영국의 ICL PLC, 독일의 지멘스와 닉돌프 컴퓨터(Nixdorf Computer), 이탈리아의 올리베티(Olivetti), 프랑스의 샹파니 데 마싱 뷜과 다각적인 제휴관계를 갖고 있다. 또한 퍼스널 컴퓨터 분야에서는 미국의 컨트롤 데이터 시스템, 독일의 지멘스, 네덜란드의 ASMI(Advanced Semiconductor Materials International)과 글로벌화된 전략적 파트너십의 관계를 맺고 있다. 더욱이, 1990년대에 들어서 협력관계를 통한 경쟁은 점차 금융·유통 등 전체 산업분야로 확산되고 있으며, 협력의 당사자들도 선진국의 선도적 다국적기업들로부터 우리나라 기업들을 포함하여 상당수의 국제기업들로 확장·다변화되고 있는 실정이다.[4)]

4) 박대위 외 1인, 유원북스, 2013, pp. 246~247.

(2) 글로벌 전략적 제휴의 목적

전략적 제휴의 목적은 인수합병이나 기업간의 외부거래보다 원하는 기술 등을 획득하는데 훨씬 효율적이다. 또한 기업이 목적을 달성한 후 제휴기업과 관계를 정리하는 것도 훨씬 용이하다. 즉 전략적 제휴의 동기는 규모의 경제달성, 투자 및 투자위험의 분산, 기술획득 및 이전의 공유용이, 신규시장의 진출 및 안정된 시장 확보, 지나친 경쟁예방, 저렴한 원료의 공동구매, 경영자산의 보완 등이다.

그리고 글로벌 전략적 제휴와 합작투자와 차이는 다음과 같다. 첫째, 합작투자는 한 나라나 한 지역의 시장만을 대상으로 투자하는 것이 일반적이지만, 글로벌 전략적 제휴는 세계시장 어디에서나 이루어 질 수 있어 모든 곳에서 경쟁적 우위를 강화할 수 있는 방법이다. 둘째, 합작투자는 지속적인 협력을 전제로 하는 투자이므로 유연성이 거의 없는 기업간의 결합이지만, 글로벌 전략적 제휴는 참여기업들간의 R&D · 제품생산 · 제품판매 · 생산요소구매 등의 측면에서 개별적 독립성을 유지하게 되므로 유연성을 가진 기업결합관계이다.

전략적 제휴를 할 때는 다음과 같은 점을 유의하여 기업간 협조적 관계를 맺어야 한다.

첫째, 실질적이고 유능한 기업간의 협력이 이루어지는 전략적 제휴가 되어야 한다. 둘째, 신뢰를 기준으로 대등한 협력관계를 유지할 수 있어야 한다. 셋째, 기업간 전략적 제휴의 목적을 명확히 하여 관계를 설정해야 한다. 이를 바탕으로 기업의 운영방법, 이익배분규정, 손실관련규정 등 협력사업의 내용을 구체화하여야 한다.

글로벌 전략적 제휴관계는 향후에도 급증할 것으로 예측되기 때문에 글로벌적 경쟁은 더욱 심화될 것으로 예상된다. 우리나라 기업들도 이러한 세계시장의 변화에 많은 관심을 가져야 하며, 세계시장에서 기업경쟁력의 강화를 위하여 해외기업들과 다양한 전략적 제휴관계를 모색하여야 할 것이다.

2. 글로벌 전략적 제휴의 유형

현실에서 글로벌 전략적 제휴의 유형은 다양하다. 전략적 제휴는 그 내용에 따라 분류하면 다음과 같다.

첫째는 기술제휴이다. 기술개발의 수준이 경쟁기업보다 우위를 점유하는 것이 국제시장에서 기업경쟁력을 유지하는 최대한의 경영자산이다. 기업들간의 기술의 공동개발과 상호교환을 통하여 미약한 기술보완과 기술개발효과의 극대화를 유지함으로써 기업경쟁력을 강화하는 것이 기술제휴의 목적이다. 기술제휴의 종류는 기술의 공동개발, 기술의 도입과 교환, 특허기술의 공유, 신기술연구에 참여하는 방법 등 이다. 기술제휴는 이러한 방법을 통하여 경쟁기업과의 기술력 차이를 해소할 뿐만 아니라 신기술 또는 공동개발을 통하여 제품을 생산한 후 판매제휴로까지 이어지는 특성을 가질 수 있다.

둘째, 구매제휴이다. 구매제휴의 목적은 글로벌적으로 자원을 공동구매하여 안정된 공급을 하려는 것이다. 즉 구매제휴를 통하여 비용절감과 자원의 조달을 원활히 하려는 것이다. 구매제휴는 생산을 외주업체에게 위탁하는 방식, 수탁한 부품조달방식 그리고 단순한 가공 등으로 나눌 수 있다. 특히 구매제휴는 전 세계적 차원에서 자원의 조달 활동을 전개할 수 있는 특징을 가진다.

셋째, 생산제휴이다. 기업들이 생산제휴를 하는 목적은 제품생산비를 절감하고 자사 브랜드의 시장지배력을 높이는데 있다. 생산제휴는 공동생산, 생산위탁과 수탁 그리고 OEM방식으로 나눌 수 있다. 이러한 생산제휴는 판매제휴로 이어지는 것이 일반적이다.

마지막으로 판매제휴이다. 판매제휴는 제휴기업의 판매기능을 이용하여 국제시장접근 및 마케팅기능강화를 위한 방식이다. 판매제휴는 공동브랜드를 개발하여 위탁판매하는 방식, 공동판매방식 그리고 공동규격을 사용하여 여러 시장에 판매하는 방식으로 분류된다. 판매제휴는 판매지역이나 제품의 선택적 활용을 통하여 교차판매(cross marketing)를 할 수 있다. 또한 판매제휴는 시장환경변화에 신속하게 대응할 수 있다는 장점을 지니고 있다.

제8장 연습문제

1. 글로벌경영전략의 공통점으로 보기 힘든 것은?

① 비용절감을 통해 타기업보다 저가로 상품공급 능력을 중시하는 측면
② 기업가치를 상향시켜 높은 가격을 확보할 수 있는 능력을 중시하는 측면
③ 분산되어 있는 기업활동을 통합과 조정을 다시하여 경쟁우위를 획득하는 측면
④ 조정능력을 최소화한 후 비용절감을 통하여 무제한 시장확보 측면

2. 다음 중 글로벌경영의 확대 이유가 아닌 것은?

① 세계화
② 정보통신기술의 발달
③ 다극체제의 형성과 경쟁의 심화
④ 이데올로기를 중심으로 한 갈등 심화

3. 다음 중 글로벌경영의 확대 이유가 아닌 것은?

① 동질화된 수요자의 기호
② 정보통신기술의 발달
③ 규모의 경제
④ 시장의 협소화

4. 한 기업이 2개 이상의 제품을 연계하여 생산할 경우 각 제품을 다른 기업이 각각 따로 생산하는 경우보다 생산평균비용이 적게 소요되는 경우에 나타내는 것은?

① 범위의 경제
② 규모의 경제
③ 외부경제
④ 외부불경제

5. 범위의 경제가 나타나는 이유를 설명한 것이 아닌 것은?

① 다변화된 기업은 기업에서 투자, 비용, 자산, 지식, 정보 등을 공동으로 분담하여 사용이 가능하기 때문이다.
② 글로벌브랜드의 공동 활용은 기업이 보유한 자산을 여러 제품이나

시장에서 공유할 수 있기 때문이다.

③ 각 기업들은 가치활동에 따라서 싼 가격의 생산요소의 집약적 사용이 가능하므로 비용절감의 효과와 공급체계를 형성함으로써 제품의 교환가치를 효율화할 수 있기 때문이다.

④ 여러 나라에 자회사를 둔 은행은 자국에서만 영업을 하는 은행과 비교하여 여러 나라에서 사업을 하는 고객에게 더 편리한 서비스를 제공할 수 있기 때문이다.

6. 다음 중 글로벌경영전략의 필요성으로 적합하지 않은 것은?

① 규모의 경제 ② 관리비용

③ 범위의 경제 ④ 저렴한 생산요소 이용

7. 다음 중 글로벌경영전략의 이점이 아닌 것은?

① 비용절감 가능

② 표준화에 따른 문제 야기

③ 제품 및 프로그램의 질 개선

④ 고객의 충성도를 제고하는데 도움을 줌

8. 다음 중 글로벌경영전략의 한계점이 아닌 것은?

① 제품 및 프로그램의 질 개선

② 관리비용의 확대

③ 표준화에 따른 문제 야기

④ 지나친 집권화로 현지자회사들의 동기유발 억제

9. 통합적응모델에서 통합압력요인이 아닌 것은?

① 소비자 욕구의 동질화 ② 무역장벽완화

③ 지역경제통합 ④ 정보기술발달

10. 통합적응모델에서 통합압력요인인 것은?

① 세계적 경쟁자의 출현

② 소비자기호와 선호의 이질성

③ 유통경로 등 시장 구조의 차이
④ 현지국정부의 정책과 법규정

11. 통합적응모델에서 현지적응요인이 아닌 것은?

① 지역경제통합　② 보호무역주의강화
③ 환율변동에 따른 위험　④ 글로벌 효율성 제고의 필요성

12. 통합적응모델에서 현지적응요인인 것은?

① 소비자 욕구의 동질화　② 무역장벽완화
③ 환율변동에 따른 위험　④ 정보기술발달

13. 다음 중 통합적응모델의 3가지의 위치 설정에 포함되지 않는 것은?

① 중앙집권적 조직구조　② 국가별 전략조직구조
③ 분권적 조직구조　④ 절충형다초점조직구조

14. 다음 중 가치사슬의 개념을 도입하여 글로벌경영전략을 설명한 이론은?

① 통합적응모델　② 배치조정모형
③ 중앙집권적 조직구조　④ 분권적 조직구조

15. 배치조정모형에서 집중의 대표적인 예는?

① R&D　② 판매
③ 생산　④ 구매

16. 배치조정모형에서 분산의 특별한 경우를 의미하는 내용은?

① 집단화하여 활동한다.
② 독립적으로 활동한다.
③ 집단화 후 독립적으로 활동한다.
④ 독립 후 집단화한다.

17. 다음 중 배치조정모형을 올바르게 설명하고 있지 않은 것은?

① 배치조정모형은 통합적응모형을 부분적으로 수용하고 있다.

② 통합이란 개별 가치활동이 다른 가치활동과 어떤 방법으로 합하는가 하는 의미이다.

③ 통합방법의 정도에 0≤통합≤∞로 나타낼 수 있다.

④ 통합은 무통합에서 고도의 통합으로 분류할 수 있다.

18. 배치조정모형에서 주로 기업의 가치활동의 효율성을 평가하는 대상이 아닌 것은?

① R&D ② 원료조달

③ 제품생산 ④ 우수한 인력확보

19. 배치조정모형에서 세계 다양한 지역에 직접투자방식을 통한 자회사 운영을 실시하는 기업이 대부분이며 자회사의 통제와 조정을 직접수행하고 하나의 기업으로 통합하여 운영하는 형태의 전략은?

① 고도의 글로벌전략 ② 단순한 글로벌전략

③ 국가별전략 ④ 수출위주의 마케팅전략

20. 배치조정모형에서 특정지역에 기업활동을 집중화하고 소비자 욕구를 충족하기 위한 표준화작업을 실시하여 본사의 직접적인 통제기능을 설정하는 전략은?

① 고도의 글로벌전략 ② 단순한 글로벌전략

③ 국가별전략 ④ 수출위주의 마케팅전략

21. 배치조정모형에서 유럽이나 미국의 전통적 다국적기업이 수행하는 전략으로 각국에 자회사를 운영하고 자회사의 운영독립을 유지하는 방식을 선호하는 전략은?

① 고도의 글로벌전략 ② 단순한 글로벌전략

③ 국가별전략 ④ 수출위주의 마케팅전략

22. 배치조정모형에서 지역적으로 집중화되어있지만 기업활동의 조정이 약한 수출위주의 기업전략은?

① 고도의 글로벌전략　② 단순한 글로벌전략
③ 국가별전략　④ 수출위주의 마케팅전략

23. 각 기업이 독립성을 유지하면서 기업간 상호협력을 바탕으로 다른 기업에 대한 경쟁적 우위를 확보하려는 경영전략을 의미하는 용어는?

① 전략적 제휴　② 규모의 경제
③ 범위의 경제　④ 고도의 글로벌전략

24. 다음 중 전략적 제휴의 동기가 아닌 것은?

① 규모의 경제달성
② 투자 및 투자위험의 분산
③ 기술획득 및 이전의 공유용이
④ 지속적인 협력

25. 다음 중 전략적 제휴의 동기가 아닌 것은?

① 신규시장의 진출 및 안정된 시장 확보
② 특정시장에 집중
③ 지나친 경쟁예방
④ 경영자산의 보완

26. 전략적 제휴를 할 때 유의할 점이다. 바르게 표현하지 못한 것은?

① 실질적이고 유능한 기업간의 협력이 이루어지는 전략적 제휴
② 신뢰를 기준으로 대등한 협력관계를 유지
③ 기업의 운영방법, 이익배분규정, 손실관련규정 등은 사후적으로 구체화
④ 기업간 전략적 제휴의 목적을 명확히 하는 관계 설정

27. 다음 중 글로벌 전략적 제휴의 유형에 해당되지 않는 것은?

① 기술제휴　② 생산설비제휴

③ 구매제휴 ④ 판매제휴

28. 글로벌 전략적 제휴 중 기술제휴에 관한 설명이다. 틀린 것은?

① 기술개발의 수준이 경쟁기업보다 우위를 점유하는 것이 국제시장에서 기업경쟁력을 유지하는 최대한의 경영자산이다.
② 목적은 기업들간의 기술의 공동개발과 상호교환을 통하여 미약한 기술보완과 기술개발효과의 극대화함으로써 기업경쟁력을 강화하는 것이다.
③ 종류는 기술의 공동개발, 기술의 도입과 교환, 특허기술의 공유, 신기술연구에 참여하는 방법 등 이다.
④ 신기술 또는 공동개발을 통한 제품생산은 하지만 판매제휴로까지 이어지지는 않는다.

29. 글로벌 전략적 제휴 중 구매제휴를 설명한 내용 중 틀린 것은?

① 목적은 글로벌적으로 자원을 공동구매하여 자원의 국제적 차익을 실현하는데 있다.
② 제휴는 전 세계적 차원에서 자원의 조달 활동을 전개할 수 있는 특징을 가진다.
③ 제휴를 통하여 비용절감과 자원의 조달을 원활히 하려는 것이다.
④ 제휴는 생산을 외주업체에게 위탁하는 방식, 수탁한 부품조달방식 그리고 단순한 가공 등으로 나눌 수 있다.

30. 글로벌 전략적 제휴 중 생산제휴를 설명한 내용 중 틀린 것은?

① 제휴를 하는 목적은 제품생산비 절감하는데 있다.
② 자사 브랜드의 시장지배력을 높이는데 있다.
③ 생산제휴와 판매제휴는 연계되지는 않는다.
④ 생산제휴는 공동생산, 생산위탁과 수탁 그리고 OEM방식으로 나눌 수 있다.

31. 글로벌 전략적 제휴 중 판매제휴를 설명한 내용 중 틀린 것은?

① 제휴기업의 판매기능을 이용하여 국내시장접근 및 마케팅기능강화

를 위한 방식이다.

② 제휴는 공동브랜드를 개발하여 위탁판매하는 방식, 공동판매방식 그리고 공동규격을 사용하여 여러 시장에 판매하는 방식으로 분류된다.

③ 제휴는 판매 지역이나 제품의 선택적 활용을 통하여 교차판매를 할 수 있다.

④ 제휴는 시장환경변화에 신속하게 대응할 수 있다는 장점을 지니고 있다.

부록

대외무역법

[시행 2020.6.19.] [법률 제17072호, 2020.3.18., 일부개정]

산업통상자원부(무역정책과-수출입거래) 044-203-4025
산업통상자원부(무역안보정책과) 044-203-4055
산업통상자원부(무역안보과-전략물자) 044-203-4058
산업통상자원부(신북방통상총괄과-플랜트) 044-203-5682
산업통상자원부(수출입과-원산지) 044-203-4044

제1장 총칙

제1조(목적) 이 법은 대외 무역을 진흥하고 공정한 거래 질서를 확립하여 국제 수지의 균형과 통상의 확대를 도모함으로써 국민 경제를 발전시키는 데 이바지함을 목적으로 한다.

제2조(정의) 이 법에서 사용하는 용어의 뜻은 다음과 같다. 〈개정 2014.1.21.〉

1. "무역"이란 다음 각 목의 어느 하나에 해당하는 것(이하 "물품등"이라 한다)의 수출과 수입을 말한다.
   가. 물품
   나. 대통령령으로 정하는 용역
   다. 대통령령으로 정하는 전자적 형태의 무체물(無體物)
2. "물품"이란 다음 각 목의 것을 제외한 동산(動産)을 말한다.
   가. 「외국환거래법」에서 정하는 지급수단
   나. 「외국환거래법」에서 정하는 증권
   다. 「외국환거래법」에서 정하는 채권을 화체(化體)한 서류
3. "무역거래자"란 수출 또는 수입을 하는 자, 외국의 수입자 또는 수출자에게서 위임을 받은 자 및 수출과 수입을 위임하는 자 등 물품등의 수출행위와 수입행위의 전부 또는 일부를 위임하거나 행하는 자를 말한다.
4. "정부간 수출계약"이란 외국 정부의 요청이 있을 경우, 제32조의3제1항에 따른 정부간 수출계약 전담기관이 대통령령으로 정하는 절차에 따라 국내 기업을 대신하여 또는 국내 기업과 함께 계약의 당사자가 되어 외국 정부에 물품등(「방위사업법」 제38조 제1항 제4호에 따른 방산물자등은 제외한다)을 유상(有償)으로 수출하기 위하여 외국 정부와 체결하는 수출계약을 말한다.

제3조(자유롭고 공정한 무역의 원칙 등) ① 우리나라의 무역은 헌법에 따라 체결·공포된 무역에 관한 조약과 일반적으로 승인된 국제법규에서 정하는 바에 따라 자유롭고 공정한 무역을 조장함을 원칙으로 한다.

② 정부는 이 법이나 다른 법률 또는 헌법에 따라 체결·공포된 무역에 관한 조약과 일반적으로 승인된 국제 법규에 무역을 제한하는 규정이 있는 경우에는 그 제한하는 목적

을 달성하기 위하여 필요한 최소한의 범위에서 이를 운영하여야 한다.

제4조(무역의 진흥을 위한 조치) ① 산업통상자원부장관은 무역의 진흥을 위하여 필요하다고 인정되면 대통령령으로 정하는 바에 따라 물품등의 수출과 수입을 지속적으로 증대하기 위한 조치를 할 수 있다. 〈개정 2008.2.29., 2013.3.23.〉

② 산업통상자원부장관은 제1항에 따른 무역의 진흥을 위하여 필요하다고 인정되면 대통령령으로 정하는 바에 따라 다음 각 호의 어느 하나에 해당하는 자에게 필요한 지원을 할 수 있다. 〈개정 2008.2.29., 2013.3.23.〉

1. 무역의 진흥을 위한 자문, 지도, 대외 홍보, 전시, 연수, 상담 알선 등을 업(業)으로 하는 자
2. 무역전시장이나 무역연수원 등의 무역 관련 시설을 설치·운영하는 자
3. 과학적인 무역업무 처리기반을 구축·운영하는 자

제5조(무역에 관한 제한 등 특별 조치) 산업통상자원부장관은 다음 각 호의 어느 하나에 해당하는 경우에는 대통령령으로 정하는 바에 따라 물품등의 수출과 수입을 제한하거나 금지할 수 있다. 〈개정 2008.2.29., 2013.3.23., 2013.7.30.〉

1. 우리나라 또는 우리나라의 무역 상대국(이하 "교역상대국"이라 한다)에 전쟁·사변 또는 천재지변이 있을 경우
2. 교역상대국이 조약과 일반적으로 승인된 국제법규에서 정한 우리나라의 권익을 인정하지 아니할 경우
3. 교역상대국이 우리나라의 무역에 대하여 부당하거나 차별적인 부담 또는 제한을 가할 경우
4. 헌법에 따라 체결·공포된 무역에 관한 조약과 일반적으로 승인된 국제법규에서 정한 국제평화와 안전유지 등의 의무를 이행하기 위하여 필요할 경우

4의2. 국제평화와 안전유지를 위한 국제공조에 따른 교역여건의 급변으로 교역상대국과의 무역에 관한 중대한 차질이 생기거나 생길 우려가 있는 경우

5. 인간의 생명·건강 및 안전, 동물과 식물의 생명 및 건강, 환경보전 또는 국내 자원 보호를 위하여 필요할 경우

제6조(무역에 관한 법령 등의 협의 등) ① 무역에 관하여는 이 법에서 정하는 바에 따른다.

② 관계 행정기관의 장은 물품등의 수출 또는 수입을 제한하는 법령이나 훈령·고시 등(이하 "수출·수입요령"이라 한다)을 제정하거나 개정하려면 미리 산업통상자원부장관과 협의하여야 한다. 이 경우 산업통상자원부장관은 관계 행정기관의 장에게 그 수출·수입요령의 조정을 요청할 수 있다. 〈개정 2008.2.29., 2013.3.23.〉

제2장 통상의 진흥

제7조(통상진흥 시책의 수립) ① 산업통상자원부장관은 무역과 통상을 진흥하기 위하여 매년 다음 연도의 통상진흥 시책을 세워야 한다. 〈개정 2008.2.29., 2013.3.23.〉

② 제1항에 따른 통상진흥 시책에는 다음 각 호의 사항이 포함되어야 한다. 〈개정 2009.4.22.〉

1. 통상진흥 시책의 기본 방향
2. 국제통상 여건의 분석과 전망
3. 무역·통상 협상 추진 방안과 기업의 해외 진출 지원 방안
4. 통상진흥을 위한 자문, 지도, 대외 홍보, 전시, 상담 알선, 전문인력 양성 등 해외시장 개척 지원 방안
5. 통상 관련 정보수집·분석 및 활용 방안
6. 원자재의 원활한 수급을 위한 국내외 협력 추진 방안
7. 그 밖에 대통령령으로 정하는 사항

③ 산업통상자원부장관은 제1항에 따른 통상진흥 시책의 수립을 위한 기초 자료를 수집하기 위하여 교역상대국의 통상 관련 제도·관행 등과 기업이 해외에서 겪는 고충 사항을 조사할 수 있다. 〈개정 2008.2.29., 2013.3.23.〉

④ 산업통상자원부장관은 해외에 진출한 기업에 제1항에 따른 통상진흥 시책의 수립에 필요한 자료를 요청하고, 필요한 경우 지원할 수 있다. 〈개정 2008.2.29., 2013.3.23.〉

⑤ 산업통상자원부장관은 제1항에 따라 통상진흥 시책을 세우는 경우에는 미리 특별시장, 광역시장, 특별자치시장, 도지사 또는 특별자치도지사(이하 "시·도지사"라 한다)의 의견을 들어야 하고, 통상진흥 시책을 수립한 때에는 이를 시·도지사에게 알려야 한다. 이를 변경한 경우에도 또한 같다. 〈개정 2008.2.29., 2013.3.23., 2013.7.30.〉

⑥ 제5항에 따라 통상진흥 시책을 통보받은 시·도지사는 그 관할 구역의 실정에 맞는 지역별 통상진흥 시책을 수립·시행하여야 한다.

⑦ 시·도지사는 제6항에 따라 지역별 통상진흥 시책을 수립한 때에는 이를 산업통상자원부장관에게 알려야 한다. 이를 변경한 때에도 또한 같다. 〈개정 2008.2.29., 2013.3.23.〉

제8조(민간 협력 활동의 지원 등) ① 산업통상자원부장관은 무역·통상 관련 기관 또는 단체가 교역상대국의 정부, 지방정부, 기관 또는 단체와 통상, 산업, 기술, 에너지 등에서 협력활동을 추진하는 경우 대통령령으로 정하는 바에 따라 필요한 지원을 할 수 있다. 〈개정 2008.2.29., 2013.3.23.〉

② 산업통상자원부장관은 기업의 해외 진출을 지원하기 위하여 무역·통상 관련 기관 또는 단체로부터 정보를 체계적으로 수집하고 분석하여 지방자치단체와 기업에 필요한 정보를 제공할 수 있다. 〈개정 2008.2.29., 2009.4.22., 2013.3.23.〉

③ 산업통상자원부장관은 제2항에 따른 정보의 수집·분석 및 제공을 위하여 필요한 경우 관계 중앙행정기관의 장, 시·도지사, 무역·통상 및 기업의 해외 진출과 관련한 기관 또는 단체에 자료 및 통계의 제출을 요청할 수 있다. 〈신설 2009.4.22., 2013.3.23.〉

④ 산업통상자원부장관은 기업의 해외 진출과 관련된 상담·안내·홍보·조사와 그 밖에 기업의 해외 진출에 대한 지원 업무를 종합적으로 수행하기 위하여 「대한무역투자진흥공사법」에 따른 대한무역투자진흥공사에 해외진출지원센터를 둔다. 〈신설 2009.4.22.,

2013.3.23.〉

⑤ 제4항에 따른 해외진출지원센터의 구성 · 운영 및 감독 등에 필요한 사항은 대통령령으로 정한다. 〈신설 2009.4.22.〉

제8조의2(전문무역상사의 지정 및 지원) ① 산업통상자원부장관은 신시장 개척, 신제품 발굴 및 중소기업 · 중견기업의 수출확대를 위하여 수출실적 및 중소기업 제품 수출비중 등을 고려하여 무역거래자 중에서 전문무역상사를 지정하고 지원할 수 있다.

② 제1항에 따른 지정의 기준 및 절차, 지원내용 등에 관하여 필요한 사항은 대통령령으로 정한다.

③ 산업통상자원부장관은 제1항에 따라 지정을 받은 전문무역상사가 제2항에 따른 지정기준에 적합하지 아니하게 된 때에는 그 지정을 취소할 수 있다. 다만, 거짓이나 그 밖에 부정한 방법으로 지정을 받은 경우에는 그 지정을 취소하여야 한다.

[본조신설 2014.1.21.]

제9조(무역에 관한 조약의 이행을 위한 자료제출) ① 산업통상자원부장관은 우리나라가 체결한 무역에 관한 조약의 이행을 위하여 필요한 때에는 대통령령으로 정하는 바에 따라 관련 공공기관, 기업 및 단체 등으로부터 필요한 자료의 제출을 요구할 수 있다. 〈개정 2013.3.23.〉

② 제1항에 따라 무역에 관한 조약의 이행을 위하여 필요한 자료를 직무상 습득한 자는 자료 제공자의 동의 없이 그 습득한 자료 중 기업의 영업비밀 등 비밀유지가 필요하다고 인정되는 기업정보를 타인에게 제공 또는 누설(漏泄)하거나 사용 목적 외의 용도로 사용하여서는 아니 된다. [전문개정 2009.4.22.]

제3장 수출입 거래

제1절 수출입 거래 총칙

제10조(수출입의 원칙) ① 물품등의 수출입과 이에 따른 대금을 받거나 지급하는 것은 이 법의 목적의 범위에서 자유롭게 이루어져야 한다.

② 무역거래자는 대외신용도 확보 등 자유무역질서를 유지하기 위하여 자기 책임으로 그 거래를 성실히 이행하여야 한다.

제11조(수출입의 제한 등) ① 산업통상자원부장관은 헌법에 따라 체결 · 공포된 조약과 일반적으로 승인된 국제법규에 따른 의무의 이행, 생물자원의 보호 등을 위하여 필요하다고 인정하면 물품등의 수출 또는 수입을 제한하거나 금지할 수 있다. 〈개정 2008.2.29., 2013.3.23.〉

② 산업통상자원부장관이 헌법에 따라 체결 · 공포된 조약과 일반적으로 승인된 국제법규에 따른 의무의 이행, 생물자원의 보호 등을 위하여 지정하는 물품등을 수출하거나 수입하려는 자는 산업통상자원부장관의 승인을 받아야 한다. 다만, 긴급히 처리하여야 하는 물품등과 그 밖에 수출 또는 수입 절차를 간소화하기 위한 물품등으로서 대통령령

으로 정하는 기준에 해당하는 물품등의 수출 또는 수입은 그러하지 아니하다. 〈개정 2008.2.29., 2013.3.23.〉

③ 제2항 본문에 따른 수출 또는 수입 승인(제8항에 따라 수출승인을 받은 것으로 보는 경우를 포함한다)의 유효기간은 1년으로 한다. 다만, 산업통상자원부장관은 국내의 물가 안정, 수급 조정, 물품등의 인도 조건 및 거래의 특성을 고려하여 대통령령으로 정하는 바에 따라 유효기간을 달리 정할 수 있다. 〈신설 2013.7.30.〉

④ 제3항에 따른 수출 또는 수입 승인의 유효기간은 대통령령으로 정하는 바에 따라 1년을 초과하지 아니하는 범위에서 산업통상자원부장관의 승인을 받아 연장할 수 있다. 〈신설 2013.7.30.〉

⑤ 제2항에 따라 승인을 받은 자가 승인을 받은 사항 중 대통령령으로 정하는 중요한 사항을 변경하려면 산업통상자원부장관의 변경승인을 받아야 하고, 그 밖의 경미한 사항을 변경하려면 산업통상자원부장관에게 신고하여야 한다. 〈개정 2008.2.29., 2013.3.23., 2013.7.30.〉

⑥ 산업통상자원부장관은 필요하다고 인정하면 제1항과 제2항에 따른 승인 대상 물품등의 품목별 수량·금액·규격 및 수출 또는 수입지역 등을 한정할 수 있다. 〈개정 2008.2.29., 2013.3.23., 2013.7.30.〉

⑦ 산업통상자원부장관은 제1항부터 제6항까지의 규정에 따른 제한·금지, 승인, 승인의 유효기간 설정 및 연장, 신고, 한정 및 그 절차 등을 정한 경우에는 이를 공고하여야 한다. 〈개정 2008.2.29., 2013.3.23., 2013.7.30.〉

⑧ 제19조 또는 제32조에 따라 수출허가를 받거나 수출승인을 받은 자는 제2항에 따른 수출승인을 받은 것으로 본다. 〈개정 2013.7.30.〉

제12조(통합 공고) ① 관계 행정기관의 장은 수출·수입요령을 제정하거나 개정하는 경우에는 그 수출·수입요령이 그 시행일 전에 제2항에 따라 공고될 수 있도록 이를 산업통상자원부장관에게 제출하여야 한다. 〈개정 2008.2.29., 2013.3.23.〉

② 산업통상자원부장관은 제1항에 따라 제출받은 수출·수입요령을 통합하여 공고하여야 한다. 〈개정 2008.2.29., 2013.3.23.〉

제13조(특정 거래 형태의 인정 등) ① 산업통상자원부장관은 물품등의 수출 또는 수입이 원활히 이루어질 수 있도록 대통령령으로 정하는 물품등의 수출입 거래 형태를 인정할 수 있다. 〈개정 2008.2.29., 2013.3.23.〉

② 기획재정부장관이 외국환 거래 관계 법령에 따라 무역대금 결제 방법을 정하려면 미리 산업통상자원부장관과 협의하여야 한다. 〈개정 2008.2.29., 2013.3.23.〉

제14조(수출입 승인 면제의 확인) 산업통상자원부장관은 승인을 받지 아니하고 수출되거나 수입되는 물품등(제11조 제2항 본문에 해당하는 물품등만을 말한다)이 제11조 제2항 단서에 따른 물품등에 해당하는지를 확인하여야 한다. 〈개정 2008.2.29., 2013.3.23.〉

제15조(과학적 무역업무의 처리기반 구축) ① 산업통상자원부장관은 물품등의 수출입 거래가 질서 있고 효율적으로 이루어질 수 있도록 대외무역통계시스템 및 전자문서 교환체계

등 과학적 무역업무의 처리기반을 구축하기 위하여 노력하여야 한다. 〈개정 2008.2.29., 2009.4.22., 2013.3.23.〉

② 산업통상자원부장관은 제1항에 따른 과학적 무역업무의 처리기반을 구축하기 위하여 필요하다고 인정되면 관계 행정기관의 장에게 대통령령으로 정하는 바에 따라 통관 기록 등 물품등의 수출입 거래에 관한 정보를 제공하도록 요청할 수 있다. 이 경우 관계 행정기관의 장은 이에 협조하여야 한다. 〈개정 2008.2.29., 2009.4.22., 2013.3.23.〉

③ 관계 행정기관의 장은 이 법의 목적의 범위에서 필요하다고 인정되면 산업통상자원부장관에게 제1항과 제2항에 따라 구축된 물품등의 수출입 거래에 관한 정보를 제공하도록 요청할 수 있다. 이 경우 산업통상자원부장관은 이에 협조하여야 한다. 〈개정 2008.2.29., 2013.3.23.〉

제2절 외화획득용 원료·기재의 수입과 구매 등

제16조(외화획득용 원료·기재의 수입 승인 등) ① 산업통상자원부장관은 원료, 시설, 기재(機材) 등 외화획득을 위하여 사용되는 물품등(이하 "원료·기재"라 한다)의 수입에 대하여는 제11조 제6항을 적용하지 아니할 수 있다. 다만, 국산 원료·기재의 사용을 촉진하기 위하여 필요한 경우에는 그러하지 아니하다. 〈개정 2008.2.29., 2013.3.23., 2013.7.30.〉

② 산업통상자원부장관은 제1항에 따른 원료·기재의 범위, 품목 및 수량을 정하여 공고할 수 있다. 〈개정 2008.2.29., 2013.3.23.〉

③ 제1항에 따라 원료·기재를 수입한 자와 수입을 위탁한 자는 그 수입에 대응하는 외화획득을 하여야 한다. 다만, 제17조에 따라 산업통상자원부장관의 승인을 받은 경우에는 그러하지 아니하다. 〈개정 2008.2.29., 2013.3.23.〉

④ 제3항에 따른 외화획득의 범위, 이행기간, 확인방법, 그 밖에 필요한 사항은 대통령령으로 정한다.

제17조(외화획득용 원료·기재의 목적을 벗어난 사용 등) ① 제16조 제1항에 따라 원료·기재를 수입한 자는 그 수입한 원료·기재 또는 그 원료·기재로 제조된 물품등을 부득이한 사유로 인하여 당초의 목적 외의 용도로 사용하려면 대통령령으로 정하는 바에 따라 산업통상자원부장관의 승인을 받아야 한다. 다만, 대통령령으로 정하는 원료·기재 또는 그 원료·기재로 제조된 물품등에 대하여는 그러하지 아니하다. 〈개정 2008.2.29., 2013.3.23.〉

② 제16조 제1항에 따라 수입한 원료·기재 또는 그 원료·기재로 제조된 물품등을 당초의 목적과 같은 용도로 사용하거나 수출하려는 자에게 양도(讓渡)하려는 때에는 양도하려는 자와 양수(讓受)하려는 자가 함께 산업통상자원부장관의 승인을 받아야 한다. 다만, 대통령령으로 정하는 원료·기재 또는 그 원료·기재로 제조된 물품등에 대하여는 그러하지 아니하다. 〈개정 2008.2.29., 2013.3.23.〉

③ 제2항에 따라 원료·기재 또는 그 원료·기재로 제조된 물품등을 양수한 자에 관하여는 제16조 제3항 및 제4항을 준용한다.

제18조(구매확인서의 발급 등) ① 산업통상자원부장관은 외화획득용 원료·기재를 구매하려는 자가 「부가가치세법」 제24조에 따른 영(零)의 세율을 적용받기 위하여 확인을 신청하면 외화획득용 원료·기재를 구매하는 것임을 확인하는 서류(이하 "구매확인서"라 한다)를 발급할 수 있다. 〈개정 2008.2.29., 2013.3.23., 2013.6.7.〉

② 산업통상자원부장관은 구매확인서를 발급받은 자에 대하여는 외화획득용 원료·기재의 구매 여부를 사후관리하여야 한다. 〈개정 2008.2.29., 2013.3.23.〉

③ 제1항과 제2항에 따른 구매확인서의 신청·발급절차 및 사후관리 등에 필요한 사항은 대통령령으로 정한다.

제3절 전략물자의 수출입

제19조(전략물자의 고시 및 수출허가 등) ① 산업통상자원부장관은 관계 행정기관의 장과 협의하여 대통령령으로 정하는 국제수출통제체제(이하 "국제수출통제체제"라 한다)의 원칙에 따라 국제평화 및 안전유지와 국가안보를 위하여 수출허가 등 제한이 필요한 물품등(대통령령으로 정하는 기술을 포함한다. 이하 이 절에서 같다)을 지정하여 고시하여야 한다. 〈개정 2008.2.29., 2009.4.22., 2013.3.23., 2013.7.30.〉

② 제1항에 따라 지정·고시된 물품등(이하 "전략물자"라 한다)을 수출(제1항에 따른 기술이 다음 각 호의 어느 하나에 해당되는 경우로서 대통령령으로 정하는 경우를 포함한다. 이하 제19조 제3항부터 제5항까지, 제20조, 제23조, 제24조, 제24조의2, 제24조의3, 제25조, 제28조, 제29조, 제31조, 제47조부터 제49조까지, 제53조 제1항 및 제53조 제2항 제2호부터 제4호까지에서 같다)하려는 자는 대통령령으로 정하는 바에 따라 산업통상자원부장관이나 관계 행정기관의 장의 허가(이하 "수출허가"라 한다)를 받아야 한다.다만, 「방위사업법」 제57조 제2항에 따라 허가를 받은 방위산업물자 및 국방과학기술이 전략물자에 해당하는 경우에는 그러하지 아니하다. 〈개정 2008.2.29., 2013.3.23., 2013.7.30.〉

1. 국내에서 국외로의 이전
2. 국내 또는 국외에서 대한민국 국민(국내법에 따라 설립된 법인을 포함한다)으로부터 외국인(외국의 법률에 따라 설립된 법인을 포함한다)에게로의 이전

③ 전략물자에는 해당되지 아니하나 대량파괴무기와 그 운반수단인 미사일(이하 "대량파괴무기등"이라 한다)의 제조·개발·사용 또는 보관 등의 용도로 전용될 가능성이 높은 물품등을 수출하려는 자는 그 물품등의 수입자나 최종 사용자가 그 물품등을 대량파괴무기등의 제조·개발·사용 또는 보관 등의 용도로 전용할 의도가 있음을 알았거나 그 수출이 다음 각 호의 어느 하나에 해당되어 그러한 의도가 있다고 의심되면 대통령령으로 정하는 바에 따라 산업통상자원부장관이나 관계 행정기관의 장의 허가(이하 "상황허가"라 한다)를 받아야 한다. 〈개정 2008.2.29., 2013.3.23., 2013.7.30.〉

1. 수입자가 해당 물품등의 최종 용도에 관하여 필요한 정보 제공을 기피하는 경우
2. 수출하려는 물품등이 최종 사용자의 사업 분야에 해당되지 아니하는 경우

3. 수출하려는 물품등이 수입국가의 기술수준과 현저한 격차가 있는 경우
4. 최종 사용자가 해당 물품등이 활용될 분야의 사업경력이 없는 경우
5. 최종 사용자가 해당 물품등에 대한 전문적 지식이 없으면서도 그 물품등의 수출을 요구하는 경우
6. 최종 사용자가 해당 물품등에 대한 설치·보수 또는 교육훈련 서비스를 거부하는 경우
7. 해당 물품등의 최종 수하인(受荷人)이 운송업자인 경우
8. 해당 물품등에 대한 가격 조건이나 지불 조건이 통상적인 범위를 벗어나는 경우
9. 특별한 이유 없이 해당 물품등의 납기일이 통상적인 기간을 벗어난 경우
10. 해당 물품등의 수송경로가 통상적인 경로를 벗어난 경우
11. 해당 물품등의 수입국 내 사용 또는 재수출 여부가 명백하지 아니한 경우
12. 해당 물품등에 대한 정보나 목적지 등에 대하여 통상적인 범위를 벗어나는 보안을 요구하는 경우
13. 그 밖에 국제정세의 변화 또는 국가안전보장을 해치는 사유의 발생 등으로 산업통상자원부장관이나 관계 행정기관의 장이 상황허가를 받도록 정하여 고시하는 경우

④ 산업통상자원부장관이나 관계 행정기관의 장은 수출허가 신청이나 상황허가 신청을 받으면 국제평화 및 안전유지와 국가안보 등 대통령령으로 정하는 기준에 따라 수출허가나 상황허가를 할 수 있다. 〈개정 2008.2.29., 2013.3.23.〉

⑤ 산업통상자원부장관 또는 관계 행정기관의 장은 재외공관에서 사용될 공용물품을 수출하는 경우 등 대통령령으로 정하는 경우에는 수출허가 또는 상황허가를 면제할 수 있다. 〈신설 2009.4.22., 2013.3.23.〉

⑥ 삭제 〈2013.7.30.〉

제20조(전략물자의 판정 등) ① 삭제 〈2009.4.22.〉

② 물품등의 무역거래자(제19조 제2항에 따른 기술이전 행위의 전부 또는 일부를 위임하거나 기술이전 행위를 하는 자를 포함한다. 이하 제24조의2 및 제25조에서 같다)는 대통령령으로 정하는 바에 따라 산업통상자원부장관이나 관계 행정기관의 장에게 수출하려는 물품등이 전략물자 또는 제19조 제3항 제13호에 따른 상황허가 대상인 물품등에 해당하는지에 대한 판정을 신청할 수 있다. 이 경우 산업통상자원부장관이나 관계 행정기관의 장은 제29조에 따른 전략물자관리원장 또는 대통령령으로 정하는 관련 전문기관에 판정을 위임하거나 위탁할 수 있다. 〈개정 2008.2.29., 2009.4.22., 2013.3.23., 2013.7.30.〉

③ 삭제 〈2013.7.30.〉

[제목개정 2009.4.22.]

제21조 삭제 〈2009.4.22.〉

제22조(수입목적확인서의 발급) 전략물자를 수입하려는 자는 대통령령으로 정하는 바에 따라 산업통상자원부장관이나 관계 행정기관의 장에게 수입목적 등의 확인을 내용으로 하

는 수입목적확인서의 발급을 신청할 수 있다. 이 경우 산업통상자원부장관과 관계 행정기관의 장은 확인 신청 내용이 사실인지 확인한 후 수입목적확인서를 발급할 수 있다. 〈개정 2008.2.29., 2013.3.23.〉

제23조(전략물자등에 대한 이동중지명령 등) ① 산업통상자원부장관과 관계 행정기관의 장은 전략물자나 상황허가 대상인 물품등(이하 "전략물자등"이라 한다)이 허가를 받지 아니하고 수출되거나 거짓이나 그 밖의 부정한 방법으로 허가를 받아 수출되는 것(이하 "불법수출"이라 한다)을 막기 위하여 필요하면 적법한 수출이라는 사실이 확인될 때까지 전략물자등의 이동중지명령을 할 수 있다. 〈개정 2008.2.29., 2013.3.23., 2013.7.30.〉

② 제1항에도 불구하고 산업통상자원부장관과 관계 행정기관의 장은 전략물자등의 불법수출을 막기 위하여 긴급하게 그 이동을 제한할 필요가 있으면 적법한 수출이라는 사실이 확인될 때까지 직접 그 이동을 중지시킬 수 있다. 〈개정 2008.2.29., 2013.3.23.〉

③ 전략물자등을 국내 항만이나 공항을 경유하거나 국내에서 환적(換積)하려는 자로서 대통령령으로 정하는 자는 대통령령으로 정하는 바에 따라 산업통상자원부장관이나 관계 행정기관의 장의 허가를 받아야 한다. 〈개정 2009.4.22., 2010.4.5., 2013.3.23.〉

④ 산업통상자원부장관 또는 관계 행정기관의 장은 제2항에 따른 이동중지조치나 제3항에 따른 경유 또는 환적의 허가를 하기가 적절하지 아니하면 다른 행정기관에 협조를 요청할 수 있다. 이 경우 협조를 요청받은 행정기관은 국내 또는 외국의 전략물자등의 국가 간 불법수출을 막을 수 있도록 협조하여야 한다. 〈개정 2008.2.29., 2009.4.22., 2013.3.23.〉

⑤ 제2항 또는 제4항에 따라 이동중지조치를 하는 공무원은 그 권한을 표시하는 증표를 지니고 이를 관계인에게 내보여야 한다. 〈개정 2009.4.22.〉

⑥ 제1항·제2항 및 제4항에 따른 이동중지명령 및 이동중지조치의 기간과 방법은 전략물자등의 국가 간 불법수출을 막기 위하여 필요한 최소한도에 그쳐야 한다. 〈개정 2009.4.22.〉

제24조(전략물자등의 중개) ① 전략물자등을 제3국에서 다른 제3국으로 이전하거나 매매를 위하여 중개하려는 자는 대통령령으로 정하는 바에 따라 산업통상자원부장관이나 관계 행정기관의 장의 허가를 받아야 한다. 다만, 그 전략물자등의 이전·매매가 수출국으로부터 국제수출통제체제의 원칙에 따른 수출허가를 받은 경우 등 대통령령으로 정하는 때에는 그러하지 아니하다. 〈개정 2008.2.29., 2009.4.22., 2013.3.23., 2013.7.30.〉

② 산업통상자원부장관과 관계 행정기관의 장은 제1항 본문에 따라 중개허가의 신청을 받으면 국제평화 및 안전유지와 국가안보 등 대통령령으로 정하는 기준에 따라 중개허가를 할 수 있다. 〈개정 2008.2.29., 2013.3.23.〉

[제목개정 2013.7.30.]

제24조의2(서류의 보관) 무역거래자는 다음 각 호의 서류를 5년간 보관하여야 한다.

1. 제20조 제2항에 따라 판정을 신청한 경우에는 그 판정에 관한 서류
2. 전략물자등을 수출·경유·환적·중개한 자의 경우 그 수출허가, 상황허가, 제23조 제3항에 따른 경유 또는 환적 허가, 제24조에 따른 중개허가에 관한 서류
3. 그 밖에 산업통상자원부장관이나 관계 행정기관의 장이 정하여 고시하는 서류

[본조신설 2013.7.30.]

제24조의3(수출허가 등의 취소) 산업통상자원부장관 또는 관계 행정기관의 장은 수출허가 또는 상황허가, 제23조 제3항에 따른 경유 또는 환적 허가, 제24조에 따른 중개허가를 한 후 다음 각 호의 어느 하나에 해당하는 경우에는 해당 허가를 취소할 수 있다.

1. 거짓 또는 부정한 방법으로 허가를 받은 사실이 발견된 경우
2. 전쟁, 테러 등 국가 간 안보 또는 대량파괴무기등의 이동·확산 우려 등과 같은 국제정세의 변화가 있는 경우

[본조신설 2013.7.30.]

제25조(자율준수무역거래자) ① 산업통상자원부장관은 기업 또는 대통령령으로 정하는 대학 및 연구기관의 자율적인 전략물자 관리능력을 높이기 위하여 전략물자 여부에 대한 판정능력, 수입자 및 최종 사용자에 대한 분석능력 등 대통령령으로 정하는 능력을 갖춘 무역거래자를 자율준수무역거래자로 지정할 수 있다. 〈개정 2008.2.29., 2013.3.23., 2013.7.30.〉

② 산업통상자원부장관은 제1항에 따라 지정을 받은 자율준수무역거래자(이하 이 조에서 "자율준수무역거래자"라 한다)에게 대통령령으로 정하는 바에 따라 전략물자에 대한 수출통제업무의 일부를 자율적으로 관리하게 할 수 있다. 〈개정 2008.2.29., 2013.3.23.〉

③ 자율준수무역거래자는 제2항에 따라 자율적으로 관리하는 전략물자의 수출실적 등을 대통령령으로 정하는 바에 따라 산업통상자원부장관에게 보고하여야 한다. 〈개정 2008.2.29., 2013.3.23.〉

④ 산업통상자원부장관은 다음 각 호의 어느 하나에 해당하는 경우에는 자율준수무역거래자의 지정을 취소할 수 있다. 〈개정 2008.2.29., 2009.4.22., 2013.3.23., 2013.7.30.〉

1. 제1항에 따른 대통령령으로 정하는 능력을 유지하지 못하는 경우
2. 고의나 중대한 과실로 제19조 제2항에 따른 수출허가를 받지 아니하고 전략물자를 수출한 경우
3. 고의나 중대한 과실로 제19조 제3항에 따른 상황허가를 받지 아니하고 상황허가 대상인 물품등을 수출한 경우
4. 고의나 중대한 과실로 제24조의2에 따른 보관의무를 이행하지 아니한 경우
5. 고의나 중대한 과실로 제24조에 따른 중개허가를 받지 아니하고 전략물자를 중개한 경우
6. 제3항에 따른 보고의무를 이행하지 아니한 경우
7. 삭제 〈2009.4.22.〉

제26조(전략물자 수출입고시) 산업통상자원부장관은 관계 행정기관의 장과 협의하여 제19조부터 제25조까지의 규정에 관한 요령을 고시하여야 한다. 〈개정 2008.2.29., 2009.4.22., 2013.3.23.〉

[제목개정 2009.4.22.]

제27조(비밀 준수 의무) 이 법에 따른 전략물자의 수출입통제업무와 관련된 공무원, 제29

조에 따른 전략물자관리원의 임직원과 제29조 제5항 제1호의 판정 업무와 관련된 자는 전략물자 수출입통제업무의 수행과정에서 알게 된 영업상 비밀을 그 업체의 동의 없이 외부에 누설하여서는 아니 된다. 〈개정 2009.4.22.〉

제28조(전략물자 수출입관리 정보시스템의 구축·운영) ① 산업통상자원부장관은 다음 각 호의 업무를 수행하기 위하여 관계 행정기관의 장 및 제29조에 따른 전략물자관리원과 공동으로 전략물자 수출입관리 정보시스템을 구축·운영할 수 있다. 〈개정 2008.2.29., 2009.4.22., 2013.3.23.〉

1. 수출허가, 상황허가, 제20조 제2항에 따른 판정, 제22조에 따른 수입목적확인서의 발급 등에 관한 업무
2. 전략물자의 수출입통제에 필요한 정보의 수집·분석 및 관리 업무

② 제1항에 따른 전략물자 수출입관리 정보시스템의 구축·운영에 필요한 사항은 대통령령으로 정한다.

제29조(전략물자관리원의 설립 등) ① 전략물자의 수출입 업무와 관리 업무를 효율적으로 지원하기 위하여 전략물자관리원을 설립한다.

② 전략물자관리원은 법인으로 한다.

③ 전략물자관리원은 정관으로 정하는 바에 따라 임원과 직원을 둔다.

④ 전략물자관리원은 그 주된 사무소의 소재지에서 설립등기를 함으로써 성립한다.

⑤ 전략물자관리원은 정부의 전략물자 관리정책에 따라 다음 각 호의 업무를 수행한다. 〈개정 2009.4.22., 2013.7.30.〉

1. 제20조 제2항 후단에 따른 판정 업무
2. 제28조 제1항에 따른 전략물자 수출입관리 정보시스템의 운영 업무
3. 전략물자의 수출입자에 대한 교육 업무

3의2. 제5조 제4호 및 제4호의2에 따른 조치의 이행을 위한 정보제공 등 지원업무

4. 그 밖에 대통령령으로 정하는 업무

⑥ 전략물자관리원의 장은 산업통상자원부장관의 승인을 받아 제5항 각 호의 업무에 관하여 관리원을 이용하는 자에게 일정한 수수료를 징수할 수 있다. 〈개정 2008.2.29., 2013.3.23.〉

⑦ 전략물자관리원에 관하여 이 법에서 정한 것 외에는 「민법」 중 재단법인에 관한 규정을 준용한다.

⑧ 정부는 전략물자관리원의 설립·운영에 필요한 경비를 예산의 범위에서 출연하거나 지원할 수 있다.

제30조(전략물자 수출입통제 협의회) ① 산업통상자원부장관과 관계 행정기관의 장은 전략물자의 수출입통제와 관련된 부처간 협의를 위하여 공동으로 전략물자 수출입통제 협의회(이하 이 조에서 "협의회"라 한다)를 구성할 수 있다. 〈개정 2008.2.29., 2013.3.23.〉

② 협의회의 회의는 관계 행정기관의 소관 업무별로 그 소관 관계 행정기관의 장이 주재한다.

③ 협의회는 협의회의 안건에 관하여 필요하면 대통령령으로 정하는 정보수사기관의 장 또는 관세청장에게 조사·지원을 요청할 수 있다. 〈개정 2013.7.30.〉

④ 협의회의 구성과 운영에 필요한 사항은 대통령령으로 정한다.

제31조(전략물자등의 수출입 제한 등) ① 산업통상자원부장관 또는 관계 행정기관의 장은 다음 각 호의 어느 하나에 해당하는 자에게 3년 이내의 범위에서 일정 기간 동안 전략물자등의 전부 또는 일부의 수출이나 수입을 제한할 수 있다. 〈개정 2008.2.29., 2009.4.22., 2013.3.23., 2013.7.30.〉

1. 제19조 제2항에 따른 수출허가를 받지 아니하고 전략물자를 수출한 자
2. 제19조 제3항에 따른 상황허가를 받지 아니하고 상황허가 대상인 물품등을 수출한 자
3. 전략물자등의 수출이나 수입에 관한 국제수출통제체제의 원칙을 위반한 자로서 대통령령으로 정하는 자

② 관계 행정기관의 장은 제1항 각 호의 어느 하나에 해당하는 자가 있음을 알게 되면 즉시 산업통상자원부장관에게 통보하여야 한다. 〈개정 2008.2.29., 2013.3.23.〉

③ 산업통상자원부장관 또는 관계 행정기관의 장은 제1항에 따라 전략물자등의 수출입을 제한한 자와 외국 정부가 자국의 법령에 따라 전략물자등의 수출입을 제한한 자의 명단과 제한 내용을 공고할 수 있다. 〈개정 2008.2.29., 2009.4.22., 2013.3.23., 2013.7.30.〉

[제목개정 2013.7.30.]

제4절 플랜트수출 〈개정 2010.4.5.〉

제32조(플랜트수출의 촉진 등) ① 산업통상자원부장관은 다음 각 호의 어느 하나에 해당하는 수출(이하 "플랜트수출"이라 한다)을 하려는 자가 신청하는 경우에는 대통령령으로 정하는 바에 따라 그 플랜트수출을 승인할 수 있다. 승인한 사항을 변경할 때에도 또한 같다. 〈개정 2008.2.29., 2010.4.5., 2013.3.23.〉

1. 농업·임업·어업·광업·제조업, 전기·가스·수도사업, 운송·창고업 및 방송·통신업을 경영하기 위하여 설치하는 기재·장치 및 대통령령으로 정하는 설비 중 산업통상자원부장관이 정하는 일정 규모 이상의 산업설비의 수출
2. 산업설비·기술용역 및 시공을 포괄적으로 행하는 수출(이하 "일괄수주방식에 의한 수출"이라 한다)

② 산업통상자원부장관은 제1항에 따른 승인 또는 변경승인을 하기 위하여 필요하면 플랜트수출의 타당성에 관하여 관계 행정기관의 장의 의견을 들어야 한다. 이 경우 의견을 제시할 것을 요구받은 관계 행정기관의 장은 정당한 사유가 없으면 지체 없이 산업통상자원부장관에게 의견을 제시하여야 한다. 〈개정 2008.2.29., 2010.4.5., 2013.3.23.〉

③ 산업통상자원부장관이 일괄수주방식에 의한 수출에 대하여 승인 또는 변경승인하려는 때에는 미리 국토교통부장관의 동의를 받아야 한다. 〈개정 2008.2.29., 2010.4.5., 2013.3.23.〉

④ 산업통상자원부장관은 일괄수주방식에 의한 수출로서 건설용역 및 시공부문의 수출에 관하여는 「해외건설촉진법」에 따른 해외건설업자에 대하여만 승인 또는 변경승인할 수 있다. 〈개정 2008.2.29., 2013.3.23.〉

⑤ 산업통상자원부장관은 제1항에 따른 플랜트수출의 승인 또는 변경승인을 한 경우에는 이를 관계 행정기관의 장에게 지체 없이 알려야 한다. 〈개정 2008.2.29., 2010.4.5., 2013.3.23.〉

⑥ 산업통상자원부장관은 플랜트수출을 촉진하기 위하여 그에 관한 제도개선, 시장조사, 정보교류, 수주 지원, 수주질서 유지, 전문인력의 양성, 금융지원, 우수기업의 육성 및 협동화사업을 추진할 수 있다. 이 경우 산업통상자원부장관은 플랜트수출 관련 기관 또는 단체를 지정하여 이들 사업을 수행하게 할 수 있다. 〈개정 2010.4.5., 2013.3.23.〉

[제목개정 2010.4.5.]

제5절 정부간 수출계약 〈신설 2014.1.21.〉

제32조의2(정부간 수출계약의 보증 및 원칙) ① 정부는 국내 기업의 원활한 정부간 수출계약을 지원하기 위하여 대통령령으로 정하는 보증·보험기관으로 하여금 국내 기업의 외국 정부에 대한 정부간 수출계약 이행 등을 위한 보증사업을 하게 할 수 있다.

② 정부는 정부간 수출계약과 관련하여 어떠한 경우에도 경제적 이익을 갖지 아니하고, 보증채무 등 경제적 책임 및 손실을 부담하지 아니한다.

[본조신설 2014.1.21.]

제32조의3(정부간 수출계약의 전담기관) ① 제2조 제4호의 "정부간 수출계약 전담기관"이란 「대한무역투자진흥공사법」에 따른 대한무역투자진흥공사(이하 "전담기관"이라 한다)를 말한다.

② 전담기관은 정부간 수출계약과 관련하여 다음 각 호의 업무를 수행한다.

1. 정부간 수출계약에서 당사자 지위 수행
2. 외국 정부의 구매요구 사항을 이행할 국내 기업의 추천
3. 그 밖에 정부간 수출계약 업무의 수행을 위하여 산업통상자원부장관이 필요하다고 인정하는 업무

③ 전담기관의 권한과 책임은 다음 각 호와 같다.

1. 전담기관은 정부간 수출계약이 체결된 경우 국내 기업으로 하여금 보증·보험의 제공 등 대통령령으로 정하는 계약 이행 보증 조치를 취하도록 하여야 한다.
2. 전담기관은 국내 기업의 계약 이행 상황을 확인하기 위하여 필요한 경우에는 국내 기업에 대하여 관련 자료의 제출을 요구할 수 있다.
3. 그 밖에 전담기관의 권한과 책임에 관하여는 대통령령으로 정한다.

④ 전담기관의 장은 정부간 수출계약 관련 업무를 수행하기 위하여 필요한 경우에는 관계 행정기관 및 관련 단체에 대하여 공무원 또는 임직원의 파견 근무를 요청할 수 있다. 다만, 공무원의 파견을 요청할 때에는 미리 주무부장관과 협의하여야 한다.

[본조신설 2014.1.21.]

제32조의4(정부간 수출계약 심의위원회) ① 정부간 수출계약의 체결, 변경, 해지 등 대통령령으로 정하는 사항을 심의·의결하기 위하여 전담기관에 정부간 수출계약 심의위원회(이하 이 절에서 "위원회"라 한다)를 둔다.

② 위원회는 위원장 1명을 포함한 7명 이상 15명 이내의 위원으로 구성하고, 위원장은 대한무역투자진흥공사 사장이 된다.

③ 위원회의 구성 및 운영에 필요한 사항은 대통령령으로 정한다.

④ 위원회는 제1항에 따른 심의에 필요한 경우 국내 기업 및 관계 기관 등에 자료 등의 제출을 요구할 수 있다.

⑤ 위원회는 다음 각 호의 사항에 해당하는 경우에는 회의록, 계약서 등 관련 서류를 공개하지 아니할 수 있다.

1. 공개될 경우 정부간 수출계약의 체결, 이행, 변경, 해지 등이 크게 곤란하여질 우려가 있거나 위원회 심의의 공정성을 크게 저해할 우려가 있다고 인정되는 사항
2. 그 밖에 제1호에 준하는 사유로서 공개하기에 적당하지 아니하다고 위원회가 결정한 사항

[본조신설 2014.1.21.]

제32조의5(국내 기업의 책임 등) ① 국내 기업은 정부간 수출계약이 체결된 경우 그 계약 내용을 성실히 이행하여야 한다.

② 국내 기업은 보증·보험의 제공 등 대통령령으로 정하는 계약 이행 보증 조치를 취하여야 한다.

③ 국내 기업은 제32조의3제3항 제2호 또는 제32조의4제4항에 따른 자료제출 요구가 있을 경우 특별한 사정이 없으면 이에 따라야 한다.

④ 국내 기업이 제2항 또는 제3항을 위반할 경우 전담기관은 그 사실을 외국 정부에 통보할 수 있고, 위원회는 해당 기업의 정부간 수출계약에 대한 심의를 거부할 수 있다.

[본조신설 2014.1.21.]

제3장의2 원산지의 표시 등 〈신설 2010.4.5.〉

제33조(수출입 물품등의 원산지의 표시) ① 산업통상자원부장관이 공정한 거래 질서의 확립과 생산자 및 소비자 보호를 위하여 원산지를 표시하여야 하는 대상으로 공고한 물품등(이하 "원산지표시대상물품"이라 한다)을 수출하거나 수입하려는 자는 그 물품등에 대하여 원산지를 표시하여야 한다. 〈개정 2008.2.29., 2010.4.5., 2013.3.23.〉

② 수입된 원산지표시대상물품에 대하여 대통령령으로 정하는 단순한 가공활동을 거침으로써 해당 물품등의 원산지 표시를 손상하거나 변형한 자(무역거래자 또는 물품등의 판매업자에 대하여 제4항이 적용되는 경우는 제외한다)는 그 단순 가공한 물품등에 당초의 원산지를 표시하여야 한다. 이 경우 다른 법령에서 단순한 가공활동을 거친 수입

물품등에 대하여 다른 기준을 규정하고 있으면 그 기준에 따른다. 〈신설 2010.4.5.〉

③ 제1항 및 제2항 전단에 따른 원산지의 표시방법·확인, 그 밖에 표시에 필요한 사항은 대통령령으로 정한다. 〈개정 2010.4.5.〉

④ 무역거래자 또는 물품등의 판매업자는 다음 각 호의 어느 하나에 해당하는 행위를 하여서는 아니 된다. 다만, 제3호의 경우에는 무역거래자의 경우만 해당된다. 〈개정 2010.4.5., 2013.7.30.〉

1. 원산지를 거짓으로 표시하거나 원산지를 오인(誤認)하게 하는 표시를 하는 행위
2. 원산지의 표시를 손상하거나 변경하는 행위
3. 원산지표시대상물품에 대하여 원산지 표시를 하지 아니하는 행위
4. 제1호부터 제3호까지의 규정에 위반되는 원산지표시대상물품을 국내에서 거래하는 행위

⑤ 산업통상자원부장관 또는 시·도지사는 제1항부터 제4항까지의 규정을 위반하였는지 확인하기 위하여 필요하다고 인정하면 수입한 물품등과 대통령령으로 정하는 관련 서류를 검사할 수 있다. 〈개정 2008.2.29., 2010.4.5., 2013.3.23., 2013.7.30.〉

⑥ 삭제 〈2013.7.30.〉

⑦ 삭제 〈2013.7.30.〉

⑧ 삭제 〈2013.7.30.〉

제33조의2(원산지의 표시 위반에 대한 시정명령 등) ① 산업통상자원부장관 또는 시·도지사는 제33조 제2항부터 제4항까지의 규정을 위반한 자에게 판매중지, 원상복구, 원산지 표시 등 대통령령으로 정하는 시정조치를 명할 수 있다.

② 산업통상자원부장관 또는 시·도 지사는 제33조 제2항부터 제4항까지의 규정(제33조 제4항 제4호는 제외한다)을 위반한 자에게 3억원 이하의 과징금을 부과할 수 있다.

③ 제2항에 따라 과징금을 부과하는 위반행위의 종류와 정도에 따른 과징금의 금액과 그 밖에 필요한 사항은 대통령령으로 정한다.

④ 산업통상자원부장관 또는 시·도지사는 제2항에 따라 과징금을 내야 하는 자가 납부기한까지 내지 아니하면 국세 또는 지방세 체납처분의 예에 따라 징수한다.

⑤ 산업통상자원부장관 또는 시·도지사는 제2항에 따라 과징금 부과처분이 확정된 자에 대해서는 대통령령으로 정하는 바에 따라 그 위반자 및 위반자의 소재지와 물품등의 명칭, 품목, 위반내용 등 처분과 관련된 사항을 공표할 수 있다.

[본조신설 2013.7.30.]

제34조(원산지 판정 등) ① 산업통상자원부장관은 필요하다고 인정하면 수출 또는 수입 물품등의 원산지 판정을 할 수 있다. 〈개정 2008.2.29., 2013.3.23.〉

② 원산지 판정의 기준은 대통령령으로 정하는 바에 따라 산업통상자원부장관이 정하여 공고한다. 〈개정 2008.2.29., 2013.3.23.〉

③ 무역거래자 또는 물품등의 판매업자 등은 수출 또는 수입 물품등의 원산지 판정을 산업통상자원부장관에게 요청할 수 있다. 〈개정 2008.2.29., 2013.3.23.〉

④ 산업통상자원부장관은 제3항에 따라 요청을 받은 경우에는 해당 물품등의 원산지 판정을 하여서 요청한 사람에게 알려야 한다. 〈개정 2008.2.29., 2013.3.23.〉

⑤ 제4항에 따라 통보를 받은 자가 원산지 판정에 불복하는 경우에는 통보를 받은 날부터 30일 이내에 산업통상자원부장관에게 이의를 제기할 수 있다. 〈개정 2008.2.29., 2013.3.23.〉

⑥ 산업통상자원부장관은 제5항에 따라 이의를 제기받은 경우에는 이의 제기를 받은 날부터 150일 이내에 이의 제기에 대한 결정을 알려야 한다. 〈개정 2008.2.29., 2013.3.23.〉

⑦ 원산지 판정의 요청, 이의 제기 등 원산지 판정의 절차에 필요한 사항은 대통령령으로 정한다.

제35조(수입원료를 사용한 국내생산 물품등의 원산지 판정 기준) ① 산업통상자원부장관은 공정한 거래질서의 확립과 생산자 및 소비자 보호를 위하여 필요하다고 인정하면 수입원료를 사용하여 국내에서 생산되어 국내에서 유통되거나 판매되는 물품등(이하 이 조에서 "국내생산물품등"이라 한다)에 대한 원산지 판정에 관한 기준을 관계 중앙행정기관의 장과 협의하여 정할 수 있다. 다만, 다른 법령에서 국내생산물품등에 대하여 다른 기준을 규정하고 있는 경우에는 그러하지 아니하다. 〈개정 2008.2.29., 2010.4.5., 2013.3.23.〉

② 산업통상자원부장관은 제1항에 따라 국내생산물품등에 대한 원산지 판정에 관한 기준을 정하면 이를 공고하여야 한다. 〈개정 2008.2.29., 2013.3.23.〉

제36조(수입 물품등의 원산지증명서의 제출) ① 산업통상자원부장관은 원산지를 확인하기 위하여 필요하다고 인정하면 물품등을 수입하려는 자에게 그 물품등의 원산지 국가 또는 물품등을 선적(船積)한 국가의 정부 등이 발행하는 원산지증명서를 제출하도록 할 수 있다. 〈개정 2008.2.29., 2013.3.23.〉

② 제1항에 따른 원산지증명서의 제출과 그 확인에 필요한 사항은 대통령령으로 정한다.

제37조(수출 물품의 원산지증명서의 발급 등) ① 헌법에 따라 체결·공포된 조약과 일반적으로 승인된 국제법규를 이행하기 위하여 또는 교역상대국 무역거래자의 요청으로 수출물품의 원산지증명서를 발급받으려는 자는 산업통상자원부장관에게 원산지증명서의 발급을 신청하여야 한다. 이 경우 수수료를 내야 한다. 〈개정 2008.2.29., 2013.3.23.〉

② 제1항에 따른 원산지증명서의 발급기준·발급절차, 유효기간, 수수료와 그 밖에 발급에 필요한 사항은 대통령령으로 정한다.

제38조(외국산 물품등을 국산 물품등으로 가장하는 행위의 금지) 누구든지 원산지증명서를 위조 또는 변조하거나 거짓된 내용으로 원산지증명서를 발급받거나 물품등에 원산지를 거짓으로 표시하는 등의 방법으로 외국에서 생산된 물품등(외국에서 생산되어 국내에서 대통령령으로 정하는 단순한 가공활동을 거친 물품등을 포함한다. 이하 제53조의2제4호에서도 같다)의 원산지가 우리나라인 것처럼 가장(假裝)하여 그 물품등을 수출하거나 외국에서 판매하여서는 아니 된다. 〈개정 2010.4.5.〉

제4장 수입수량 제한조치

제39조(수입수량 제한조치) ① 산업통상자원부장관은 특정 물품의 수입 증가로 인하여 같은 종류의 물품 또는 직접적인 경쟁 관계에 있는 물품을 생산하는 국내산업(이하 이 조에서 "국내산업"이라 한다)이 심각한 피해를 입고 있거나 입을 우려(이하 이 조에서 "심각한 피해등"이라 한다)가 있음이 「불공정무역행위 조사 및 산업피해구제에 관한 법률」 제27조에 따른 무역위원회(이하 "무역위원회"라 한다)의 조사를 통하여 확인되고 심각한 피해등을 구제하기 위한 조치가 건의된 경우로서 그 국내산업을 보호할 필요가 있다고 인정되면 그 물품의 국내산업에 대한 심각한 피해등을 방지하거나 치유하고 조정을 촉진하기 위하여 필요한 범위에서 물품의 수입수량을 제한하는 조치(이하 "수입수량제한조치"라 한다)를 시행할 수 있다. 〈개정 2008.2.29., 2013.3.23.〉

② 산업통상자원부장관은 무역위원회의 건의, 해당 국내산업 보호의 필요성, 국제통상관계, 수입수량제한조치의 시행에 따른 보상수준 및 국민경제에 미치는 영향 등을 검토하여 수입수량제한조치의 시행 여부와 내용을 결정한다. 〈개정 2008.2.29., 2013.3.23.〉

③ 정부는 수입수량제한조치를 시행하려면 이해 당사국과 수입수량제한조치의 부정적 효과에 대한 적절한 무역보상에 관하여 협의할 수 있다.

④ 수입수량제한조치는 조치 시행일 이후 수입되는 물품에만 적용한다.

⑤ 수입수량제한조치의 적용 기간은 4년을 넘어서는 아니 된다.

⑥ 산업통상자원부장관은 수입수량제한조치의 대상 물품, 수량, 적용기간 등을 공고하여야 한다. 〈개정 2008.2.29., 2013.3.23.〉

⑦ 산업통상자원부장관은 수입수량제한조치의 시행 여부를 결정하기 위하여 필요하다고 인정하면 관계 행정기관의 장 및 이해관계인 등에게 관련 자료의 제출 등 필요한 협조를 요청할 수 있다. 〈개정 2008.2.29., 2013.3.23.〉

⑧ 산업통상자원부장관은 수입수량제한조치의 대상이었거나 「관세법」 제65조에 따른 긴급관세(이하 "긴급관세"라 한다) 또는 같은 법 제66조에 따른 잠정 긴급관세(이하 "잠정긴급관세"라 한다)의 대상이었던 물품에 대하여는 그 수입수량제한조치의 적용기간, 긴급관세의 부과기간 또는 잠정긴급관세의 부과기간이 끝난 날부터 그 적용 기간 또는 부과기간에 해당하는 기간(적용기간 또는 부과기간이 2년 미만인 경우에는 2년)이 지나기 전까지는 다시 수입수량제한조치를 시행할 수 없다. 다만, 다음 각 호의 요건을 모두 충족하는 경우에는 180일 이내의 수입수량제한조치를 시행할 수 있다. 〈개정 2008.2.29., 2013.3.23.〉

1. 해당 물품에 대한 수입수량제한조치가 시행되거나 긴급관세 또는 잠정긴급관세가 부과된 후 1년이 지날 것
2. 수입수량제한조치를 다시 시행하는 날부터 소급하여 5년 안에 그 물품에 대한 수입수량제한조치의 시행 또는 긴급관세의 부과가 2회 이내일 것

제40조(수입수량제한조치에 대한 연장 등) ① 산업통상자원부장관은 무역위원회의 건의가

있고 필요하다고 인정하면 수입수량제한조치의 내용을 변경하거나 적용기간을 연장할 수 있다. 이 경우 변경되는 조치 내용 및 연장되는 적용기간 이내에 변경되는 조치 내용은 최초의 조치 내용보다 완화되어야 한다. 〈개정 2008.2.29., 2013.3.23.〉

② 제1항에 따라 수입수량제한조치의 적용기간을 연장하는 때에는 수입수량제한조치의 적용기간과 긴급관세 또는 잠정긴급관세의 부과기간 및 그 연장기간을 전부 합산한 기간이 8년을 넘어서는 아니 된다.

제41조(특정국 물품에 대한 특별 수입수량 제한조치의 시행 등) ① 산업통상자원부장관은 헌법에 따라 체결·공포된 조약 또는 일반적으로 승인된 국제법규에 따라 허용되는 한도에서 대통령령으로 정하는 국가를 원산지로 하는 물품의 수입으로 인하여 다음 각 호의 어느 하나에 해당하는 경우가 초래된다고 무역위원회의 조사를 통하여 확인되고 이를 구제하기 위한 조치가 건의되는 경우에는 피해를 구제하거나 방지하기 위하여 필요한 범위에서 특별 수입수량 제한조치(이하 이 조에서 "특별수입수량제한조치"라 한다)를 시행할 수 있다. 〈개정 2008.2.29., 2013.3.23.〉

1. 그 물품의 수입 증가로 인하여 같은 종류의 물품 또는 직접적인 경쟁관계에 있는 물품의 국내 시장이 교란되거나 교란될 우려가 있는 경우
2. 세계무역기구 회원국이 해당 물품의 수입 증가에 대하여 자국의 시장 교란을 구제하거나 방지하기 위하여 취한 조치로 인하여 중대한 무역전환이 발생하여 그 물품이 우리나라로 수입되거나 수입될 우려가 있는 경우
3. 해당 물품이 「섬유 및 의류에 관한 협정」의 대상이 되는 품목인 경우에는 그 물품의 수입이 국내 시장을 교란하여 같은 품목의 교역 발전을 해치거나 해칠 우려가 있는 경우

② 정부는 특별수입수량제한조치를 시행하려는 때에는 이해 당사국과 해결 방안을 모색하기 위하여 사전협의를 할 수 있다.

③ 산업통상자원부장관은 무역위원회가 제1항 제1호에 관한 조사가 시작된 물품에 대하여 잠정적인 조치를 건의한 경우로서 그 조사기간에 발생하는 피해 등을 방지하지 아니하면 회복하기 어려운 피해 등이 초래되거나 초래될 우려가 있다고 판단되면 피해의 구제 등을 위하여 잠정 특별수입수량제한조치(이하 이 조에서 "잠정특별수입수량제한조치"라 한다)를 시행할 수 있다. 이 경우 잠정특별수입수량제한조치의 적용기간은 200일 이내로 한다. 〈개정 2008.2.29., 2013.3.23.〉

④ 산업통상자원부장관은 제1항 제1호에 관한 무역위원회의 조사 결과 국내 시장이 교란되거나 교란될 우려가 있다고 판단되지 아니한다는 무역위원회의 통보가 있으면 잠정특별수입수량제한조치를 해제하여야 한다. 〈개정 2008.2.29., 2013.3.23.〉

⑤ 산업통상자원부장관은 제1항 제2호에 따른 경우에 해당되어 시행한 특별수입수량제한조치의 원인이 된 다른 세계무역기구 회원국의 조치가 종료된 때에는 해당 조치의 종료일부터 30일 이내에 그 특별수입수량제한조치를 해제하여야 한다. 〈개정 2008.2.29., 2013.3.23.〉

⑥ 산업통상자원부장관은 특별수입수량제한조치 또는 잠정특별수입수량제한조치를 시행하는 때에는 그 대상 물품, 수량, 적용기간 등을 공고하여야 한다. 〈개정 2008.2.29., 2013.3.23.〉

⑦ 특별수입수량제한조치의 시행에 관하여는 제39조 제2항·제4항·제7항 및 제40조 제1항을 준용한다.

⑧ 잠정특별수입수량제한조치의 시행에 관하여는 제39조 제2항·제4항 및 제7항을 준용한다.

제5장 수출입의 질서 유지

第42조 삭제 〈2008.12.19.〉

第43조(수출입 물품등의 가격 조작 금지) 무역거래자는 외화도피의 목적으로 물품등의 수출 또는 수입 가격을 조작(造作)하여서는 아니 된다.

第44조(무역거래자간 무역분쟁의 신속한 해결) ① 무역거래자는 그 상호 간이나 교역상대국의 무역거래자와 물품등의 수출·수입과 관련하여 분쟁이 발생한 경우에는 정당한 사유 없이 그 분쟁의 해결을 지연시켜서는 아니 된다.

② 산업통상자원부장관은 제1항에 따른 분쟁이 발생한 경우 무역거래자에게 분쟁의 해결에 관한 의견을 진술하게 하거나 그 분쟁과 관련되는 서류의 제출을 요구할 수 있다. 〈개정 2008.2.29., 2013.3.23.〉

③ 산업통상자원부장관은 제2항에 따라 서류를 제출받거나 의견을 들은 후에 필요하다고 인정하면 그 분쟁에 관하여 사실 조사를 할 수 있다. 〈개정 2008.2.29., 2013.3.23.〉

④ 산업통상자원부장관은 제1항에 따른 분쟁을 신속하고 공정하게 처리하는 것이 필요하다고 인정하거나 무역분쟁 당사자의 신청을 받으면 대통령령으로 정하는 바에 따라 분쟁을 조정하거나 분쟁의 해결을 위한 중재(仲裁) 계약의 체결을 권고할 수 있다. 〈개정 2008.2.29., 2013.3.23.〉

第45조(선적 전 검사와 관련한 분쟁 조정 등) ① 수입국 정부와의 계약 체결 또는 수입국 정부의 위임을 받아 기업이 수출하는 물품등에 대하여 국내에서 선적 전에 검사를 실시하는 기관(이하 "선적전검사기관"이라 한다)은 「세계무역기구 선적 전 검사에 관한 협정」을 지켜야 한다. 이 경우 선적전검사기관은 선적 전 검사가 기업의 수출에 대한 무역장벽으로 작용하도록 하여서는 아니 된다.

② 산업통상자원부장관은 선적 전 검사와 관련하여 수출자와 선적전검사기관 간에 분쟁이 발생하였을 경우에는 그 해결을 위하여 필요한 조정(調整)을 할 수 있다. 〈개정 2008.2.29., 2013.3.23.〉

③ 제2항의 분쟁에 관한 중재(仲裁)를 담당할 수 있도록 대통령령으로 정하는 바에 따라 독립적인 중재기관을 설치할 수 있다.

第46조(조정명령) ① 산업통상자원부장관은 다음 각 호의 어느 하나에 해당하는 경우에는 무역거래자에게 수출하는 물품등의 가격, 수량, 품질, 그 밖에 거래조건 또는 그 대상지역 등에 관하여 필요한 조정(調整)을 명할 수 있다. 〈개정 2008.2.29., 2013.3.23.〉

1. 헌법에 따라 체결·공포된 조약과 일반적으로 승인된 국제법규에 따른 의무 이행을 위하여 필요한 경우
2. 우리나라 또는 교역상대국의 관련 법령에 위반되는 경우
3. 그 밖에 물품등의 수출의 공정한 경쟁을 교란할 우려가 있거나 대외 신용을 손상하는 행위를 방지하기 위한 것으로서 다음 각 목의 어느 하나에 해당하는 경우
   가. 물품등의 수출과 관련하여 부당하게 다른 무역거래자를 제외하는 경우
   나. 물품등의 수출과 관련하여 부당하게 다른 무역거래자의 상대방에 대하여 다른 무역거래자와 거래하지 아니하도록 유인하거나 강제하는 경우
   다. 물품등의 수출과 관련하여 부당하게 다른 무역거래자의 해외에서의 사업활동을 방해하는 경우

② 산업통상자원부장관은 제1항에 따라 조정을 명하는 경우에는 다음 각 호의 사항을 고려하여야 한다. 〈개정 2008.2.29., 2013.3.23.〉

1. 수출기반의 안정, 새로운 상품의 개발 또는 새로운 해외시장의 개척에 기여할 것
2. 다른 무역거래자의 권익을 부당하게 침해하거나 차별하지 아니할 것
3. 물품등의 수출·수입의 질서 유지를 위한 목적에 필요한 정도를 넘지 아니할 것

③ 제1항에 따라 조정을 명하는 절차 등에 필요한 사항은 대통령령으로 정한다.

④ 산업통상자원부장관은 제1항에 따라 조정을 명하는 경우에 필요하다고 인정하면 제11조 제2항에 따른 승인을 하지 아니하거나 관계 기관의 장에게 승인에 관련된 절차를 중지하게 할 수 있다. 〈개정 2008.2.29., 2013.3.23.〉

제6장 보칙

제47조(청문) 산업통상자원부장관 또는 관계 행정기관의 장은 다음 각 호의 어느 하나에 해당하는 처분을 하려면 청문을 하여야 한다. 〈개정 2008.2.29., 2009.4.22., 2013.3.23., 2013.7.30.〉

1. 제24조의3에 따른 수출허가, 상황허가, 경유 또는 환적 허가, 중개허가의 취소
2. 제46조 제1항에 따른 조정명령

제48조(보고와 검사 등) ① 산업통상자원부장관 또는 관계 행정기관의 장은 제5조 제4호 및 제4호의2에 따라 수출이 제한되거나 금지된 물품등, 전략물자 또는 제19조 제3항에 따른 물품등에 대한 수출허가나 상황허가를 받은 자 또는 수출허가나 상황허가를 받지 아니하고 수출하거나 수출하려고 한 자에게 다음 각 호의 사항에 관한 보고 또는 자료의 제출을 명할 수 있다. 〈개정 2008.2.29., 2009.4.22., 2013.3.23., 2013.7.30.〉

1. 수입국
2. 수입자·최종사용자 또는 그의 위임을 받은 자 및 그 소재지, 사업 분야, 주요 거래

자 및 사용 목적

3. 수입자와 최종사용자 또는 그의 위임을 받은 자를 확인하기 위한 수입국의 권한 있는 기관이 발급한 납세증명서 등 관련 자료 또는 대외 공표자료

4. 그 밖에 운송 수단, 환적국(換積國), 대금 결제방법 등 산업통상자원부장관이 정하여 고시하는 사항

② 산업통상자원부장관 또는 관계 행정기관의 장은 이 법의 시행을 위하여 필요하다고 인정하면 그 소속 공무원에게 제1항에 규정된 자의 사무소, 영업소, 공장 또는 창고 등에서 장부·서류나 그 밖의 물건을 검사하게 할 수 있다. 〈개정 2008.2.29., 2009.4.22., 2013.3.23.〉

③ 제2항에 따라 검사를 하는 공무원은 그 권한을 표시하는 증표를 지니고, 이를 관계인에게 내보여야 한다.

제49조(교육명령) 산업통상자원부장관 또는 관계 행정기관의 장은 다음 각 호의 어느 하나에 해당하는 자에게 대통령령으로 정하는 바에 따라 교육명령을 부과할 수 있다. 〈개정 2013.3.23., 2013.7.30.〉

1. 수출허가 또는 상황허가를 받지 아니하고 수출한 자
2. 거짓이나 그 밖의 부정한 방법으로 수출허가 또는 상황허가를 받은 자
3. 제23조 제3항에 따른 경유 또는 환적 허가 및 제24조에 따른 중개허가를 받지 아니하고 경유·환적·중개한 자
4. 거짓이나 그 밖의 부정한 방법으로 제23조 제3항에 따른 경유 또는 환적 허가 및 제24조에 따른 중개허가를 받은 자

[전문개정 2009.4.22.]

제50조(「독점규제 및 공정거래에 관한 법률」과의 관계) ① 제46조에 따른 산업통상자원부장관의 조정명령의 이행에 대하여는 「독점규제 및 공정거래에 관한 법률」을 적용하지 아니한다. 〈개정 2008.2.29., 2013.3.23.〉

② 산업통상자원부장관은 제46조에 따른 조정명령이 「독점규제 및 공정거래에 관한 법률」 제2조 제1호에 따른 사업자 간의 국내 시장에서의 경쟁을 제한하는 것이면 공정거래위원회와 미리 협의하여야 한다. 〈개정 2008.2.29., 2013.3.23.〉

제51조(「국가보안법」과의 관계) 이 법에 따른 물품등의 수출·수입행위에 대하여는 그 행위가 업무 수행상 정당하다고 인정되는 범위에서 「국가보안법」을 적용하지 아니한다.

제52조(권한의 위임·위탁) ① 이 법에 따른 산업통상자원부장관의 권한은 대통령령으로 정하는 바에 따라 그 일부를 소속기관의 장, 시·도지사에게 위임하거나 관계 행정기관의 장, 세관장, 한국은행 총재, 한국수출입은행장, 외국환은행의 장, 그 밖에 대통령령으로 정하는 법인 또는 단체에 위탁할 수 있다. 〈개정 2008.2.29., 2013.3.23.〉

② 산업통상자원부장관은 제1항에 따라 위임하거나 위탁한 사무에 관하여 그 위임 또는 위탁을 받은 자를 지휘·감독한다. 〈개정 2008.2.29., 2013.3.23.〉

③ 산업통상자원부장관은 제1항에 따라 위임하거나 위탁한 사무에 관하여 그 위임 또는 위탁을 받은 자에게 필요한 자료의 제출을 요청할 수 있다. 〈개정 2008.2.29., 2013.3.23.〉

제7장 벌칙

제53조(벌칙) ① 전략물자등의 국제적 확산을 꾀할 목적으로 다음 각 호의 어느 하나에 해당하는 위반행위를 한 자는 7년 이하의 징역 또는 수출·경유·환적·중개하는 물품등의 가격의 5배에 해당하는 금액 이하의 벌금에 처한다. 〈개정 2013.7.30.〉

1. 제19조 제2항에 따른 수출허가를 받지 아니하고 전략물자를 수출한 자
2. 제19조 제3항에 따른 상황허가를 받지 아니하고 상황허가 대상인 물품등을 수출한 자
3. 제23조 제3항에 따른 경유 또는 환적 허가를 받지 아니하고 전략물자등을 경유 또는 환적한 자
4. 제24조에 따른 중개허가를 받지 아니하고 전략물자등을 중개한 자

② 다음 각 호의 어느 하나에 해당하는 자는 5년 이하의 징역 또는 수출·수입·경유·환적·중개하는 물품등의 가격의 3배에 해당하는 금액 이하의 벌금에 처한다. 〈개정 2013.7.30.〉

1. 제5조 각 호의 어느 하나에 따른 수출 또는 수입의 제한이나 금지조치를 위반한 자
2. 제19조 제2항에 따른 수출허가를 받지 아니하고 전략물자를 수출한 자
3. 거짓이나 그 밖의 부정한 방법으로 제19조 제2항에 따른 수출허가를 받은 자
4. 제19조 제3항에 따른 상황허가를 받지 아니하고 상황허가 대상인 물품등을 수출한 자
5. 거짓이나 그 밖의 부정한 방법으로 제19조 제3항에 따른 상황허가를 받은 자

5의2. 제23조 제3항에 따른 경유 또는 환적 허가를 받지 아니하고 전략물자등을 경유 또는 환적한 자

5의3. 거짓이나 그 밖의 부정한 방법으로 제23조 제3항에 따른 경유 또는 환적 허가를 받은 자

6. 제24조에 따른 중개허가를 받지 아니하고 전략물자등을 중개한 자
7. 거짓이나 그 밖의 부정한 방법으로 제24조에 따른 중개허가를 받은 자
8. 삭제 〈2010.4.5.〉
9. 제43조를 위반하여 물품등의 수출과 수입의 가격을 조작한 자
10. 제46조 제1항에 따른 조정명령을 위반한 자

제53조의2(벌칙) 다음 각 호의 어느 하나에 해당하는 자는 5년 이하의 징역 또는 1억원 이하의 벌금에 처한다. 이 경우 징역과 벌금은 병과(倂科)할 수 있다. 〈개정 2013.7.30.〉

1. 제23조 제1항에 따른 이동중지명령을 위반한 자

1의2. 제33조 제4항 제1호 또는 제2호를 위반한 무역거래자 또는 물품등의 판매업자

2. 제33조 제4항 제3호를 위반하여 원산지표시대상물품에 대하여 원산지 표시를 하지 아니한 무역거래자
3. 제33조의2제1항에 따른 시정조치 명령을 위반한 자

4. 제38조에 따른 외국산 물품등의 국산 물품등으로의 가장 금지 의무를 위반한 자

[본조신설 2010.4.5.]

第54條(벌칙) 다음 각 호의 어느 하나에 해당하는 자는 3년 이하의 징역 또는 3천만원 이하의 벌금에 처한다. 〈개정 2009.4.22., 2013.7.30.〉

1. 제9조 제2항을 위반하여 직무상 습득한 기업정보를 타인에게 제공 또는 누설하거나 사용 목적 외의 용도로 사용한 자
2. 제11조 제2항 또는 제5항에 따른 승인 또는 변경승인을 받지 아니하고 수출 또는 수입 승인 대상 물품등을 수출하거나 수입한 자
3. 거짓이나 그 밖의 부정한 방법으로 제11조 제2항 또는 제5항에 따른 승인 또는 변경승인을 받거나 그 승인 또는 변경승인을 면제받고 물품등을 수출하거나 수입한 자
4. 제16조 제3항 본문(제17조 제3항에서 준용하는 경우를 포함한다)에 따른 수입에 대응하는 외화획득을 하지 아니한 자
5. 제17조 제1항 본문에 따른 승인을 받지 아니하고 목적 외의 용도로 원료·기재 또는 그 원료·기재로 제조된 물품등을 사용한 자
6. 제17조 제2항에 따른 승인을 받지 아니하고 원료·기재 또는 그 원료·기재로 제조된 물품등을 양도한 자
7. 제27조에 따른 비밀 준수 의무를 위반한 자
8. 거짓이나 그 밖의 부정한 방법으로 제32조에 따른 승인 또는 변경 승인을 받은 자
9. 삭제 〈2010.4.5.〉
10. 삭제 〈2010.4.5.〉
11. 삭제 〈2010.4.5.〉

第55條(미수범) 제53조 제1항, 같은 조 제2항 제2호·제4호·제6호 및 제53조의2제1호의2·제2호·제4호의 미수범은 각각 해당하는 본죄에 준하여 처벌한다. 〈개정 2008.12.19., 2010.4.5., 2013.7.30.〉

第56條(과실범) 중대한 과실로 제53조의2제1호의2 또는 제2호에 해당하는 행위를 한 자는 2천만원 이하의 벌금에 처한다. 〈개정 2008.12.19., 2009.4.22., 2010.4.5., 2013.7.30.〉

第57條(양벌규정) 법인의 대표자나 법인 또는 개인의 대리인, 사용인, 그 밖의 종업원이 그 법인 또는 개인의 업무에 관하여 제53조, 제53조의2 또는 제54조부터 제56조까지의 어느 하나에 해당하는 위반행위를 하면 그 행위자를 벌하는 외에 그 법인 또는 개인에게도 해당 조문의 벌금형을 과(科)한다. 다만, 법인 또는 개인이 그 위반행위를 방지하기 위하여 해당 업무에 관하여 상당한 주의와 감독을 게을리하지 아니한 경우에는 그러하지 아니하다. 〈개정 2010.4.5.〉

[전문개정 2008.12.26.]

第58條(벌칙 적용 시의 공무원 의제) 제29조 제5항의 업무를 수행하는 전략물자관리원의 임직원과 산업통상자원부장관이 제52조에 따라 위탁한 사무에 종사하는 한국은행, 한국수출입은행, 외국환은행, 그 밖에 대통령령으로 정하는 법인 또는 단체의 임직원은

「형법」 제129조부터 제132조까지의 벌칙을 적용할 때에는 공무원으로 본다. 〈개정 2008.2.29., 2009.4.22., 2013.3.23.〉

제59조(과태료) ① 다음 각 호의 어느 하나에 해당하는 자에게는 2천만원 이하의 과태료를 부과한다.

1. 제44조 제2항을 위반하여 관련되는 서류를 제출하지 아니한 자
2. 제44조 제3항에 따른 사실 조사를 거부, 방해 또는 기피한 자
3. 제48조 제1항에 따른 보고 또는 자료의 제출을 하지 아니하거나 거짓으로 보고 또는 자료를 제출한 자
4. 제48조 제2항에 따른 검사를 거부, 방해 또는 기피한 자

② 다음 각 호의 어느 하나에 해당하는 자에게는 1천만원 이하의 과태료를 부과한다. 〈개정 2009.4.22., 2010.4.5., 2013.7.30.〉

1. 제24조의2에 따른 서류 보관의무를 위반한 자
2. 삭제 〈2013.7.30.〉
3. 제33조 제5항에 따른 검사를 거부, 방해 또는 기피한 자
4. 제49조에 따른 교육명령을 이행하지 아니한 자

③ 제1항과 제2항에 따른 과태료는 대통령령으로 정하는 바에 따라 산업통상자원부장관이나 시·도지사 또는 관계 행정기관의 장이 부과·징수한다. 〈개정 2008.2.29., 2009.4.22., 2013.3.23., 2013.7.30.〉

④ 삭제 〈2009.4.22.〉

⑤ 삭제 〈2009.4.22.〉

⑥ 삭제 〈2009.4.22.〉

부칙 〈제12285호, 2014.1.21.〉

이 법은 공포 후 6개월이 경과한 날부터 시행한다.

외국환거래법

[시행 2021.1.1.] [법률 제17651호, 2020.12.22., 타법개정]

기획재정부(외환제도과) 044-215-4753, 4756

제1장 총칙 〈개정 2009.1.30.〉

제1조(목적) 이 법은 외국환거래와 그 밖의 대외거래의 자유를 보장하고 시장기능을 활성화하여 대외거래의 원활화 및 국제수지의 균형과 통화가치의 안정을 도모함으로써 국민경제의 건전한 발전에 이바지함을 목적으로 한다.

[전문개정 2009.1.30.]

제2조(적용 대상) ① 이 법은 다음 각 호의 어느 하나에 해당하는 경우에 적용한다.

1. 대한민국에서의 외국환과 대한민국에서 하는 외국환거래 및 그 밖에 이와 관련되는 행위
2. 대한민국과 외국 간의 거래 또는 지급·수령, 그 밖에 이와 관련되는 행위(외국에서 하는 행위로서 대한민국에서 그 효과가 발생하는 것을 포함한다)
3. 외국에 주소 또는 거소를 둔 개인과 외국에 주된 사무소를 둔 법인이 하는 거래로서 대한민국 통화(通貨)로 표시되거나 지급받을 수 있는 거래와 그 밖에 이와 관련되는 행위
4. 대한민국에 주소 또는 거소를 둔 개인 또는 그 대리인, 사용인, 그 밖의 종업원이 외국에서 그 개인의 재산 또는 업무에 관하여 한 행위
5. 대한민국에 주된 사무소를 둔 법인의 대표자, 대리인, 사용인, 그 밖의 종업원이 외국에서 그 법인의 재산 또는 업무에 관하여 한 행위

② 제1항 제1호부터 제3호까지의 규정에 따른 "그 밖에 이와 관련되는 행위"의 범위는 대통령령으로 정한다.

[전문개정 2009.1.30.]

제3조(정의) ① 이 법에서 사용하는 용어의 뜻은 다음과 같다. 〈개정 2011.4.30., 2012.3.21.〉

1. "내국통화"란 대한민국의 법정통화인 원화(貨)를 말한다.
2. "외국통화"란 내국통화 외의 통화를 말한다.
3. "지급수단"이란 다음 각 목의 어느 하나에 해당하는 것을 말한다.
   가. 정부지폐·은행권·주화·수표·우편환·신용장
   나. 대통령령으로 정하는 환어음, 약속어음, 그 밖의 지급지시
   다. 증표, 플라스틱카드 또는 그 밖의 물건에 전자 또는 자기적 방법으로 재산적 가치가 입력되어 불특정 다수인 간에 지급을 위하여 통화를 갈음하여 사용할 수 있는

것으로서 대통령령으로 정하는 것

4. "대외지급수단"이란 외국통화, 외국통화로 표시된 지급수단, 그 밖에 표시통화에 관계없이 외국에서 사용할 수 있는 지급수단을 말한다.
5. "내국지급수단"이란 대외지급수단 외의 지급수단을 말한다.
6. "귀금속"이란 금, 금합금의 지금(地金), 유통되지 아니하는 금화, 그 밖에 금을 주재료로 하는 제품 및 가공품을 말한다.
7. "증권"이란 제3호에 해당하지 아니하는 것으로서 「자본시장과 금융투자업에 관한 법률」 제4조에 따른 증권과 그 밖에 대통령령으로 정하는 것을 말한다.
8. "외화증권"이란 외국통화로 표시된 증권 또는 외국에서 지급받을 수 있는 증권을 말한다.
9. "파생상품"이란 「자본시장과 금융투자업에 관한 법률」 제5조에 따른 파생상품과 그 밖에 대통령령으로 정하는 것을 말한다.
10. "외화파생상품"이란 외국통화로 표시된 파생상품 또는 외국에서 지급받을 수 있는 파생상품을 말한다.
11. "채권"이란 모든 종류의 예금·신탁·보증·대차(貸借) 등으로 생기는 금전 등의 지급을 청구할 수 있는 권리로서 제1호부터 제10호까지의 규정에 해당되지 아니하는 것을 말한다.
12. "외화채권"이란 외국통화로 표시된 채권 또는 외국에서 지급받을 수 있는 채권을 말한다.
13. "외국환"이란 대외지급수단, 외화증권, 외화파생상품 및 외화채권을 말한다.
14. "거주자"란 대한민국에 주소 또는 거소를 둔 개인과 대한민국에 주된 사무소를 둔 법인을 말한다.
15. "비거주자"란 거주자 외의 개인 및 법인을 말한다. 다만, 비거주자의 대한민국에 있는 지점, 출장소, 그 밖의 사무소는 법률상 대리권의 유무에 상관없이 거주자로 본다.
16. "외국환업무"란 다음 각 목의 어느 하나에 해당하는 것을 말한다.
    가. 외국환의 발행 또는 매매
    나. 대한민국과 외국 간의 지급·추심(推尋) 및 수령
    다. 외국통화로 표시되거나 지급되는 거주자와의 예금, 금전의 대차 또는 보증
    라. 비거주자와의 예금, 금전의 대차 또는 보증
    마. 그 밖에 가목부터 라목까지의 규정과 유사한 업무로서 대통령령으로 정하는 업무
17. "금융회사등"이란 「금융위원회의 설치 등에 관한 법률」 제38조(제9호 및 제10호는 제외한다)에 따른 기관과 그 밖에 금융업 및 금융 관련 업무를 하는 자로서 대통령령으로 정하는 자를 말한다.
18. "해외직접투자"란 거주자가 하는 다음 각 목의 어느 하나에 해당하는 거래·행위

또는 지급을 말한다.

가. 외국법령에 따라 설립된 법인(설립 중인 법인을 포함한다)이 발행한 증권을 취득하거나 그 법인에 대한 금전의 대여 등을 통하여 그 법인과 지속적인 경제관계를 맺기 위하여 하는 거래 또는 행위로서 대통령령으로 정하는 것

나. 외국에서 영업소를 설치·확장·운영하거나 해외사업 활동을 하기 위하여 자금을 지급하는 행위로서 대통령령으로 정하는 것

19. "자본거래"란 다음 각 목의 어느 하나에 해당하는 거래 또는 행위를 말한다.

가. 예금계약, 신탁계약, 금전대차계약, 채무보증계약, 대외지급수단·채권 등의 매매계약(다목에 해당하는 경우는 제외한다)에 따른 채권의 발생·변경 또는 소멸에 관한 거래(거주자 간 거래는 외국환과 관련된 경우로 한정한다)

나. 증권의 발행·모집, 증권 또는 이에 관한 권리의 취득(다목에 해당하는 경우는 제외하며, 거주자 간 거래는 외국환과 관련된 경우로 한정한다)

다. 파생상품거래(거주자 간의 파생상품거래는 외국환과 관련된 경우로 한정한다)

라. 거주자에 의한 외국에 있는 부동산이나 이에 관한 권리의 취득 또는 비거주자에 의한 국내에 있는 부동산이나 이에 관한 권리의 취득

마. 가목의 경우를 제외하고 법인의 국내에 있는 본점, 지점, 출장소, 그 밖의 사무소(이하 이 목에서 "사무소"라 한다)와 외국에 있는 사무소 사이에 이루어지는 사무소의 설치·확장 또는 운영 등과 관련된 행위와 그에 따른 자금의 수수(授受)(사무소를 유지하는 데에 필요한 경비나 경상적 거래와 관련된 자금의 수수로서 대통령령으로 정하는 것은 제외한다)

바. 그 밖에 가목부터 마목까지의 규정과 유사한 형태로서 대통령령으로 정하는 거래 또는 행위

20. "비예금성외화부채등"이란 금융회사등의 외국통화표시 부채(외화예수금은 제외한다) 및 이와 유사한 것으로서 대통령령으로 정하는 것을 말한다.

② 제1항 제14호 및 제15호에 따른 거주자와 비거주자의 구분이 명백하지 아니한 경우에는 대통령령으로 정하는 바에 따른다.

[전문개정 2009.1.30.]

제4조(대외거래의 원활화 촉진 등) ① 기획재정부장관은 이 법에 따른 제한을 필요한 최소한의 범위에서 함으로써 외국환거래나 그 밖의 대외거래가 원활하게 이루어질 수 있도록 노력하여야 한다.

② 기획재정부장관은 안정적인 외국환수급(需給)의 기반 조성과 외환시장의 안정을 위하여 노력하여야 하며, 이를 위한 시책을 마련하여야 한다.

[전문개정 2009.1.30.]

제5조(환율) ① 기획재정부장관은 원활하고 질서 있는 외국환거래를 위하여 필요하면 외국환거래에 관한 기준환율, 외국환의 매도율·매입률 및 재정환율(이하 "기준환율등"이라 한다)을 정할 수 있다.

② 거주자와 비거주자는 제1항에 따라 기획재정부장관이 기준환율등을 정한 경우에는 그 기준환율등에 따라 거래하여야 한다.

[전문개정 2009.1.30.]

제6조(외국환거래의 정지 등) ① 기획재정부장관은 천재지변, 전시·사변, 국내외 경제사정의 중대하고도 급격한 변동, 그 밖에 이에 준하는 사태가 발생하여 부득이 하다고 인정되는 경우에는 대통령령으로 정하는 바에 따라 다음 각 호의 어느 하나에 해당하는 조치를 할 수 있다. 〈개정 2011.4.30.〉

1. 이 법을 적용받는 지급 또는 수령, 거래의 전부 또는 일부에 대한 일시 정지
2. 지급수단 또는 귀금속을 한국은행·정부기관·외국환평형기금·금융회사등에 보관·예치 또는 매각하도록 하는 의무의 부과

② 기획재정부장관은 다음 각 호의 어느 하나에 해당된다고 인정되는 경우에는 대통령령으로 정하는 바에 따라 자본거래를 하려는 자에게 허가를 받도록 하는 의무를 부과하거나, 자본거래를 하는 자에게 그 거래와 관련하여 취득하는 지급수단의 일부를 한국은행·외국환평형기금 또는 금융회사등에 예치하도록 하는 의무를 부과하는 조치를 할 수 있다. 〈개정 2011.4.30.〉

1. 국제수지 및 국제금융상 심각한 어려움에 처하거나 처할 우려가 있는 경우
2. 대한민국과 외국 간의 자본 이동으로 통화정책, 환율정책, 그 밖의 거시경제정책을 수행하는 데에 심각한 지장을 주거나 줄 우려가 있는 경우

③ 제1항과 제2항에 따른 조치는 특별한 사유가 없으면 6개월의 범위에서 할 수 있으며, 그 조치 사유가 소멸된 경우에는 그 조치를 즉시 해제하여야 한다.

④ 제1항부터 제3항까지의 규정에 따른 조치는 「외국인투자 촉진법」 제2조 제1항 제4호에 따른 외국인투자에 대하여 적용하지 아니한다. 〈개정 2009.1.30.〉

[전문개정 2009.1.30.]

제7조(채권의 회수명령) ① 기획재정부장관은 외환시장의 안정과 외국환거래의 건전화를 위하여 비거주자에 대한 채권을 보유하고 있는 거주자로 하여금 그 채권을 추심하여 국내로 회수하게 할 수 있다.

② 제1항에 따른 회수 대상 채권의 범위·회수기한과 그 밖에 필요한 사항은 대통령령으로 정한다.

[전문개정 2009.1.30.]

제2장 외국환업무취급기관 등 〈개정 2009.1.30.〉

제8조(외국환업무의 등록 등) ① 외국환업무를 업으로 하려는 자는 대통령령으로 정하는 바에 따라 외국환업무를 하는 데에 충분한 자본·시설 및 전문인력을 갖추어 미리 기획재정부장관에게 등록하여야 한다. 다만, 기획재정부장관이 업무의 내용을 고려하여 등록이 필요하지 아니하다고 인정하여 대통령령으로 정하는 금융회사등은 그러하지 아니

하다. 〈개정 2011.4.30.〉

② 외국환업무는 금융회사등만 할 수 있으며, 외국환업무를 하는 금융회사등은 대통령령으로 정하는 바에 따라 그 금융회사등의 업무와 직접 관련되는 범위에서 외국환업무를 할 수 있다. 〈개정 2011.4.30.〉

③ 제1항에도 불구하고 외국환업무 중 다음 각 호의 어느 하나에 해당하는 업무(이하 "환전업무"라 한다)만을 업으로 하려는 자는 대통령령으로 정하는 바에 따라 환전업무를 하는 데에 필요한 시설을 갖추어 미리 기획재정부장관에게 등록하여야 한다.

1. 외국통화의 매입 또는 매도
2. 외국에서 발행한 여행자수표의 매입

④ 제1항 본문에 따라 외국환업무의 등록을 한 금융회사등과 제3항에 따라 환전업무의 등록을 한 자(이하 "환전영업자"라 한다)가 그 등록사항 중 대통령령으로 정하는 사항을 변경하려 하거나 외국환업무 또는 환전업무를 폐지하려는 경우에는 대통령령으로 정하는 바에 따라 기획재정부장관에게 미리 그 사실을 신고하여야 한다. 〈개정 2011.4.30.〉

⑤ 제1항에 따라 외국환업무의 등록을 한 금융회사등(제1항 단서에 따른 금융회사등을 포함한다. 이하 "외국환업무취급기관"이라 한다)은 국민경제의 건전한 발전, 국제 평화와 안전의 유지 등을 위하여 필요하다고 인정하여 대통령령으로 정하는 경우에는 이 법을 적용받는 업무에 관하여 외국금융기관과 계약을 체결할 때 기획재정부장관의 인가를 받아야 한다. 〈개정 2011.4.30.〉

⑥ 외국환업무취급기관 및 환전영업자의 업무 수행에 필요한 사항은 대통령령으로 정한다.

[전문개정 2009.1.30.]

제9조(외국환중개업무 등) ① 다음 각 호의 업무(이하 "외국환중개업무"라 한다)를 업으로 하려는 자는 대통령령으로 정하는 바에 따라 자본·시설 및 전문인력을 갖추어 기획재정부장관의 인가를 받아야 한다. 이 경우 인가사항 중 대통령령으로 정하는 중요 사항을 변경하려면 기획재정부장관에게 신고하여야 한다.

1. 외국통화의 매매·교환·대여의 중개
2. 외국통화를 기초자산으로 하는 파생상품거래의 중개
3. 그 밖에 제1호 및 제2호와 관련된 업무

② 제1항에 따라 외국환중개업무를 인가받은 자(이하 "외국환중개회사"라 한다)가 외국환중개업무를 할 수 있는 거래의 상대방은 외국환거래 관련 전문성을 갖춘 금융회사등 및 관련 기관으로서 대통령령으로 정하는 자로 한다. 〈개정 2011.4.30.〉

③ 외국환중개회사가 다음 각 호의 어느 하나에 해당하는 행위를 하려는 경우에는 대통령령으로 정하는 구분에 따라 기획재정부장관의 인가를 받거나 기획재정부장관에게 신고하여야 한다.

1. 합병 또는 해산
2. 영업의 전부 또는 일부의 폐지·양도·양수

④ 기획재정부장관은 외국환중개업무의 성실한 이행을 위하여 외국환중개회사에 대하여 대통령령으로 정하는 바에 따라 기획재정부장관이 지정하는 기관에 보증금을 예탁하게 할 수 있다.

⑤ 외국환중개회사가 외국에서 외국환중개업무를 하려는 경우에는 대통령령으로 정하는 바에 따라 기획재정부장관의 인가를 받아야 한다.

⑥ 이 법에 따른 외국환중개업무에 관하여는 「자본시장과 금융투자업에 관한 법률」을 적용하지 아니한다. 다만, 같은 법 제37조, 제39조, 제44조, 제54조 및 그 밖에 투자자 보호를 위하여 대통령령으로 정하는 바에 따라 같은 법을 준용할 수 있다. 이 경우 "금융투자업자"는 "외국환중개회사"로, "금융투자업"은 "외국환중개업무"로 본다.

⑦ 제1항부터 제6항까지에서 규정한 사항 외에 외국환중개회사의 업무 수행에 필요한 사항은 대통령령으로 정한다.

[전문개정 2009.1.30.]

제10조(업무상의 확인업무) 외국환업무취급기관, 환전영업자 및 외국환중개회사(이하 "외국환업무취급기관등"이라 한다)는 그 고객과 이 법을 적용받는 거래를 할 때에는 고객의 거래나 지급 또는 수령이 이 법에 따른 허가를 받았거나 신고를 한 것인지를 확인하여야 한다. 다만, 경미한 거래로서 기획재정부장관이 정하여 고시하는 경우에는 그러하지 아니하다.

[전문개정 2009.1.30.]

제11조(업무의 감독과 건전성 규제 등) ① 기획재정부장관은 외국환업무취급기관등(외국환업무취급기관등의 외국에 있는 영업소를 포함한다. 이하 이 조에서 같다)의 업무를 감독하고 감독상 필요한 명령을 할 수 있다.

② 기획재정부장관은 외환시장의 안정과 외국환업무취급기관등의 건전성을 유지하기 위하여 필요하다고 인정되는 경우에는 외국환업무취급기관등의 외국통화 자산·부채비율을 정하는 등 외국통화의 조달·운용에 필요한 제한을 할 수 있다. 이 경우 제한의 구체적인 기준은 대통령령으로 정한다.

[전문개정 2009.1.30.]

제11조의2(외환건전성부담금) ① 기획재정부장관은 외화자금의 급격한 유입·유출에 따른 금융시장의 불안을 최소화하고 국민경제의 건전한 발전을 위하여 금융시장에서의 역할, 취급 외국환업무 및 외국통화 표시 부채의 규모 등을 종합적으로 고려하여 대통령령으로 정하는 금융회사등에 외환건전성부담금(이하 이 조 및 제11조의3에서 "부담금"이라 한다)을 부과·징수할 수 있다.

② 제1항에 따라 부과·징수하는 부담금은 비예금성외화부채등의 잔액에 1천분의 5 이내의 범위에서 금융회사등의 영업구역, 비예금성외화부채등의 만기 등을 고려하여 대통령령으로 정하는 부과요율을 곱하여 계산한 금액으로 한다.

③ 기획재정부장관은 제2항에도 불구하고 국제금융시장의 불안정, 외화자금의 급격한 유입 등으로 금융시장과 국민경제의 안정을 현저히 해칠 우려가 있다고 인정되는 경우

에는 6개월 이내의 기간을 정하여 그 기간 동안의 비예금성외화부채등 잔액의 증가분에 대하여 기획재정부장관이 정하여 고시하는 부과요율(이하 이 항에서 "추가부과요율"이라 한다)을 적용하여 산정한 금액을 제2항에 따른 부담금 금액에 더하여 부과·징수할 수 있다. 이 경우 추가부과요율은 제2항에 따른 부과요율을 더하여 1천분의 10을 넘지 아니하도록 하여야 한다.

④ 제1항에 따라 징수한 부담금은 제13조 제1항에 따른 외국환평형기금에 귀속된다.

⑤ 제2항의 비예금성외화부채등의 잔액과 제3항의 비예금성외화부채등 잔액의 증가분의 산정방법 및 그 밖에 부담금의 부과에 필요한 사항은 대통령령으로 정한다.

[본조신설 2011.4.30.]

제11조의3(부담금의 징수 및 이의신청) ① 기획재정부장관은 금융회사등이 내야 하는 부담금을 대통령령으로 정하는 바에 따라 나누어 내게 할 수 있다.

② 기획재정부장관은 금융회사등이 부담금을 납부기한까지 내지 아니하면 납부기한이 지난 후 10일 이내에 10일 이상의 기간을 정하여 독촉장을 발급하여야 한다.

③ 기획재정부장관은 체납된 부담금에 대하여는 100분의 10 이내의 범위에서 대통령령으로 정하는 가산금을 징수할 수 있다.

④ 기획재정부장관은 제2항에 따라 독촉장을 받은 금융회사등이 정하여진 기한까지 납부하지 아니할 때에는 국세 체납처분의 예에 따라 부담금과 가산금을 징수한다.

⑤ 기획재정부장관은 제11조의2에 따른 부담금의 부과·징수를 위하여 필요하다고 인정되는 경우에는 해당 금융회사등에 관련 자료의 제출을 요구할 수 있다. 이 경우 자료의 제출을 요구받은 금융회사등은 특별한 사유가 없으면 요구에 따라야 한다.

⑥ 제11조의2에 따라 부담금을 부과받은 금융회사등이 부과받은 사항에 대하여 이의가 있는 경우에는 기획재정부장관에게 이의를 신청할 수 있다.

⑦ 그 밖에 부담금의 징수 및 이의신청 등에 필요한 사항은 대통령령으로 정한다.

[본조신설 2011.4.30.]

제12조(인가의 취소 등) ① 기획재정부장관은 외국환업무취급기관등이 다음 각 호의 어느 하나에 해당하는 경우에는 제8조 및 제9조에 따른 등록 또는 인가를 취소하거나 6개월 이내의 기간을 정하여 외국환업무취급기관등(영업소를 포함한다)의 업무를 제한하거나 업무의 전부 또는 일부를 정지할 수 있다.

1. 거짓이나 그 밖의 부정한 방법으로 등록을 하거나 인가를 받은 경우
2. 업무의 제한 또는 정지 기간에 그 업무를 한 경우
3. 등록 또는 인가의 내용이나 조건을 위반한 경우
4. 제8조 제2항을 위반하여 외국환업무를 한 경우
5. 제8조 제4항 또는 제9조 제3항에 따른 인가를 받지 아니한 경우 또는 신고를 하지 아니하거나 거짓으로 신고를 한 경우
6. 제9조 제2항을 위반하여 거래한 경우 또는 같은 조 제4항에 따른 보증금 예탁 명령을 따르지 아니한 경우

7. 제10조에 따른 확인의무를 위반한 경우
8. 제11조 제1항에 따른 감독상의 명령 또는 같은 조 제2항에 따른 업무상 제한을 위반한 경우
9. 제20조 제1항 또는 제2항에 따른 보고 또는 자료·정보 제출을 하지 아니하거나 거짓 보고 또는 거짓 자료·정보를 제출한 경우
10. 제20조 제3항 또는 제6항에 따른 검사에 응하지 아니하거나 이 검사를 거부·방해 또는 기피한 경우
11. 제20조 제4항 또는 제6항에 따른 자료의 제출을 거부하거나 거짓 자료를 제출한 경우
12. 제20조 제5항 또는 제6항에 따른 시정명령에 따르지 아니한 경우
13. 제21조에 따른 기획재정부장관의 명령을 위반하여 통보 또는 제공을 하지 아니하거나 거짓으로 통보 또는 제공한 경우
14. 제24조 제2항에 따른 기획재정부장관의 명령을 위반하여 신고, 신청, 보고, 자료의 통보 및 제출을 전자문서의 방법으로 하지 아니한 경우

② 기획재정부장관은 외국환업무취급기관등이 착오 또는 과실로 제1항 제4호부터 제9호까지 또는 제12호를 위반한 경우 그 기관에게 경고를 할 수 있다.

③ 기획재정부장관은 제1항에 따라 등록 또는 인가를 취소하려는 경우에는 청문을 하여야 한다.

④ 제1항에 따른 처분의 구체적인 기준은 대통령령으로 정한다.

[전문개정 2009.1.30.]

제12조의2(과징금) ① 기획재정부장관은 제12조 제1항 각 호의 어느 하나에 해당하는 위반행위를 한 자에 대하여 업무를 제한하거나 업무의 전부 또는 일부를 정지할 수 있는 경우에는 이를 갈음하여 그 위반행위로 취득한 이익의 범위에서 과징금을 부과할 수 있다.

② 제1항에 따라 과징금을 부과하는 경우에는 대통령령으로 정하는 기준에 따라 다음 각 호의 사항을 고려하여야 한다.

1. 위반행위의 내용 및 정도
2. 위반행위의 기간 및 횟수
3. 위반행위로 취득한 이익의 규모

③ 과징금의 부과, 과징금 납부기한의 연장, 분할납부, 담보, 그 밖에 과징금의 징수에 필요한 사항은 대통령령으로 정한다.

④ 기획재정부장관은 과징금 납부 의무자가 납부기한까지 과징금을 납부하지 아니한 경우에는 국세 체납처분의 예에 따라 징수할 수 있다.

[본조신설 2009.1.30.]

제3장 외국환평형기금 〈개정 2009.1.30.〉

제13조(외국환평형기금) ① 외국환거래를 원활하게 하기 위하여 「국가재정법」 제5조에 따른 기금으로서 외국환평형기금을 설치한다.

② 외국환평형기금은 다음 각 호의 재원(財源)으로 조성한다. 〈개정 2011.4.30.〉

1. 정부로부터의 출연금 및 예수금
2. 외국환평형기금 채권의 발행으로 조성된 자금
3. 외국정부, 외국중앙은행, 그 밖의 거주자 또는 비거주자로부터의 예수금 또는 일시차입금
4. 제6조 제1항 제2호 및 같은 조 제2항에 따른 예수금
5. 제11조의2에 따른 외환건전성부담금 및 제11조의3제3항에 따른 가산금
6. 그 밖에 외국환거래의 원활화를 위하여 필요한 자금 등 대통령령으로 정하는 자금

③ 외국환평형기금은 다음 각 호의 방법으로 운용한다. 다만, 제2항 제5호에 따른 외환건전성부담금 및 가산금으로 조성된 외국환평형기금의 경우에는 제2호의 방법 또는 제4호 중 금융회사등에 대한 외화유동성 공급을 위한 거래에 한하여 운용한다. 〈개정 2011.4.30.〉

1. 외국환의 매매
2. 한국은행·외국정부·외국중앙은행 또는 국내외 금융회사등에의 예치·예탁 또는 대여
3. 외국환업무취급기관의 외화채무로서 국가가 보증한 채무를 상환하기 위하여 국가가 예비비 또는 추가경정예산으로 지급하기 전까지 국가를 대신하여 일시적으로 하는 지급
4. 그 밖에 외국환거래의 원활화를 위하여 필요하다고 인정되어 대통령령으로 정하는 방법

④ 제3항 제3호에 따라 외국환평형기금에서 채무를 대신 지급한 경우 정부는 이를 보전(補塡)하는 조치를 하여야 한다.

⑤ 제2항과 제3항에 따른 외국환평형기금의 조성 및 운용은 내국지급수단 또는 대외지급수단으로 할 수 있다.

⑥ 외국환평형기금은 기획재정부장관이 운용·관리한다.

⑦ 기획재정부장관은 외국환평형기금 채권을 발행할 수 있다.

⑧ 외국환평형기금의 운용·관리, 예수금의 지급이자 및 외국환평형기금 채권의 발행 등에 필요한 사항은 대통령령으로 정한다.

⑨ 기획재정부장관은 제2항에 따라 외국환평형기금에 예치된 자금에 대하여 대통령령으로 정하는 바에 따라 예치증서를 발행할 수 있다. 이 경우 기획재정부장관은 그 예치증서의 사용 용도를 정할 수 있다.

⑩ 제2항 제2호에 따른 외국환평형기금 채권을 발행하는 경우에는 「국채법」 제4조를

적용하지 아니한다.

⑪ 기획재정부장관은 외국통화로 표시하는 외국환평형기금 채권 발행액의 변경 범위가 해당 회계연도의 외국환평형기금 기금운용계획에 따른 외국통화 표시 외국환평형기금 채권 발행액의 10분의 2를 초과한 경우에는 변경명세서를 국회 소관 상임위원회 및 예산결산특별위원회에 제출하여야 한다. 이 경우 변경명세서에는 외국환평형기금 채권의 발행 및 상환 내역과 변경 사유 등이 포함되어야 한다.

⑫ 기획재정부장관은 외국환평형기금의 재원 중 제2항 제5호에 따른 외환건전성부담금 및 가산금을 대통령령으로 정하는 바에 따라 다른 재원과 구분하여 별도로 관리하여야 한다. 〈신설 2011.4.30.〉

[전문개정 2009.1.30.]

제14조(외국환평형기금 채권의 원리금 상환) ① 외국환평형기금 채권의 발행으로 인한 원리금은 「국가재정법」 제90조 제6항에 따른 절차에 따라 일반회계 세계잉여금으로 상환할 수 있다.

② 제1항에 따라 일반회계 세계잉여금으로 상환할 수 있는 금액은 외국환평형기금 채권의 이자에 그 이자 외의 외국환평형기금 운용손익을 더하거나 뺀 금액으로 한다.

[전문개정 2009.1.30.]

제4장 지급과 거래 〈개정 2009.1.30.〉

제15조(지급절차 등) ① 기획재정부장관은 이 법을 적용받는 지급 또는 수령과 관련하여 환전절차, 송금절차, 재산반출절차 등 필요한 사항을 정할 수 있다.

② 기획재정부장관은 다음 각 호의 어느 하나에 해당한다고 인정되는 경우에는 국내로부터 외국에 지급하려는 거주자·비거주자, 비거주자에게 지급하거나 비거주자로부터 수령하려는 거주자에게 그 지급 또는 수령을 할 때 대통령령으로 정하는 바에 따라 허가를 받도록 할 수 있다.

1. 우리나라가 체결한 조약 및 일반적으로 승인된 국제법규를 성실하게 이행하기 위하여 불가피한 경우
2. 국제 평화 및 안전을 유지하기 위한 국제적 노력에 특히 기여할 필요가 있는 경우

[전문개정 2009.1.30.]

제16조(지급 또는 수령의 방법의 신고) 거주자 간, 거주자와 비거주자 간 또는 비거주자 상호 간의 거래나 행위에 따른 채권·채무를 결제할 때 거주자가 다음 각 호의 어느 하나에 해당하면(제18조에 따라 신고를 한 자가 그 신고된 방법으로 지급 또는 수령을 하는 경우는 제외한다) 대통령령으로 정하는 바에 따라 그 지급 또는 수령의 방법을 기획재정부장관에게 미리 신고하여야 한다. 다만, 금액이 소액이거나 통상적인 거래로서 대통령령으로 정하는 경우에는 사후에 보고하거나 신고하지 아니할 수 있다.

1. 상계 등의 방법으로 채권·채무를 소멸시키거나 상쇄시키는 방법으로 결제하는 경우

2. 기획재정부장관이 정하는 기간을 넘겨 결제하는 경우
3. 거주자가 해당 거래의 당사자가 아닌 자와 지급 또는 수령을 하거나 해당 거래의 당사자가 아닌 거주자가 그 거래의 당사자인 비거주자와 지급 또는 수령을 하는 경우
4. 외국환업무취급기관을 통하지 아니하고 지급 또는 수령을 하는 경우

[전문개정 2009.1.30.]

제17조(지급수단 등의 수출입 신고) 기획재정부장관은 이 법의 실효성을 확보하기 위하여 필요하다고 인정되어 대통령령으로 정하는 경우에는 지급수단 또는 증권을 수출 또는 수입하려는 거주자나 비거주자로 하여금 그 지급수단 또는 증권을 수출 또는 수입할 때 대통령령으로 정하는 바에 따라 신고하게 할 수 있다.

[전문개정 2009.1.30.]

제18조(자본거래의 신고 등) ① 자본거래를 하려는 자는 대통령령으로 정하는 바에 따라 기획재정부장관에게 신고하여야 한다. 다만, 경미하거나 정형화된 자본거래로서 대통령령으로 정하는 자본거래는 사후에 보고하거나 신고하지 아니할 수 있다.

② 제1항의 신고와 제3항의 신고수리(申告受理)는 제15조 제1항에 따른 절차 이전에 완료하여야 한다.

③ 기획재정부장관은 제1항에 따라 신고하도록 정한 사항 중 거주자의 해외직접투자와 해외부동산 또는 이에 관한 권리의 취득의 경우에는 투자자 적격성 여부, 투자가격 적정성 여부 등의 타당성을 검토하여 신고수리 여부를 결정할 수 있다.

④ 기획재정부장관은 제3항에 따른 신고에 대하여 대통령령으로 정하는 처리기간에 다음 각 호의 어느 하나에 해당하는 결정을 하여 신고인에게 통지하여야 한다.

1. 신고의 수리
2. 신고의 수리 거부
3. 거래 내용의 변경 권고

⑤ 기획재정부장관이 제4항 제2호의 결정을 한 경우 그 신고를 한 거주자는 해당 거래를 하여서는 아니 된다.

⑥ 제4항 제3호에 해당하는 통지를 받은 자가 해당 권고를 수락한 경우에는 그 수락한 바에 따라 그 거래를 할 수 있으며, 수락하지 아니한 경우에는 그 거래를 하여서는 아니 된다.

⑦ 제4항에 따른 처리기간에 기획재정부장관의 통지가 없으면 그 기간이 지난 날에 해당 신고가 수리된 것으로 본다.

[전문개정 2009.1.30.]

제5장 보칙 〈개정 2009.1.30.〉

제19조(경고 및 거래정지 등) ① 기획재정부장관은 이 법을 적용받는 자가 다음 각 호의 어느 하나에 해당하는 경우에는 경고를 할 수 있다.

1. 제15조부터 제18조까지의 규정에 따라 허가를 받거나 신고를 한 경우 허가사항 또는 신고사항에 정하여진 기한이 지난 후에 거래 또는 행위를 한 경우
2. 대통령령으로 정하는 금액(거래 또는 행위 유형에 따라 금액을 달리 정할 수 있다) 이하의 거래 또는 행위로서 제15조부터 제18조까지의 규정에 따른 절차 준수, 허가 또는 신고(이하 "신고등"이라 한다)의 의무를 위반하여 거래 또는 행위를 한 경우

② 기획재정부장관은 최근 2년 이내에 이 법을 적용받는 자의 거래 또는 행위가 제15조부터 제18조까지의 규정에 따른 신고등의 의무를 2회 이상 위반한 경우에는 1년 이내의 범위에서 관련 외국환거래 또는 행위를 정지·제한하거나 허가를 취소할 수 있다.

③ 기획재정부장관은 제2항에 따른 처분을 하려는 경우에는 청문을 하여야 한다.

④ 제1항 또는 제2항에 따른 처분에 필요한 사항은 대통령령으로 정한다.

[전문개정 2009.1.30.]

제20조(보고·검사) ① 기획재정부장관은 이 법의 실효성을 확보하기 위하여 거래 당사자 또는 관계인으로 하여금 필요한 보고를 하게 할 수 있으며, 비거주자에 대한 채권을 보유하고 있는 거주자로 하여금 대통령령으로 정하는 바에 따라 그 보유 채권의 현황을 기획재정부장관에게 보고하게 할 수 있다.

② 기획재정부장관은 이 법을 시행하기 위하여 필요하다고 인정되는 경우에는 한국은행, 금융감독원, 외국환업무취급기관등 이 법을 적용받는 관계 기관의 장에게 관련 자료 또는 정보의 제출을 요구할 수 있다. 이 경우 관계 기관의 장은 특별한 사유가 없으면 그 요구에 따라야 한다.

③ 기획재정부장관은 이 법을 시행하기 위하여 필요하다고 인정되는 경우에는 소속 공무원으로 하여금 외국환업무취급기관등이나 그 밖에 이 법을 적용받는 거래 당사자 또는 관계인의 업무에 관하여 검사하게 할 수 있다.

④ 기획재정부장관은 효율적인 검사를 위하여 필요하다고 인정되는 경우에는 외국환업무취급기관등이나 그 밖에 이 법을 적용받는 거래 당사자 또는 관계인의 업무와 재산에 관한 자료의 제출을 요구할 수 있다.

⑤ 기획재정부장관은 제3항에 따른 검사 결과 위법한 사실을 발견하였을 때에는 그 시정을 명하거나 그 밖에 필요한 조치를 할 수 있다.

⑥ 기획재정부장관은 필요하다고 인정되는 경우에는 대통령령으로 정하는 바에 따라 한국은행총재, 금융감독원장, 그 밖에 대통령령으로 정하는 자에게 위탁하여 그 소속 직원으로 하여금 제3항부터 제5항까지의 규정에 따른 업무를 수행하게 할 수 있다.

⑦ 제3항이나 제6항에 따라 검사를 하는 사람은 그 권한을 표시하는 증표를 지니고 이를 관계인에게 내보여야 한다.

[전문개정 2009.1.30.]

제21조(국세청장 등에게의 통보 등) ① 다른 법률에도 불구하고 기획재정부장관은 이 법을 적용받는 거래, 지급, 수령, 자금의 이동 등에 관한 자료를 국세청장, 관세청장, 금융감독원장 또는 한국수출입은행장에게 직접 통보하거나 한국은행총재, 외국환업무취급기관

등의 장, 세관의 장, 그 밖에 대통령령으로 정하는 자로 하여금 국세청장, 관세청장, 금융감독원장 또는 한국수출입은행장에게 통보하도록 할 수 있다.

② 기획재정부장관은 대통령령으로 정하는 자에게 이 법을 적용받는 거래, 지급, 수령, 자금의 이동 등에 관한 자료를 「신용정보의 이용 및 보호에 관한 법률」 제25조에 따른 신용정보집중기관에 제공하도록 할 수 있다. 〈개정 2009.4.1.〉

[전문개정 2009.1.30.]

제22조(외국환거래의 비밀보장) 이 법에 따른 허가·인가·등록·신고·보고·통보·중개(仲介)·중계(中繼)·집중(集中)·교환 등의 업무에 종사하는 사람은 그 업무와 관련하여 알게 된 정보를 「금융실명거래 및 비밀보장에 관한 법률」 제4조에서 정하는 경우를 제외하고는 이 법에서 정하는 용도가 아닌 용도로 사용하거나 다른 사람에게 누설하여서는 아니 된다.

[전문개정 2009.1.30.]

제23조(권한의 위임·위탁 등) ① 기획재정부장관은 이 법에 따른 권한의 일부를 대통령령으로 정하는 바에 따라 금융위원회, 증권선물위원회, 관계 행정기관의 장, 한국은행총재, 금융감독원장, 외국환업무취급기관등의 장, 그 밖에 대통령령으로 정하는 자에게 위임하거나 위탁할 수 있다.

② 제1항 및 제20조 제6항에 따른 업무를 담당하는 사람과 그 소속 임원 및 직원(공무원 및 다른 법률에서 공무원으로 보도록 하는 사람은 제외한다)은 「형법」이나 그 밖의 법률에 따른 벌칙을 적용할 때에는 공무원으로 본다.

[전문개정 2009.1.30.]

제24조(전자문서에 의한 허가 등) ① 기획재정부장관은 이 법에 따른 허가·인가·통지·통보를 대통령령으로 정하는 바에 따라 전자문서(전산망 또는 전산처리설비를 이용한 자료의 제출을 포함한다. 이하 이 조에서 같다)의 방법으로 할 수 있다.

② 기획재정부장관은 이 법의 실효성을 확보하기 위하여 필요하다고 인정되는 경우에는 외국환업무취급기관등이나 그 밖에 이 법을 적용받는 거래 당사자 또는 관계인으로 하여금 신고, 신청, 보고, 자료의 통보 및 제출을 전자문서의 방법으로 하도록 명할 수 있다.

[전문개정 2009.1.30.]

제25조(사무처리 등) ① 기획재정부장관은 이 법의 효율적인 운영과 실효성 확보를 위하여 필요하다고 인정되는 경우에는 사무처리나 지급 또는 수령의 절차와 그 밖에 필요한 사항을 정할 수 있다.

② 기획재정부장관은 대통령령으로 정하는 바에 따라 외국환업무와 관련이 있거나 전문성을 갖춘 법인 또는 단체 중에서 하나 이상의 법인 또는 단체를 지정하여 외국환거래, 지급 또는 수령에 관한 자료를 중계·집중·교환 또는 분석하는 기관으로 운영할 수 있다.

[전문개정 2009.1.30.]

제26조(다른 법률과의 관계) 제11조의3제5항, 제20조, 제23조, 제24조 및 제25조 제2항은 「금융실명거래 및 비밀보장에 관한 법률」 제4조에 우선하여 적용된다. 〈개정 2011.4.30.〉
[전문개정 2009.1.30.]

제6장 벌칙 〈개정 2009.1.30.〉

제27조(벌칙) ① 다음 각 호의 어느 하나에 해당하는 자는 3년 이하의 징역 또는 3억원 이하의 벌금에 처한다. 다만, 위반행위의 목적물 가액(價額)의 3배가 3억원을 초과하는 경우에는 그 벌금을 목적물 가액의 3배 이하로 한다.

1. 제5조 제2항을 위반하여 기준환율등에 따르지 아니하고 거래한 자
2. 제6조 제1항 제1호의 조치를 위반하여 지급 또는 수령이나 거래를 한 자
3. 제6조 제1항 제2호의 조치에 따른 보관·예치 또는 매각 의무를 위반한 자
4. 제6조 제2항의 조치에 따른 허가를 받지 아니하거나, 거짓이나 그 밖의 부정한 방법으로 허가를 받고 자본거래를 한 자 또는 예치의무를 위반한 자
5. 제8조 제1항 본문에 따른 등록을 하지 아니하거나, 거짓이나 그 밖의 부정한 방법으로 등록을 하고 외국환업무를 한 자(제8조 제4항에 따른 폐지신고를 거짓으로 하고 외국환업무를 한 자 및 제12조 제1항에 따른 처분을 위반하여 외국환업무를 한 자를 포함한다)
6. 제8조 제3항에 따른 등록을 하지 아니하거나, 거짓이나 그 밖의 부정한 방법으로 등록을 하고 환전업무를 한 자(제8조 제4항에 따른 폐지신고를 거짓으로 하고 환전업무를 한 자 및 제12조 제1항에 따른 처분을 위반하여 환전업무를 한 자를 포함한다)
7. 제9조 제1항 전단·제3항 또는 제5항에 따른 인가를 받지 아니하거나, 거짓이나 그 밖의 부정한 방법으로 인가를 받고 외국환중개업무를 한 자(제9조 제3항에 따른 신고를 거짓으로 하고 외국환중개업무를 한 자 및 제12조 제1항 에 따른 처분을 위반하여 외국환중개업무를 한 자를 포함한다)
8. 제15조 제2항에 따른 허가를 받지 아니하거나, 거짓이나 그 밖의 부정한 방법으로 허가를 받고 지급 또는 수령을 한 자

② 제1항의 징역과 벌금은 병과(倂科)할 수 있다.
[전문개정 2009.1.30.]

제28조(벌칙) ① 제22조를 위반하여 정보를 이 법에서 정하는 용도가 아닌 용도로 사용하거나 다른 사람에게 누설한 사람은 2년 이하의 징역 또는 2억원 이하의 벌금에 처한다.
② 제1항의 징역과 벌금은 병과할 수 있다.
[전문개정 2009.1.30.]

제29조(벌칙) ① 다음 각 호의 어느 하나에 해당하는 자는 1년 이하의 징역 또는 1억원 이하의 벌금에 처한다. 다만, 위반행위의 목적물 가액의 3배가 1억원을 초과하는 경우에는 그 벌금을 목적물 가액의 3배 이하로 한다.

1. 제7조에 따른 회수명령을 위반하여 채권을 국내로 회수하지 아니한 자
2. 제8조 제4항에 따른 변경신고를 하지 아니하거나 거짓으로 변경신고를 하고 외국환업무 또는 환전업무를 한 자
3. 제8조 제5항에 따른 인가를 받지 아니하거나, 거짓이나 그 밖의 부정한 방법으로 인가를 받고 계약을 체결한 자
4. 제9조 제1항 후단에 따른 변경신고를 하지 아니하거나 거짓으로 변경신고를 하고 외국환중개업무를 한 자 또는 같은 조 제2항을 위반하여 거래한 자
5. 제10조를 위반하여 확인하지 아니한 자
6. 제16조 또는 제18조에 따른 신고의무를 위반한 금액이 5억원 이상의 범위에서 대통령령으로 정하는 금액을 초과하는 자
7. 제17조에 따른 신고를 하지 아니하거나 거짓으로 신고를 하고 지급수단 또는 증권을 수출하거나 수입한 자
8. 제19조 제2항에 따른 거래 또는 행위의 정지·제한을 위반하여 거래 또는 행위를 한 자
9. 최근 2년 이내에 제32조 제1항에 따른 과태료 처분을 받은 자가 다시 같은 항에 따른 위반행위를 한 경우

② 제1항 제7호의 미수범은 처벌한다.

③ 제1항의 징역과 벌금은 병과할 수 있다.

[전문개정 2009.1.30.]

제30조(몰수·추징) 제27조 제1항 각 호 또는 제29조 제1항 각 호의 어느 하나에 해당하는 자가 해당 행위를 하여 취득한 외국환이나 그 밖에 증권, 귀금속, 부동산 및 내국지급수단은 몰수하며, 몰수할 수 없는 경우에는 그 가액을 추징한다.

[전문개정 2009.1.30.]

제31조(양벌규정) 법인의 대표자나 법인 또는 개인의 대리인, 사용인, 그 밖의 종업원이 그 법인 또는 개인의 재산 또는 업무에 관하여 제27조부터 제29조까지의 어느 하나에 해당하는 위반행위를 하면 그 행위자를 벌하는 외에 그 법인 또는 개인에게도 해당 조문의 벌금형을 과(科)한다. 다만, 법인 또는 개인이 그 위반행위를 방지하기 위하여 해당 재산 또는 업무에 관하여 상당한 주의와 감독을 게을리하지 아니한 경우에는 그러하지 아니하다.

[전문개정 2009.1.30.]

제32조(과태료) ① 다음 각 호의 어느 하나에 해당하는 자에게는 5천만원 이하의 과태료를 부과한다. 다만, 제29조에 해당하는 경우는 제외한다. 〈개정 2011.4.30.〉

1. 제11조의3제5항에 따른 자료를 제출하지 아니하거나 거짓으로 제출한 자
2. 제15조 제1항에 따른 지급절차 등을 위반하여 지급·수령을 하거나 자금을 이동시킨 자
3. 제16조에 따른 신고를 하지 아니하거나 거짓으로 신고를 하고 지급 또는 수령을 한 자
4. 제18조 제1항에 따른 신고를 하지 아니하거나 거짓으로 신고를 하고 자본거래를 한 자

5. 제18조 제5항을 위반하여 신고수리가 거부되었음에도 그 신고에 해당하는 자본거래를 한 자
6. 제18조 제6항을 위반하여 같은 조 제4항 제3호의 권고내용과 달리 자본거래를 한 자

② 다음 각 호의 어느 하나에 해당하는 자에게는 1천만원 이하의 과태료를 부과한다.

1. 제8조 제4항에 따른 폐지신고를 하지 아니한 자
2. 제9조 제3항에 따른 신고를 하지 아니한 자
3. 제16조 또는 제18조를 위반하여 신고를 갈음하는 사후 보고를 하지 아니하거나 거짓으로 사후 보고를 한 자
4. 제19조 제1항에 따른 경고를 받고 2년 이내에 경고 사유에 해당하는 위반행위를 한 자
5. 제20조 제1항 또는 제2항에 따른 보고 또는 자료 제출을 하지 아니하거나 거짓으로 보고 또는 자료 제출을 한 자
6. 제20조 제3항 또는 제6항에 따른 검사에 응하지 아니하거나 검사를 거부·방해 또는 기피한 자
7. 제20조 제4항 또는 제6항에 따른 자료를 제출하지 아니하거나 거짓으로 자료 제출을 한 자
8. 제20조 제5항 또는 제6항에 따른 시정명령에 따르지 아니한 자
9. 제21조에 따른 기획재정부장관의 명령을 위반하여 통보 또는 제공을 하지 아니하거나 거짓으로 통보 또는 제공한 자
10. 제24조 제2항에 따른 기획재정부장관의 명령을 위반하여 신고, 신청, 보고, 자료의 통보 및 제출을 전자문서의 방법으로 하지 아니한 자

③ 제1항 및 제2항에 따른 과태료는 대통령령으로 정하는 바에 따라 기획재정부장관이 부과·징수한다.

[전문개정 2009.1.30.]

부칙 〈제11407호, 2012.3.21.〉 (금융위원회의 설치 등에 관한 법률)

제1조(시행일) 이 법은 공포한 날부터 시행한다. 〈단서 생략〉

제2조 생략

제3조(다른 법률의 개정) ① 생략

② 외국환거래법 일부를 다음과 같이 개정한다.

제3조 제1항 제17호 중 "「금융위원회의 설치 등에 관한 법률」 제38조(제14호 및 제15호는 제외한다)"를 "「금융위원회의 설치 등에 관한 법률」 제38조(제9호 및 제10호는 제외한다)"로 한다.

③ 생략

찾아보기

ㅇ

[저자 약력]

이 상 직(李相直)

- 영남대학교에서 경제학 학사 · 석사 · 박사학위를 받음.
  박사학위논문: 한국 고용보험제도의 개편방안 연구 – 독일 고용촉진제도와의 비교를 중심으로 –
- 경력: 학교법인 중앙학원 기획실장, 대경대학교와 수성대학교 교수, (사)경북 · 대구정보통신협의회 운영위원, 대구생명의 숲가꾸기 국민운동 이사, 대구광역시 수성구 고용심의위원, 제17대 대통령직 인수위원회 경제1분과 전문위원, 한국조폐공사 경영자문위원, 한국장애인고용공단 비상임이사, 한일산업기술협력재단 정책자문위원, 재외동포재단 자문위원, 민주평화통일자문회의 사무처장, 사회복지공동모금회 인선위원, (사)전국아파트입주자대표연합회 자문위원장, 중국 대련대학 한국학연구원 객좌교수, (사)한국청년유권자연맹 운영위원, (사)한국부패학회 부회장 등 역임 (사)글로벌 경영학회 부회장, 주택관리공단 자문위원, 호서대학교 대외협력 부총장, 중국 복단대학 한국연구소 객좌연구원 역임.
- 현, 호서대학교 벤처대학원 정보경영학과 교수, (사)한반도미래정책포럼 상임대표.

국제통상의 기초와 이해

2024년 8월 20일 제2판 3쇄
2019년 3월 4일 제2판 발행
2015년 2월 20일 초 판 발행

저 자 이 상 직
발행인 이 구 만
발행처 유원북스
04091 서울특별시 마포구 토정로 222, 416호
(신수동, 한국출판콘텐츠센터)
전화 (02)593-1800 FAX (02)593-1801
등록 2011. 9. 6. 제25100-2012-3호
www.uwonbooks.com uwbooks@daum.net

정 가 25,000원 ISBN 979-11-6288-039-5

이 도서의 국립중앙도서관 출판시도서목록(CIP)은 서지정보유통지원시스템 홈페이지(http://seoji.nl.go.kr)와 국가자료공동목록시스템(http://www.nl.go.kr/kolisnet)에서 이용하실 수 있습니다.
(CIP제어번호: CIP2019005364)